LLINYNNAU

Detholiad o Ysgrifau Beirniadol

Branwen Jarvis

Gwasg Taf
1999

ISBN 0 948469 57 9

Mae cofnod catalogio'r gyfrol hon ar gael gan y Llyfrgell Brydeinig.

Cyhoeddir gyda chymorth ariannol Cyngor Celfyddydau Cymru.

Argraffwyd gan Y Lolfa

CYNNWYS

I gofio'r ddau:

Trefor Richard Morgan
28 Ionawr 1914 – 3 Ionawr 1970

Gwyneth Morgan
18 Mawrth 1916 – 9 Ionawr 1998

RHAGAIR

Casgliad o ysgrifau beirniadol a gyhoeddwyd mewn gwahanol lyfrau a chylchgronau a geir yma. Mae'r bennod agoriadol, 'Cymru, Cymraeg, a'r Dyneiddwyr', fodd bynnag, yn ymddangos mewn cyhoeddiad cyffredinol am y tro cyntaf, a'r bennod ar 'Kate Roberts a Byd y Ferch' yn ymddangos yn Gymraeg yn hytrach nag yn y Saesneg gwreiddiol.

Daliwyd ar y cyfle i wneud mân gywiriadau a newidiadau. Ceisiwyd dileu pob ailadrodd, ond unwaith neu ddwy, bu'n rhaid cadw gosodiad er mwyn peidio â sarnu rhediad yr ysgrif. Lle na cheir cyfieithu uniongyrchol ar ambell ddyfyniad o'r Ffrangeg neu'r Lladin, gofelir bod yr ystyr yn cael ei gyfleu yn y testun ei hun.

Mae'r penodau yn annibynnol ar ei gilydd, ond ceir rhai sylwadau sy'n cydio'r naill bennod wrth y llall. Mae nifer o linynnau syniadol sy'n rhedeg drwy'r gwahanol erthyglau.

Carwn ddiolch i Gwynn, fy ngŵr, am ei gymorth helaeth gyda'r gwaith o baratoi'r testun ar gyfer ei argraffu. Diolch hefyd i Lowri a Robat yng Ngwasg Taf am fod mor barod i gyhoeddi'r llyfr.

Branwen Jarvis

Tachwedd 1998

CYMRU, CYMRAEG, A'R DYNEIDDWYR

Y N eu rhagymadroddion a'u cyflwyniadau gadawodd y dyneiddwyr inni gorff o ysgrifennu, yn Gymraeg ac yn Lladin, sy'n allwedd, na cheir mo'i thebyg mewn cyfnodau eraill, i ddeall meddwl a chalon cyfnod. Rwy'n ychwanegu'r gair 'calon' at y gair 'meddwl' yn y fan yna yn hollol fwriadol. Un o nodweddion amlycaf y rhagymadroddion yw'r ymdeimlad o wladgarwch cynnes, a thanbaid yn wir, sy'n rhedeg drwyddynt. Cyfrwng yw'r rhagymadroddion, yn y lle cyntaf, i gyfarch a rhyngu bodd noddwyr ac arweinwyr cymdeithas; ac yn yr ail le, a hyn sydd bwysicaf o ddigon, i roi cyfle i'r awduron eu hunain egluro eu bwriadau a'u cymhellion. O ddarllen y rhain, ynghyd â'r gweithiau eu hunain, ceir darlun sy'n cyfuno'r personol a'r swyddogol-gyhoeddus. Edrych ar y darlun hwnnw o safbwynt agwedd y dyneiddwyr at Gymru a'r Gymraeg fydd diben yr ysgrif hon.

Gwneir ymgais hefyd i gymharu'r hyn oedd yn digwydd yng Nghymru â'r hyn oedd yn digwydd mewn gwledydd eraill yn Ewrop, ac yn arbennig yn Lloegr. Oherwydd, yn y pen draw, adlewyrchu y mae gweithiau a rhagymadroddion y dyneiddwyr Cymraeg deimladau ac agweddau meddwl a oedd yn cyniwair drwy Orllewin Ewrop i gyd. Mae hynny'n sicr yn wir am ymdrechion y dyneiddwyr i hybu a chlodfori eu hiaith a'u cenedl eu hunain. Dros amser, fe drodd dyneiddiaeth o fod yn fudiad a nodweddid yn bennaf gan barch at ddysg yr Hen Fyd, mudiad a wreiddid yn arbennig yn y diwylliant Lladin clasurol, i fod yn fudiad a oedd yn hybu'r ieithoedd brodorol, ac, i raddau llai, ddiwylliant brodorol yn ogystal.

Trawsnewidiad ymarferol, *de facto*, oedd hwn. Nid ymwrthod yn ymwybodol â'r diwylliant Lladinaidd er mwyn hybu'r diwylliant brodorol a wnaed. Yn hytrach, bu cadwyn o newidiadau graddol. Cydfodolai'r ymchwil am wreiddiau dysg yn y traddodiad clasurol â grymoedd eraill: yr awydd am weld dysg debyg yn blodeuo yn eu hieithoedd eu hunain, a'r awydd hefyd am ledaenu dysg i'r cyffredin. Agor meysydd dysg –

1

dyna sylfaen dyneiddiaeth, a dyna yn y pen draw a barodd orseddu'r ieithoedd brodorol.

Cyfieithu o'r Lladin i'r ieithoedd brodorol, a'r Gymraeg yn eu plith, oedd y ffordd bwysicaf o gyflawni hyn oll, cyfieithu, fel y dywedodd Thomas Wiliems, 'pob celfyddyt arbenic or gywoethoc Latiniaith yr geindec Gymraec einom'.[1] Fel y dywedodd un ysgolhaig, wrth ddisgrifio hanes y Saesneg, ' Translations poured from the press... the Latin/English issue was being decided by the translators'.[2] Proses ddamweiniol bron oedd hi, ac yn wir, parhaodd Lladin yn ei bri fel cyfrwng mynegiant ochr-yn-ochr â'r cynnydd yn yr ieithoedd brodorol, o leiaf mewn rhai meysydd. Meysydd ysgolheictod oedd y rheini, pan fynnid cyfeirio'r gwaith yn bennaf at gynulleidfa ryngwladol. Yn Lladin, felly, hyd yn oed yn ugeiniau a thridegau'r ail ganrif ar bymtheg, y dewisodd Dr John Davies lunio ei ddadansoddiadau ysgolheigaidd ef o eirfa a gramadeg yr iaith Gymraeg. Ond nid yw'r ffaith i'r Lladin barhau yn *lingua franca* dysg, yng Nghymru megis mewn gwledydd eraill, yn newid dim ar frwdfrydedd sylfaenol, ac egnïol, y dyneiddwyr dros yr iaith Gymraeg.

Ni ellir deall gwreiddiau'r brwdfrydedd hwnnw heb ddeall agwedd y dyneiddwyr at hanes Cymru – ei gorffennol hi yn ogystal â'i hamgylchiadau presennol. Testun ymffrost cyson gan y dyneiddwyr oedd hynafolrwydd y Gymraeg. Roedd y pwyslais ar hynafolrwydd yr iaith yn rhan o gred ehangach, sef y gred fod i'r Cymry dras anrhydeddus, gogoneddus yn wir, tras y gellid ei olrhain yn ôl i hanes Brutus yn dianc o Gaerdroea; 'ni, kenedlaeth y Bryttaniaid o oruchel fonedd Troia', yng ngeiriau'r croniclwr Ifan Llwyd ap Dafydd.[3] Un o'r nerthoedd gyriannol yn hanes dyneiddiaeth Gymreig yw'r hyn y gellir ei alw'n 'fyth Brytanaidd' erbyn heddiw. Eithr nid myth mohono i'r dyneiddwyr, ond hanes gwirioneddol, fel y gwelir o edrych ar waith y pennaf o haneswyr Cymreig y cyfnod, Humphrey Llwyd.

Pan luniodd R. Geraint Gruffydd erthygl, rai blynyddoedd yn ôl bellach, ar hanes yr hanesydd o Ddinbych, dewisodd y teitl arwyddocaol 'Humphrey Llwyd – Dyneiddiwr'.[4] Ysgolhaig yn y traddodiad dyneiddiol ydoedd, yn gweld hanes fel maes cyfunol. Disgrifir ef gan Richard Prise fel 'y daearyddwr nodedig Humphrey Llwyd, sydd bellach wedi marw, ond a haeddai gael byw'n hwy ar gyfrif ei eiddgarwch diflino yn nisgyblaethau hanes a mathemateg'.[5] Yr oedd disgrifiadau daearyddol yn rhan o batrwm cyfan hanes, ynghyd ag astudio enwau, hen olion, a hynafiaethau o bob math. 'Chorographia' oedd yr enw a roid ar yr astudiaethau cyfun hyn. Yr oedd gweithgarwch Humphrey Llwyd ym maes mapio – un o feysydd dysg pwysig y cyfnod – yn rhan felly o'i weithgarwch fel hanesydd yn y traddodiad dyneiddiol, corograffig.

Y diddordebau hyn a ddaeth ag ef i gysylltiad ag Abraham Ortelius, yr hanesydd a'r cartograffydd enwog o Antwerpen. Cyfarfu ag ef pan oedd ar daith ar y Cyfandir yng nghwmni ei gyflogwr enwog, Iarll Arundel. Holodd Ortelius ynghylch ystyr a tharddiad yr enw Mona, a dyna, yn y pen draw, a arweiniodd at un o weithiau Llwyd, y llythyr *De Mona Druidum Insula*, a gyhoeddwyd yn 1570 yn atlas Ortelius, *Theatrum Orbis Terrarum*.

Rwy'n pwysleisio cyfoesedd ac ehangder diddordebau a chysylltiadau Llwyd er mwyn dangos mai ynghlwm wrth y ddyneiddiaeth eang honno y coleddai ei syniadau am hanes a tharddiad cenedl y Cymry. Mewn geiriau eraill, nid rhywbeth a goleddid gan wŷr di-ddysg a chyfyng eu gorwelion ydoedd y myth Brytanaidd yng nghyfnod y Dadeni. Roedd hi'n gred sylfaenol a mawr ei dylanwad ar feddylfryd y dyneiddwyr Cymreig yn gyffredinol.

Ynghylch manylion y myth o ran ei gynnwys, a'i ddylanwad ar feddwl y Cymry hyd at y ddeunawfed ganrif, ni raid manylu yma. Gwnaed hynny'n ddiweddar mewn dwy ysgrif ddisglair, y naill gan Dafydd Glyn Jones a'r llall gan Brynley F. Roberts.[6] Nodwn yn unig mai elfennau sylfaenol yr hanes, gan ddilyn Sieffre o Fynwy yn ei *Historia Regum Britanniae*, oedd y chwedl-darddiad am Brutus, yr hanes am Gystennin yn Rhufain, a hanes Arthur a'r brwydro yn erbyn y Saeson, gan gynnwys digwyddiadau megis Brad y Cyllyll Hirion. Ac er mai cenedl sy'n dioddef brad ac ymosod arni yw cenedl y Brytaniaid, eto ceir digon o ogoniannau Brytanaidd yn yr hanes i swcro balchder y Cymry. Fel disgrifiad o falchder ymffrostgar Cymry'r unfed ganrif ar bymtheg yn eu hanes a'u tras, prin y gellir gwella ar eiriau'r Esgob Richard Davies: 'Ni wna vi son am vrddas, parch, ac anrhydedd bydol yr hen Brytaniait: tewi a wnaf am y gwrolaeth, dewrder, buddugol-aythay, ac anturiaythae y Cymru gynt, mi a ollynga heibio y amryw gylfyddyday hwynt, synwyr, dysc, doythineb, ar athrylith ragorawl... [er bod]... y cyneddfay ar rhinwedday hynny oll yn amlach, ac yn helethach ar y Brytaniait yn yr hen amser nac ar nasiwn ac ydoedd yw cymdogaeth oy amgylch'.[7] (Y mae'n cymryd arno beidio â sôn am yr holl rinweddau hyn er mwyn cael mynd ymlaen i sôn am rinwedd bwysicach fyth, fel y ceir gweld maes o law). Mae geiriau Richard Davies yma yn dangos yn eglur iawn paham y gellir galw'r corff hwn o hanes yn 'fyth': y mae'n dylanwadu ar yr ysbryd a'r dychymyg, a'i ddiben, neu ei rym arbennig, yw cynnal balchder a hunan-barch y Cymry. Yr ymgais hon i gynnal balchder yw gwreiddyn yr hanes a ddefnyddiwyd gan Humphrey Llwyd – neu yn hytrach, yr hanes a amddiffynnwyd ganddo, yn wyneb ymosodiadau o'r tu allan. Ac fel hanesydd y'i gwelai Llwyd ei hun; ni, o'n perspectif a'n gwybodaeth ni, sy'n gweld elfennau o duedd y proffwyd a'r pregethwr yn ei waith.

Yn y tri phrif waith a luniodd, *Cronica Walliae a Rege Cadwalader ad Annum 1294*, gwaith y seiliodd David Powel o Riwabon ei *Historie of Cambria*, 1584, arno; *De Mona*, yr wyf newydd sôn amdano, a gyhoeddwyd yn atodiad i *Historia Brytannicae Defensio* Syr John Prys yn ogystal â chan Ortelius; a'r *Commentarioli Britannicae Descriptionis Fragmentum*, a orffennodd ar ei wely angau yn ŵr un a deugain oed, ac a droswyd i'r Saesneg gan Thomas Twyne a'i gyhoeddi dan y teitl *Breviary of Britayne* yn 1575, wedi ei gyhoeddi yn gyntaf yn Lladin yng Nghwlen – yn y tri gwaith hyn, y mae ei fwriad yn glir. Yng ngeiriau Ieuan M. Williams, 'cysegrodd… ei oes i'r gorchwyl o geisio dehongli – ac amddiffyn – gorffennol ei genedl'.[8] Yr oedd mawr angen am wneud hynny, yn nhyb Llwyd a'i gyd-Gymry gwlatgar, oherwydd yr ymosod o'r newydd yn yr unfed ganrif ar bymtheg ar wirionedd yr hanes gan William Camden a'r Eidalwr Polydore Vergil yn arbennig. Dyma Richard Prise eto, yn egluro paham yr aeth ati i gyhoeddi'r *Historia Brytannicae Defensio* o waith ei dad (a *De Mona* Llwyd ynghyd ag ef): 'Yr oedd llawer ffactor yn wir a'm darbwyllai na ddylwn esgeuluso cyhoeddi'r llyfr. Ymhlith y rheini yr oedd eiddgarwch dros y gwirionedd – ac y mae mater o'r pwys mwyaf yn cael ei drafod yma. Yna, yr oedd cariad at fy ngwlad, y mae ei hurddas yn cael ei amddiffyn yma, ac enw da'r holl genedl Frytanaidd, cenedl a bardduwyd â llawer gair enllibus yn hanes Polydore Vergil, ond y mae ei cham yn cael ei achub yma rhag ei enllibion ef'.[9]

Mae'n bwysig ychwanegu fod gŵr fel Richard Prise yn cydnabod fod gan Polydore Vergil sail i nifer o'i honiadau. Y mae ei gamgymeriadau, meddai, 'yn difwyno llyfr hanes sydd, mewn cyfeiriadau eraill, yn gampus'. Y mae David Powel yntau yn cydnabod bod peth sail i'r amheuon ynghylch bodolaeth Arthur, un o gonglfeini'r hanes Brytanaidd, yn ogymaint â'i fod wedi'i gymysgu â 'ffug-chwedlau' a 'phroffwydoliaethau ynfyd Myrddin', ond eto i gyd, deil yn gadarn ei gred yng ngwirionedd sylfaenol yr hanes: 'y mae'n glir nid yn unig wrth y llu hen gofebau sydd wedi cael eu henw oddi wrth Arthur, ond hefyd wrth yr hanesion Sgotaidd a Sacsonaidd ac ysgrifeniadau'r mwyaf dysgedig ymhlith amddiffynwyr yr hanes hwn, fod yr Arthur hwnnw wedi bod yn frenin ar Brydain, yn ddyn amlwg ei glod mewn rhyfel, ac iddo'n fynych fod yn fuddugoliaethus ar ei elynion trwy ei gampau tra rhagorol'.[10] Craffer ar eiriau Powel ac fe welir mai'r hyn sy'n waelodol bwysig yw'r clod a'r mawl i Arthur: yr oedd ar y Cymry, mae'n amlwg, *angen* y parch a'r bri a ddôi iddynt yn sgîl yr hanes. Yr oedd Arthur, sylwer, yn 'frenin ar Brydain'.

Fe ellir egluro'r awydd hwn i ymffrostio yn eu tras ac yn eu harwyr, ac yn Arthur yn arbennig, yn nhermau seicoleg oesol y Cymry, fel ymateb cenedl fechan i'w thynged hanesyddol a thiriogaethol. Gellir egluro'r peth hefyd yn nhermau amgylchiadau cymdeithasol y cyfnod. Un o themâu cyson y dyneiddwyr yw eu gofid dros dynged y Gymraeg. Mae geiriau Gruffydd Robert, wrth gwrs, yn enwog iawn: 'E fydd weithiau'n dostur fynghalon wrth weled llawer a anwyd ag a fagwyd im doedyd, yn ddiystr genthynt amdanaf, tan geissio ymwrthod a mi, ag ymgystlwng ag estroniaith cyn adnabod ddim honi'.[11] A dyma Siôn Dafydd Rhys yntau yn mynegi'r un pryder: 'Eithr ninheu y Cymry (mal gweision gwychion) rhai o honon' ynn myned morr ddiflas, ac mor fursennaidd, ac (yn amgênach nog vn bobl arall o'r byd) mor benhoeden; ac y daw brîth gywîlydd arnam gynnyg adrodd a dywêdud eyn hiaith eynhûnain' – ac ymlaen ag ef i ddiarhebu'r cyfryw bobl mewn iaith liwgar eithriadol. Y mae rhai, medd Siôn Dafydd Rhys, 'a fynnynt doddi a difa holl iaith y Cymry, a chyfléu a dodi iaith y Saeson yn ei lle hî: yr hynn bêth yssydd ymhossibl ei gwblháu a'i berpheithio, heb ddifa yn llwyr holl genedl y Cymry, a'i gwneuthur yn Seisnic'.[12]

Synied am y genedl yn nhermau'r iaith Gymraeg y mae Siôn Dafydd Rhys yma: y mae iaith a chenedl yn gyfystyr iddo, ac y mae'n cydnabod bod bygythiad gwaelodol i'w bodolaeth yn y math o feddylfryd unol-

5

iaethol a goleddid gan lawer ac a ymgorfforir, er enghraifft, yn y Ddeddf Uno. Ond mwy real iddo ef, ac i'r dyneiddwyr eraill, na'r bygythiad gwleidyddol eang a gâi fynegiant yn y syniad o ymdoddi ieithyddol llwyr, yw'r difrawder a'r troi cefn a welent ymhlith unigolion, y mân foneddigion yn arbennig. Mae'n debyg, petai modd mesur y Seisnigo, y gwelid mai proses bur gyfyngedig oedd hi mewn gwirionedd, o ystyried y boblogaeth gyfan. Mae'n wir bod cyfundrefn addysg – gynyddol bwysig – yr ysgolion gramadeg a'r prifysgolion yn milwrio yn erbyn yr iaith, ac yr oedd tuedd ymhlith rhai o'r dosbarth masnachol hefyd i anghofio eu Cymraeg, yn ôl tystiolaeth John Davies. 'Yn ddiweddar iawn, bid siŵr, oblegid masnach feunyddiol gyda'r Saeson, a'r ffaith fod ein dynion ieuainc yn cael eu haddysg yn Lloegr, a'u bod, o'u plentyndod (a siarad yn gyffredinol) yn fwy cyfarwydd â'r Saesneg nag â'u hiaith eu hunain, fe oresgynnwyd ein hiaith ni gan rai geiriau Saesneg, a chan ffurfiau Saesneg, ac y mae hynny yn digwydd fwyfwy bob dydd' meddai.[13] Mae Thomas Wiliems yntau yn beirniadu 'scolheicion y prifyscolion Rydychen a Chaer Grawnt' oherwydd eu dibristod. Dylent 'yswylio a gwladeiddio pan ddywetont ddyeithriaith wrth eu cytwladwyr, o ulaen eu hyurytlawn vamaith, y velusber Gymraec'.[14] Ond y mae Humphrey Llwyd yn pwysleisio bod y Gymraeg yn ei grym yn y mân drefi, ac yn wir ei bod yn tueddu i ledu dros afon Dyfrdwy. Er hyn, yr oedd y dyneiddwyr yn sicr yn ymdeimlo â bygythiad, ac yn wyneb hynny, yr oedd angen pwysleisio fwyfwy ogoniannau'r iaith Gymraeg a'r traddodiad Brytanaidd, ynghyd, wrth gwrs, â lladd ar y rhai oedd yn bradychu'r gogoniannau hyn drwy eu 'gollwng dros gof', a defnyddio ymadrodd Gruffydd Robert.

Eithr nid mewn termau Cymreig yn unig y dylid ceisio egluro'r ymdrechion cyson i fawrhau'r hanes Brytanaidd. Yr oedd ceisio dod o hyd i dras anrhydeddus, ceisio darganfod a dyrchafu'r gwreiddiau cenedlaethol, yn rhan o batrwm dyneiddiol ehangach. Yr hyn a welir yn Lloegr yw ymgais i ddyrchafu'r hanes tarddiadol Brytanaidd i ddechrau, ac yna wedyn, ymgais i archwilio a mawrhau'r gwreiddiau Almaenig neu Diwtonaidd. Yn eu hanes hwy, yr hyn a gawn ni yw Brytaniaeth yn graddol ildio ei lle i Ddiwtoniaeth.

Mae'n rhaid cofio mai hanes hollgynhwysol, unoliaethol oedd yr hanes Brytanaidd: hanes Prydain yn ystyr gysefin y gair, hanes Ynys y

Cedyrn, fel y pwysleisiodd Dafydd Glyn Jones.[15] Cofier, er enghraifft, mai 'ardderchawg o goron Llundain' ydoedd Bendigeidfran.

Dylid pwysleisio yma natur gymhleth y 'Frytaniaeth' hon, o du'r Cymry. Nid oes amheuaeth ynghylch croeso'r Cymry i undod gwleid-yddol o dan y goron Duduraidd: mae rhagymadroddion y dyneiddwyr yn frith o gyfeiriadau canmoliaethus at Elisabeth, ac o gyflwyniadau llaes eu parch a'u moesgarwch iddi. Mae'r cyfeiriadau yn llawer rhy niferus ac yn llawer rhy gynnes i'w hystyried yn ffurfioldeb gwag. Ar yr un pryd, mae'r ymwybyddiaeth o wahaniaethau hanesyddol, cymdeith-asol a diwylliannol yn ddwfn iawn. Mae'r ymadrodd 'cenedl y Cymry' a ddefnyddiwyd gan Siôn Dafydd Rhys, a'r modd y defnyddiwyd ef, yn dangos fod y syniadau dyneiddiol cyfoes am natur cenedl wedi gwreiddio yng Nghymru, ond nad yw'r syniadau hynny yn bodoli yma yn nhermau hedyn syniadol y cyfnod ynghylch natur wladwriaethol y genedl, hynny yw, dechreuadau syniad y 'nation state'. Mae cenedl-igrwydd yn bodoli yn hytrach yn nhermau'r ymwybod â gwahaniaeth: 'ni a nhw', a rhoi'r peth ar ei symlaf. 'Yr ydym ni yn meddiannu yr ynys hon ou blaen hwy', meddai Rowland Vaughan, gan gydnabod, mewn ychydig eiriau, y traddodiad Brytanaidd unoliaethol ar y naill law a'r ymwybod â bodolaeth dwy genedl wahanol ar y llall.[16]

Cyfeiriodd William Salesbury at agwedd y Cymry a'r Saeson at ei gilydd fel 'aunciente hostilite'.[17] Drwy ddysgu'r ddwy genedl am iaith a diwylliant ei gilydd, fe fwriadai ef geisio symud peth o'r elyniaeth draddodiadol hon. Yr oedd gwneud hyn yn un o gymhellion pwysicaf Salesbury, cymhelliad a ddeilliai yn rhannol o'i edmygedd diamheuol ef o'r iaith a'r diwylliant Saesneg. Ac yn wir, fe geir adleisiau o farn Salesbury bod y Saesneg, o'i chymharu â'r Gymraeg, yn 'iaith gyflawn o ddawn a buddygoliaeth'[18] gan nifer o'r dyneiddwyr eraill, er mai un ymhlith nifer o ieithoedd eraill yw hi fynychaf ganddynt hwy. Fe welir, felly, fynegi edmygedd o'r iaith Saesneg ei hun, ac yn arbennig o waith y Saeson yn ei chynnal a'i chadw hi. Ond cryfach na hyn yw'r hyn y soniwyd amdano eisoes, yr ymwybod o berygl i'r Gymraeg o du'r Saesneg, yr ofn y bydd i'r Saesneg 'doddi a difa', chwedl Siôn Dafydd Rhys, yr iaith Gymraeg yn llwyr yn y pen draw. Mae'r ymdeimlad hwn o berygl yn cydfodoli ag ymdeimlad o wrth-Seisnigrwydd greddfol – casineb yn wir – sy'n ymwthio i'r wyneb o dro i dro. Fe gofir am y

7

bardd anhysbys a fu'n galaru o weld Coed Glyn Cynon yn cael eu llosgi a'u difa. Oes y 'seren syw', hynny yw, oes yr edmygu ar Elisabeth, yw hi ganddo yntau; ond 'ynghrog y byddo'r Saeson' yw ei gri serch hynny.

Ond yr oedd natur hawl y Tuduriaid i'r orsedd a dyrchafu'r olyniaeth a'r hanes Brytanaidd yn pwyso'n drymach yn y glorian nag unrhyw ymdeimlad o berygl. Pan gyflwynodd y Cymro twymgalon Syr John Prys ei *Historia Brytannicae Defensio* i Edward y chweched, fe'i gwnaeth dan obeithio y byddai'r Goruchaf yn ei '[g]adw yn ddianaf am hir amser, er budd y byd Brytanaidd'.[19] Ailsefydlu hen, hen drefn oedd gorseddu Harri Tudur, ac fe wnaeth y Tuduriaid a'u dilynwyr, yn Lloegr megis yng Nghymru, yn fawr o hynny. Lluniwyd y llinellau hyn, er enghraifft, ar gyfer pasiant y bwriedid ei gynnal yng Nghaerwrangon yn 1486 i ddathlu dyfodiad Harri i'r orsedd:

> Cadwalader Blodde lynyally descending
> Long hath bee towlde of such a Prince comyng,
> Wherfor Frends, if that I shal not lye,
> This same is the Fulfiller of the Profesye.[20]

Yr oedd pasiantau a dramâu'r cyfnod dilynol yn llawn o ddelweddau a chyfeiriadau Arthuraidd, a gwnaeth Edmund Spenser yn fawr o gysylltiadau tybiedig Elisabeth ag Arthur yn yr enwog 'Faerie Queene'. A phan oedd yr hanes tan gabl o rai cyfeiriadau, yr oedd haneswyr Seisnig lawn mor barod â John Prys neu Humphrey Llwyd neu David Powel i'w amddiffyn. Gwnaeth John Leland ei amddiffyniad ef, meddai, '[so that] the light of Brittish Antiquitie shall shine forth'.[21] Hynny yw, yr oedd y Saeson, fel y Cymry, yn chwilio am hanes tarddiadol disglair i'w arddangos gerbron y byd, ac fe'i cawsant yn yr hanes Brytanaidd na chaent ddim anhawster i'w dderbyn fel yr eiddynt hwy.

Ond yn raddol, yn Lloegr, tyfodd gwrthwynebiad i'r hanes, a hynny ar ddwy sail. Yn gyntaf, o ddilyn Vergil a Camden, – a chofier mai *Britannia* Camden oedd llyfr hanes mwyaf poblogaidd y cyfnod – yr oedd sail i amau gwirionedd llawer iawn o'r hanes; ac yn ail, daethpwyd i amau fwyfwy berthnasoldeb yr hanes, ai gwir ai gau, i hanes tarddiadol y Saeson. Yn raddol, yn ystod yr unfed ganrif ar bymtheg a dechrau'r ail, fe welir pwysleisio gwreiddiau Tiwtonaidd y Saeson. Dechreuwyd datgan mai Almaenwyr o dras oedd y Saeson, a'u bod yn hanu o'r llwyth Almaenig mwyaf anrhydeddus o'r cyfan, sef y Sacsoniaid. Pa raid, medd

8

yr amlycaf o bleidwyr y Sacsoniaid, Richard Verstegan (a newidiodd ei enw o Rowlands i enw ei dadcu o Almaenwr) i ni fenthyg bri'r Brytaniaid, a ninnau'n bobl wahanol, a'n tras mor anrhydeddus bob tamaid â'r eiddynt hwy? :

> Whereby and through the lack of due distinction between the two nations (an ouersight which the Britans in their accompt of vs wil neuer comit) our true originall and honorable antiquitie lieth inuolued and obscured... for Englishmen cannot but from Saxon originall deryue their descent and offspring, and can lack no honor to be descended of so honorable a race... how ridiculous it must seem vnto the posteritie of the Britans, for Englishmen to borrow honor from them, not needing to borrow it of any in the world... [22]

Erbyn i Michael Drayton gyhoeddi ei gerdd dopograffig hir enwog, 'Polyolbion', yn 1612, gallai grynhoi'r sefyllfa fel hyn:

> *The* Britaines *chaunt* King Arthurs *glory*
> *The* English *sing their* Saxons *storie,* [23]

er ei fod, trwy orsymleiddio, yn peidio â chydnabod fod llawer iawn o Saeson o hyd yn gyndyn iawn o ymwrthod â'r hanes am Gaerdroea ac Arthur. Ymhlith y rheini yr oedd rhai o bleidwyr mwyaf brwd y Stiwartiaid, gan fod y llinach frenhinol honno hefyd yn atgyfnerthu ei hawl i'r orsedd drwy bwysleisio ei chysylltiadau Brytanaidd ac Arthuraidd, ac yn hoff o olrhain y llinach wrywaidd yn ôl at Lywelyn y Llyw Olaf.

Ond yr oedd y pwyslais yn Lloegr bellach ar Sacsoniaeth, ac ar ddyrchafu'r Saesneg fel iaith o dras Almaenaidd. Arweiniodd hyn, ymhlith rhai, at bwyslais ffyrnig bron ar amddiffyn purdeb Sacsonaidd yr iaith yn wyneb yr holl fenthyciadau, o wreiddiau Lladin neu Romawns yn bennaf, a ddaeth i'r Saesneg yn ystod yr unfed ganrif ar bymtheg a dechrau'r ail. Amcangyfrifir ddarfod ychwanegu o draean at eirfa'r Saesneg yn ystod y cyfnod hwn, cymaint o eiriau newydd yn wir nes peri bod darllenwyr addysgedig hyd yn oed yn methu deall llawer o'r hyn a ysgrifennid. Tystiai Thomas Blount yn 1656 y câi drafferth yn aml: 'I was often gravelled in English Books; that is, I encountered such words, as I either not at all, or not throughly understood'.[24] Cynhyrchwyd cnwd o eiriaduron yn hanner cyntaf yr ail ganrif ar bymtheg i egluro 'hard words', fel y'u gelwid, i ddarllenwyr o bob math.

Mynnai gŵr fel Richard Verstegan mai llygru sylfeini Sacsonaidd yr iaith oedd dwyn i mewn eiriau benthyg o ieithoedd eraill. Digon i bob angen, meddai, oedd y geiriau a oedd ar gael eisoes yn yr iaith:

> ...yf our selues pleased to vse the treasurie of our own toung, wee should as litle need to borrow woords, from any language, extrauagant from ours, as any such borroweth from vs: our toung in it selfe beeing sufficient and copious enough, without this dayly borrowing from somany as take scorne to borrow any from vs. [25]

Ni cheid yr ymateb puryddol eithafol hwn yng Nghymru, er bod awdur y *Drych Cristianogawl*, er enghraifft, yn derbyn y bydd 'rhyfeddu' am iddo fenthyg geiriau o'r Saesneg:

> ef a rhyfeddir paam yn y llyfr hynn ir wyf yn arfer o eirieu anghyfieith, megis o eirieu seisnic ag o ereill ny pherthynant ir iaith Gymraec... [26]

a bod Morris Kyffin yntau yn rhagweld beirniadu:

> mi a wna gyfri gael fy-marnu a beio arnaf gan ryw fath a'r goeg ddynion, y rhai a graffant ar ymbell air, ymma ag accw, ag a ddoedant yn y fan, wele, geiriau seisnigaidd a geiriau lladingaidd yw rhain, yn dwyno'r gymraec... [27]

Ond y mae'r ddau hyn, fel gweddill y dyneiddwyr Cymraeg, yn gadarn o blaid benthyca gan ieithoedd eraill, os oes angen. Nid yw John Davies, hyd yn oed, y mwyaf ceidwadol o'r ysgolheigion Cymraeg (ac y mae'n werth nodi mai ef yw'r agosaf o ran dyddiad at ddyddiad yr ysgol buryddol Saesneg), yn gomedd benthyg geiriau dieithr eu tras, er ei fod yn gwbl bendant mai chwilio adnoddau'r iaith Gymraeg a ddylid yn gyntaf, drwy ffurfio cyfansoddeiriau a thrwy atgyfodi hen eiriau, sef yr union lwybr a argymhellir gan Verstegan.

Pa gymhariaeth, felly, a wnawn ni rhwng y ddwy wlad o safbwynt agwedd at yr iaith frodorol? Yn fras, fel hyn y gwelaf i bethau. Yn Lloegr, beirniadu llym, ar ddechrau'r cyfnod, ar dlodi cymharol y Saesneg, a'r diffyg 'eloquentia' a welid ynddi (gan nodi, wrth fynd heibio, fod barn William Salesbury, a welodd y Saesneg yn 'iaith heddyw vrddedic o bob rhyw oreuddysc' yn 1547 yn wahanol i farn ei gyfoeswyr yn Lloegr);[28] beirniadu hefyd ar ddibristod y Saeson ohoni. Ymdrech aruthrol, a llwyddiannus, i ychwanegu at adnoddau'r Saesneg, a'r balchder yn yr iaith yn cynyddu wrth i'r Saeson ddechrau coleddu ei gwreiddiau Tiwtonaidd ac ymfalchïo ynddynt, i'r graddau bod rhai ohonynt yn ceisio ymwrthod â'r elfennau ieithyddol dieithr a oedd wedi ymgartrefu ynddi. Yng Nghymru, cwyno hefyd oherwydd annigonol-rwydd geirfa, a chwyno, tostach nag yn Lloegr, oherwydd difrawder ynghylch y Gymraeg – hyn, mae'n dra thebyg, oherwydd yr ymdeimlad oesol o berygl i fodolaeth y Gymraeg. Yng Nghymru, yn ogystal, ymdrech lew i gyfoethogi a thecáu'r Gymraeg, nid mor llwyddiannus o safbwynt ychwanegu at yr eirfa ond blaengar iawn o safbwynt cynhyr-chu gramadegau a geiriaduron; a heb yr eithafrwydd puryddol a welir gan rai yn Lloegr erbyn dechrau'r ail ganrif ar bymtheg.

Y mae tebygaethau mawr felly yn yr hyn a ddywedid yn y ddwy wlad am yr iaith frodorol, a'r hyn a wneid i'w meithrin a'i datblygu. Mae hefyd wahaniaethau, fel y ceisiais ei awgrymu. O'r gwahaniaethau, y mae'r amlycaf, mi gredaf, yn deillio yn y pen draw o ddatblygiad y myth hanes tarddiadol yn y ddwy wlad. Mewn geiriau eraill, nid gwahaniaeth ffeithiol, gwrthrychol, mohono ond gwahaniaeth goddrychol, seicol-egol.

Gwahaniaeth mewn balchder ydyw. Soniais ar y dechrau am bwysigrwydd yr ymdrech i adnabod yr hunan, a'r hunan cenhedlig yn arbennig, fel gwedd bwysig ar ddyneiddiaeth. Wrth i'r Saeson gydio yn yr hanes Sacsonaidd, y mae'r ymdeimlad o falchter yn eu gorffennol yn cynyddu, a'r parodrwydd i ganmol rhagoriaethau'r iaith Saesneg yn mynd yn llawer amlycach. Yr oedd ystyriaethau ymarferol hefyd yn rhannol gyfrifol am y newid agwedd: wedi'r cyfan, erbyn dechrau'r ail ganrif ar bymtheg, yr oedd y Saesneg yn gyfoethocach iaith o lawer nag y bu, ac wedi datblygu'n gyfrwng effeithiol i draethu dysg. Ond y mae'r Cymry, drwy'r unfed ganrif ar bymtheg, yn llawer mwy parod i ymfalchïo ac ymffrostio yn eu hiaith eu hunain nag ydyw'r Saeson. Gwir bod y dyneiddwyr Cymraeg, fel eu cymheiriaid yn Lloegr, yn codi eu llais yn groch ar fater prinder 'amadroddion y draythy dysceidaeth', chwedl William Salesbury, ond trwy'r cyfan, y mae'r islais o falchder yng ngorffennol y Gymraeg, a'i phosibiliadau hi, yn ddigamsyniol gadarn. Dyma awdur y *Drych Cristianogawl*:

> ag yn wir wrth gymharu ieithoedd ynghyd ni wela fi yr un or ieithoedd cyphredin eraill, nad yw r Gymraeg yn gystal ar oreu o honynt oll, os ceiph ei dodi a'i gossod allan yn ei rhith ai

11

heulun i hun, ie ag yn blaenori ar lawer o ieithoedd ereill mywn
aml foddau a fedrwn eu henwi...[29]

neu Rowland Vaughan:

> ...yr ydwyf fi yn gweled cymmaint a ragor rhyngddi, ac iaith y
> Saeson, ac sydd rhwng cochol newydd a chaberden glyttiog...[30]

ond, meddai, fod y Saeson wedi ymdrafferthu i gyfoethogi eu hiaith hwy.

Yr hyn sy'n cynnal y gred hyderus hon ym mhosibiliadau'r Gymraeg
yw bod y dyneiddwyr yn argyhoeddedig fod 'yr hen eirieu a r wir Gymraeg
wedy myned ar gyfyrgoll', chwedl awdur y *Drych*.[31] Myth y 'cyfoeth
coll' sydd yma; gwedd ar y myth Brytanaidd sy'n dal fod hen ddysg y
Cymry ar goll: yr hen lyfrau naill ai wedi eu colli mewn tanau a
brwydrau yn y gorffennol, neu yn dal ynghudd, heb ddim pris arnynt,
yn '[l]lwydo mewn coggleu a phryfedy mewn ciste', a defnyddio geiriau
William Salesbury.[32] Dro ar ôl tro ceir cyfeirio at hyn; dyfynnaf eiriau'r
Esgob Richard Davies yn enghraifft:

> ...galw i th cof y gollet a gavas y Cymru am eu llyfray beth
> bynac faynt, ay celfyddyt, ay historiae, ay Achay, ay Scrythur lan:
> ys llwyr ir anrheithiwyt oll Cymru o honynt. Can ys pan
> ostynget Cymru tan goron Loygr trwy nerth arfeu, diammay
> ddistrowio llawer oy llyfray hwynt yn hynny o trin.[33]

Iaith i'w hadfer yw'r Gymraeg i'r dyneiddwyr felly, iaith a fu unwaith yn
iaith dysg ond sydd bellach mewn 'dygn dywylli'. Fel arall y gwelai'r
Saeson bethau. Nid yw myth cynhaliol y 'cyfoeth coll' yn eiddo iddynt
hwy; nid eiddynt hwy dreftadaeth y Frytaniaith, beth bynnag am yr hanes
Brytanaidd. Nid iaith i'w hadfer yw'r Saesneg iddynt hwy, ond iaith i'w
chodi, bron o'r newydd. Rhaid cofio hefyd nad myth yn unig oedd yn
cynnal cred y dyneiddwyr Cymraeg. Fel y dangosodd Saunders Lewis, yr
oedd traddodiad barddol y gorffennol yn cynnig sail wirioneddol i'w
balchder.[34] Gellid canmol traddodiad y beirdd mewn termau dyneiddiol
cyfoes: yr oedd yn draddodiad dysgedig; yr oedd trefn a dosbarth –
geiriau allweddol i'r dyneiddwyr – ar eu gwybodaeth; ac yr oedd yn
gyfoethog o 'flodeuau rhetorigyddiaeth', a defnyddio un o ymadroddion
y cyfnod. Yn y cyd-destun hwn, gallai Salesbury hyd yn oed ganmol 'the
unspekeable felicitie and the wonderous graces of the Brytishe meters',[35]
neu Siôn Dafydd Rhys ddatgan, yn Lladin, fod 'nifer o feirdd felly yn
ffynnu yn y gelfyddyd hon yng Nghymru hyd yn oed yn awr, beirdd na
fyddai gofyn iddynt, o fewn i'w ffurfiau llenyddol eu hunain, ildio dim i'r

beirdd Lladin a Groeg'.[36] I'r dyneiddwyr, yr oedd bodolaeth y traddodiad barddol, er mor ddiffygiol oedd y wedd gyfoes ar y traddodiad hwnnw yn eu golwg, yn brawf pendant o ogoniannau'r Gymraeg mewn dyddiau a fu.

Ni ellir datgysylltu gwladgarwch iaith y dyneiddwyr, na'u gwlad-garwch hanes ychwaith, oddi wrth y Brotestaniaeth frwdfrydig a goleddai'r rhan fwyaf ohonynt. Un clwm o gymhellion sy'n gyrru'r dyneiddwyr, clwm na ellir yn hawdd ei ddatod a'i ddadelfennu. Gellid dyfynnu brawddeg ar ôl brawddeg o'r rhagymadroddion i brofi 'cyfan-rwydd' eu bwriadau. Ambell dro, rhoir y lle blaenaf i'r iaith, ond nid cyn rhoi crynodeb o lawer iawn o amcanion a gobeithion y Dadeni a'r Diwygiad fel ei gilydd:

> er mwyn cofadwriaeth henafieit, er mwyn pwylledd gwybod-
> aeth, er mwyn mawl eich rhieni, er mwyn ceidwad gwroliaeth,
> er mwyn braint y Brytannieit, er mwyn diorsedd anwybyddiaeth,
> er gwarth i'r gelynnion, ac er mwyn Duw; cannorthwywch jaith
> y Cymbru,[37]

meddai Henri Perri ar ddechrau ei lyfr ef ar bwnc rhethreg. Dro arall, y wedd grefyddol a gaiff yr oruchafiaeth, ond nid heb roi lle hanfodol i'r iaith hithau. Ni ellir, chwaith, ddosbarthu'r hyn a ddywedir yn y rhagymadrodd yn ôl natur corff y gwaith; dyry Rowland Vaughan, er enghraifft, ar ddechrau *Yr Ymarfer o Dduwioldeb*, ei holl sylw bron i fater yr iaith. Mae Edward Kyffin yn crynhoi'r cymhellion sylfaenol yn syml pan ddywed 'eyn bôd yn prisio mwy am Ogoniant Duw, am Orchafiaeth a derchafiad eyn Gwlâd a'n hiaith, ag am ddi-dranck lywenydd ag iechydwriaeth eyn Eneidiau eyn hunain, nag yr ydym am ddarfodedig fwnws y byd hwnn'.[38]

Yr oedd y cymhelliant cyffredinol deublyg hwn, ieithgarwch a sêl grefyddol, yn perthyn i bawb, boed Babydd boed Brotestant. Eithr fe âi'r cysylltiad rhwng iaith a chrefydd yn ddwfn iawn i bleidwyr y grefydd newydd, gyda'i phwyslais sylfaenol ar oruchafiaeth yr Ysgryth-ur, ac, yn y pen draw, y pwyslais ar gael yr Ysgrythur honno yn yr ieithoedd brodorol. Gwladgarwr o ddiwygiwr oedd Martin Luther ei hun. 'Diolchaf i Dduw', meddai, 'fy mod yn gallu dod o hyd iddo a'i wrando yn yr iaith Almaeneg. Ni ddown i, na chwithau, o hyd iddo byth yn y Lladin neu'r Roeg neu'r Hebraeg'.[39] Roedd y pwyslais dyn-eiddiol ar fynd yn ôl at y seiliau ieithyddol a hanesyddol, ac o ddatblygu cyneddfau'r unigolyn ac felly o ddarganfod hunaniaeth, hefyd yn rhan o'r patrwm Protestannaidd.

Yng Nghymru, ac yn Lloegr, daw elfen arall bwysig i gyfrannu at wead y patrwm gwladgarol/crefyddol, sef y balchder hanesyddol Brytanaidd. Roedd y balchder hwnnw, y myth y buom yn ei drafod eisoes, yn bwrw ei gysgod dros weithgarwch a syniadaeth grefyddol yn ogystal â thros weithgarwch ieithyddol a hanesyddol. Credai rhai o'r dyneiddwyr Cymraeg amlycaf yn ddi-sigl fod yr Ysgrythur ar gael gynt yn eu hiaith eu hunain; dyma'r rhan bwysicaf o'r 'cyfoeth coll' Brytanaidd iddynt hwy. 'Gwir grefydd Christ, a gair Duw a harddday y Brytaniait gynt, ac a ddygay uddynt ragorfraint a goruchelder', yn ôl yr Esgob Richard Davies.[40] Mewn gwirionedd, ychwanegiad dyneiddiol at y myth Brytanaidd, rhyw fath o hanes apocryffaidd, oedd y gred fod eglwys y Brytaniaid gynt yn eglwys bur, apostolaidd, ysgrythurol, heb ei difwyno gan gredoau ac arferion Rhufeinig, a aethai'n llwgr wedi dyddiau'r cenhadon cynnar a ddaethai i Brydain yn y ganrif gyntaf a'r ail o oed Crist.[41] Yng Nghymru, fe gawn y gred yn yr Eglwys Frytanaidd hon gan William Salesbury mewn ffurf syml, mewn ffurf helaethach o lawer gan Richard Davies yn yr 'Epistol at y Cembru', ac mae'n ffurfio elfen bwysig yn nadleuon Humphrey Llwyd yntau. Yr oedd y ddamcaniaeth eglwysig hon, wrth gwrs, o gofio ei natur, yn dra defnyddiol yn y gwaith o geisio sefydlu goruchafiaeth Protestaniaeth ym Mhrydain. O'i derbyn, gwelid na wneid, wrth orseddu Protestaniaeth, ond ceisio adfer traddodiad hynach a phurach na thraddodiad presennol Eglwys Rufain.

Gwnaeth yr Archesgob Matthew Parker, yn Lloegr, ddefnydd ohoni, nid i hyrwyddo Protestaniaeth yn unig, ond i hyrwyddo yn arbennig y syniad o 'Ecclesia Anglicana'. Hynny yw, yr oedd gwleidyddiaeth grefyddol y cyfnod yn galw am gyfiawnhau bodolaeth, a natur arbennig, Eglwys Loegr. Yr oedd y syniad o ddychwelyd at wreiddiau purach a mwy anrhydeddus, Brytanaidd i ddechrau, Sacsonaidd wedyn, yn rhan, felly, o'r arfogaeth wleidyddol honno. Yn Lloegr, rhoddid y pwyslais mwyaf ar burdeb yr Eglwys Sacsonaidd cyn i Awstin ddod a'i llygru hi. Un o'r pethau a wnaed oedd gwahodd John Foxe, awdur y llyfr enwog a adwaenir fel 'Foxe's *Book of Martyrs*' ond sydd, mewn gwirionedd, yn hanes eglwysig mwy eang o lawer ac sy'n drwm o dan ddylanwad y syniad o fodolaeth eglwys gynnar anrhufeinig, i olygu a chyhoeddi fersiwn Sacsoneg o'r Ysgrythur.

Mae'n wir, yn hanes y myth crefyddol megis yn hanes y myth tarddiadol, fod balchder y Cymry yn ddyfnach a gwresocach peth na balchder y Saeson. Mae'n wir hefyd y gwelir yng ngeiriau Richard Davies, yn ogystal â balchder, elfen o geisio ennill goruchafiaeth ar y Saeson:

> Trwy waith hwn [sef Awstin] i troed y Sayson hwyntwthae ir Chrystynogaeth tros wyneb y deyrnas, cyd bai wahan mawr rhwng Chrystynogaeth y Brytaniait, a'r eilun chrystynogaeth a dduc Awstin ir Sayson. Y Brytaniaid a gadwasai eu Christynogaeth yn bur ac yn ddilwgr... [ond y]...Chrystynogaeth a ddug Awstin ir Sayson a lithrasai beth o ddiwrth puredd yr Efengel, a thervynay'r hen Eglwys, ac ydoedd gymyscedic a llawer o arddigonedd, gosodigaythay dynion, a ceremoniae mution, anghytun a natur teyrnas Christ.[42]

Ond yn y pen draw, yr un oedd bwriadau'r Esgob Richard Davies yng Nghymru â bwriadau'r Archesgob Matthew Parker yn Lloegr. Crynhowyd y syniadau hyn, yng Nghymru a Lloegr, gan Dr Robin Flower pan ddywedodd:

> The insistence on the practice and doctrine of the British and Saxon Church by both Bishop Davies and Archbishop Parker at the same time shows them at one in seeking in ancient documents evidence making against what the Reformation Church held to be the corruption of Rome.[43]

Yn y mater hwn fel mewn materion eraill, ni ellir deall yr hyn a ddywedid, ac a gredid, yng Nghymru heb ystyried yn ogystal yr hyn a ddywedid ac a gredid yn Lloegr. Yr oedd dyneiddiaeth y Cymry yn beth Brytanaidd yn ei hanfod, a gallai'r Frytaniaeth honno o dro i dro gwmpasu Lloegr yn ogystal â Chymru. Yr oedd hefyd yn frwdfrydig, egnïol Gymreig. Y mae'r ymdrech ddyneiddiol i ddarganfod gwreiddiau ac i adnabod hunaniaeth yn Gymreig, yn Brydeinig, ac yn Ewropeaidd ar yr un pryd.

[1] Rhagymadrodd *Trysawr yr iaith Latin ar Gymraec*, gweler Garfield H. Hughes (gol.), *Rhagymadroddion 1547-1659* (Caerdydd 1951), 112.

[2] Albert C. Baugh, *A History of the English Language* (London 1959), 246.

[3] *Ystorie Kymru, neu Cronigl Kymraeg*, gweler *Rhagymadroddion*, 103.

[4] *Efrydiau Athronyddol*, XXXIII, 1970, 57-74.

[5] O'r Llythyr Annerch at William Cecil, ar ddechrau *Historiae Brytannicae Defensio*, John Prys, 1573. Dyfynnir o gyfieithiad Ceri Davies, *Rhagymadroddion a Chyflwyniadau Lladin 1551-1632* (Caerdydd 1980), 27.

[6] Dafydd Glyn Jones, 'Gwlad y Brutiau', Darlith Goffa Henry Lewis 1990, cyhoeddwyd gan Brifysgol Cymru, Abertawe, 1991; Brynley F. Roberts, 'Sieffre o Fynwy a Myth Hanes Cenedl y Cymry', yn *Cof Cenedl*, VI, gol. Geraint H. Jenkins (Llandysul 1991).

[7] 'Yr Epistol at y Cembru' ar ddechrau'r *Testament Newydd*, 1567; gweler *Rhagymadroddion*, 17-18.

[8] 'Ysgolheictod Hanesyddol yr Unfed Ganrif ar Bymtheg', *Llên Cymru* II, 2, 112.

[9] *Rhagymadroddion a Chyflwyniadau Lladin*, 27.

[10] O'r Llythyr Annerch at Syr Henry Sidney ar ddechrau *Britannicae Historiae Libri Sex*, 1585; gweler *Rhagymadroddion a Chyflwyniadau Lladin*, 51.

[11] Rhagymadrodd *Dosbarth Byrr ar y Rhann Gyntaf i Ramadeg Cymraeg*, 1567; gweler *Rhagymadroddion*, 47.

[12] Rhagymadrodd *Cambrobrytannicae Cymraecaeve Linguae Institutiones et Rudimenta...*, 1592; gweler *Rhagymadroddion*, 64.

[13] O'r Llythyr Annerch at Edmwnd Prys ar ddechrau *Antiquae Linguae Britannicae ...Rudimenta*, 1621; gweler *Rhagymadroddion a Chyflwyniadau Lladin*, 111-2.

[14] *Rhagymadroddion*, 115.

[15] art.cit. Hon yw thema sylfaenol y ddarlith.

[16] Rhagymadrodd *Yr Ymarfer o Dduwioldeb*, 1630; gweler *Rhagymadroddion*, 119.

[17] Mewn llythyr at y Maister Colingborne yn *A Briefe and a Playne Introduction...*, 1550.

[18] Rhagymadrodd *A Dictionary in Englyshe and Welshe*, 1547; gweler *Rhagymadroddion*, 5.

[19] Gweler *Rhagymadroddion a Chyflwyniadau Lladin*, 47.

[20] Dyfynnir yn Hugh A. MacDougall, *Racial Myth in English History* (Montreal 1982), 15-6.

[21] ibid., 19.

[22] Dyfynnir yn Richard Foster Jones, *The Triumph of the English Language* (Stanford 1966), 225.

[23] ibid., 224.

[24] ibid., 273.

[25] ibid., 242.

[26] *Rhagymadroddion*, 56.

[27] Rhagymadrodd *Deffynniad Ffydd Eglwys Loegr*, 1595; gweler *Rhagymadroddion*, 90.

[28] *Rhagymadroddion*, 5.

[29] *Rhagymadroddion*, 53.

[30] *Rhagymadroddion*, 119.

[31] *Rhagymadroddion*, 57.

[32] Rhagymadrodd *Oll Synnwyr Pen Kembero Ygyd* (1547).

[33] *Rhagymadroddion*, 24.

[34] 'Damcaniaeth Eglwysig Brotestannaidd', *Efrydiau Catholig*, 11, 52-4.

[35] ibid., 52. O *A Briefe and a Playne Introduction*.

[36] *Rhagymadroddion a Chyflwyniadau Lladin*, 72.

[37] *Rhagymadroddion*, 87-8.

[38] Rhagymadrodd *Rhann o Psalmae Dafydd Brophwyd*, 1603; gweler *Rhagymadroddion*, 107.

[39] Dyfynnir gan MacDougall, op.cit., 44.

[40] *Rhagymadroddion*, 20.

[41] Gweler trafodaeth Saunders Lewis, art.cit., 46; hefyd Glanmor Williams, 'Some Protestant Views of Early British Church History', *History*, Hydref 1953, 219-33.

[42] *Rhagymadroddion*, 22.

[43] 'William Salesbury, Richard Davies, and Archbishop Parker', *Cylchgrawn Llyfrgell Genedlaethol Cymru*, II, i, 1941. Gweler cyfeiriad Saunders Lewis, art.cit., 37.

LLYTHYR SIÔN DAFYDD RHYS AT Y BEIRDD

G WAITH â'i wreiddiau yn syniadaeth Ewropeaidd y Dadeni Dysg yw Llythyr Siôn Dafydd Rhys at y beirdd. Cynnyrch beirniadaeth lenyddol ryngwladol y cyfnod ydyw, yn hytrach na chynnyrch unrhyw feddylfryd Cymreig. Clytwaith yw'r Llythyr o rai o syniadau poblogaidd yr oes am natur beirdd a barddoniaeth, a bron na ellid darn o ryddiaith union debyg yn y Saesneg neu'r Ffrangeg neu'r Eidaleg, gan mai prin ynddo yw nodau arbennig y traddodiad Cymraeg. Un o gynhyrchion nodweddiadol dyneiddiaeth ydyw, ac afraid pwysleisio mai rhyngwladol ac Ewropeaidd oedd y ddyneiddiaeth honno.

Ceisiaf yma olrhain rhai o themâu'r Llythyr a dangos sut y mynegir ynddo rai o gyffredinolion yr oes. O ddefnyddio'r term 'cyffredinolion' awgrymir ar unwaith nad anelir, o angenrheidrwydd, at olrhain ffynon-ellau'r themâu hyn. Rhan o stoc syniadol gwŷr llengar y cyfnod ydynt, ac er y gellir olrhain llawer ohonynt, yn y pen draw, at Aristotlys neu Horas neu Blaton, nid yw'n dilyn mai'r awduron clasurol hyn oedd ffynhonnell uniongyrchol Siôn Dafydd Rhys a'i debyg. Y cyfan y gellir yn ddiogel ei wneuthur yw dangos sut y mae syniadau'r Llythyr yn cyfateb i syniadau a fynegir yn ysgrifeniadau eraill y cyfnod, heb bwyso'n ormodol ar ddyledion penodol.

Ystyrier i ddechrau amgylchiadau cyfansoddi'r Llythyr. Y dyddiad sydd arno yw 1597. Ddwy flynedd ynghynt, cyhoeddwyd gwaith Philip Sidney, *An Apologie for Poetrie* (er ei fod yn cylchredeg mewn llawysgrif ers rhai blynyddoedd), yr enwocaf o'r gweithiau hynny a gyhoeddwyd yn y cyfnod hwn i amddiffyn beirdd a barddoniaeth. Cododd yr angen am amddiffyn yn sgîl ymosodiadau'r Piwritaniaid. Ateb *School of Abuse* Stephen Gosson a wnaeth Sidney; yn yr un modd, amddiffyn y beirdd rhag y 'nam a'r gogan a'r enllib ddihaeddedig a fwriawdd, yn ddigawn angharedig, Cymro a gwr o'ch gwlad chwi eich hunain arnoch yr awr hon'[1] a wnaeth Siôn Dafydd Rhys. Ymosod ar y beirdd ar dir moesoldeb a wnâi'r Piwritaniaid: cŵyn Morris Kyffin yw mai'r hyn a gynhyrchai'r beirdd fynychaf oedd 'naill ai cerdd faswedd, ai ynte rhyw fath arall ar

18

wawd ofer heb na dysc, na dawn, na deunydd ynddi… y mae'n dostur iawn gan fynghalon i feddwl ddarfod twyllo ag anrheithio llawer enaid dyn drwy'r fath erchyll ynfydrwydd'.[2] Hyn hefyd yw sylfaen cŵyn Stephen Gosson a'i debyg yn Lloegr, Savonarola yn yr Eidal, Cornelius Agrippa yn yr Almaen, a Bossuet yn Ffrainc.[3] Yr hyn sy'n ddiddorol yw mai pobl o ysbryd Piwritanaidd oedd llawer o'r amddiffynwyr hefyd. Fel y dywed J. E. Spingarn:

> Throughout the Elizabethan age, there was this similarity in the point of view of those who attacked and those who defended poetry. Both sides admitted that not poetry, but its abuse, is to be disparaged… A dual point of view was attempted in a work, licensed in January, 1600, which professed to be 'a commendation of true poetry, and a dis-commendation of all bawdy, ribald, and paganized poets'. [4]

Gŵr o dueddiadau Piwritanaidd cryfion oedd Philip Sidney. Ni chredai ef fod dysg yn bodoli er ei mwyn ei hun, ond bod iddi swyddogaeth foesol bendant: 'the highest end of the mistres Knowledge', meddai, 'stands… in the knowledge of a mans selfe, in the Ethicke and politick consideration, with the end of well dooing and not of well knowing onely'.[5] Y mae naws Biwritanaidd Llythyr Siôn Dafydd Rhys yn amlwg i'r neb a'i darlleno: safbwynt moesol a fynegir ynddo drwyddo draw. Ar yr un pryd, y Piwritan yn Siôn Dafydd Rhys a fu'n gyfrifol am yr ymosod llym ar y beirdd a gafwyd ganddo yn rhagymadrodd ei Ramadeg: 'onyd rhai o honynt ynn ymroddi euhûnain i ddiôgi, ac i lynna, a phiteinia, ac i ddywêdud celwydd ynn eu Cerdd, ac i bôb aflwydd gyd a hynny.'[6] Y gwir yw bod yr ymosodiad a geir gan Siôn Dafydd Rhys mor llym bob tamaid â'r hyn a ddywed Morris Kyffin. Beth felly a barodd iddo fynd ati, ar ôl ei ymosodiad, i amddiffyn y beirdd? Tybed a ddarllenodd lyfr Sidney yn y cyfamser ac mai dilyn ffasiwn lenyddol yr oedd felly? Byddai'n hawdd credu hynny, o gofio am ddyddiadau cyhoeddi'r *Apologie* a chyfansoddi'r Llythyr, ac o ystyried tebygrwydd safbwynt y ddau. Rhaid cofio hefyd fod Siôn Dafydd Rhys wedi bod yn cyfeillachu a chydweithio, yn y blynyddoedd cyn hyn, â Wiliam Midleton, ac y byddai yntau'n ymweld â Wilton, cartref Mary Sidney, lle yr oedd Philip Sidney yn ymwelydd cyson.[7] Yn wir, mae'n bosibl fod Midleton gyda Sidney pan laddwyd ef yn yr Iseldiroedd. Digon tebyg felly y byddai gan Siôn Dafydd Rhys ddiddordeb arbennig yn syniadau Sidney.

Ond dychwelwn at syniadau moesol a Phiwritanaidd y Llythyr. Mae'n amlwg mai celfyddyd ddefnyddiol oedd barddoniaeth i Siôn Dafydd Rhys. Syniadau didactig a goleddai am swydd bardd: 'canmolwch rinweddau da a moesau da, a gogenwch rinweddau drwg a gwydiau'; [8] 'pryda'r prydydd dduwioldeb i ddynion' a 'cyweiria ef gerdd i feddygyniaethu dynion'.[9] Y mae'r pwyslais drwy'r Llythyr ar ganu'n dduwiol a defnyddiol. Mynegir yr un syniad gan Sidney: 'the final end is to lead and draw vs to as high a perfection as our degenerate soules, made worse by theyr clayey lodgings, can be capable of.[10] Horas oedd ffynhonnell y syniadau hyn, yn y pen draw. Rhoddodd ef bwyslais, fel y gwyddys, ar yr 'utile' mewn cerdd, ochr-yn-ochr â'r 'dulce'. Yn wir, dywed un beirniad mai llinell Horas

> Aut prodesse volunt aut delectare poetae

yw man cychwyn holl sylwadau ysgolheigion y Dadeni ar bwnc barddoniaeth.[11] Ceir y pwyslais hwn ar y 'dulce' a'r 'utile', y naill neu'r llall, neu'r ddau gyda'i gilydd, yn fynych fynych yn ysgrifeniadau'r cyfnod. Nid unwaith na dwywaith y dywed Sidney mai diben barddoniaeth yw 'to teach and to delight'. Ond er iddo roi lle i'r 'dulce', nid oes amheuaeth nad yr 'utile' a gaiff y lle blaenaf ganddo, fel y prawf yr hyn a ddyfynnwyd eisoes. Dysgu yw'r bwriad sylfaenol, er y gellir peri, trwy addurno'r gerdd mewn gwahanol ddulliau, fod y dysgu'n felys ddigon. Ar yr 'utile' yn bendant y mae pwyslais Siôn Dafydd Rhys, er y dywed yntau mai lle'r bardd yw rhoi gwisg addurnol am y defnydd: 'a chynnyscaeddwch a gwaddolwch chwithau y defnydd hwnnw o fesuron cerddaidd a chynghaneddion, ag odlau a chymmeriadau a chymmwys eiriau'.[12] Hoff gan feirniaid y cyfnod oedd cymharu'r bardd, yn y cyswllt hwn, â'r meddyg: ei waith, meddent, oedd rhoi siwgr am y moddion.

Y mae'n werth cofio yma mai celfyddyd i'w defnyddio i bwrpas moesoldeb oedd barddoniaeth i ddau fardd mawr y Dadeni yn Lloegr, dau Biwritan, Spenser a Milton. Dyfynnaf yr hyn sydd gan A. W. Satterthwaite i'w ddweud am Spenser:

> Spenser's work shows a predominant concern with the moral and educational value of literature... He is a didactic poet himself, and didactic in a Christian context...This is not to deny that he worked long and hard over the element of the *dulce*

in his work, or to deny that he valued this element. He did indeed, as hundreds of beautifully wrought lines will testify. But for him the heart of his work was earnestly *utile*.[13]

Ceir yr un pwyslais ar farddoniaeth fel celfyddyd ddefnyddiol yn yr Eidal ac yn Ffrainc. Pwysleisir y syniad yn fynych gan feirniaid y cyfnod yn yr Eidal. Dywed Giraldi Cintio mai diben barddoniaeth yw condemnio'r drwg a chlodfori rhinwedd (yn union fel y gwnaeth Siôn Dafydd Rhys), a Maggi mai dyrchafiad ysbrydol yw nod y bardd. I Varchi, gogoniant barddoniaeth yw mai hi yw'r cyfrwng gorau i ddysgu moesau da. Dysgu'n felys yw'r nod i Scaliger: 'Poetae finem esse, docere cum delectatione'.[14] Gwelir mynegi syniadau tebyg yn Ffrainc gan feirdd a beirniaid ysgol y Pléiade. Gesyd Pierre de Ronsard bwys mawr ar swyddogaeth foesol barddoniaeth,[15] ac i Jacques Peletier du Mans, beirdd yw'r 'maîtres et réformateurs de la vie'.[16]

Dilyn beirniaid fel y rhain, yn sicr, y mae Siôn Dafydd Rhys. Rhaid cofio ar yr un pryd nad oedd pawb o feirniaid y cyfnod yn derbyn yr agwedd hon; mynnai rhai ddilyn Aristotlys yn hytrach na Horas, a rhoi'r pwyslais ar farddoniaeth fel cyfrwng pleser. Dywed Aristotlys mai 'diben y celfyddydau cain yw rhoddi pleser, neu fwynhad deallol'.[17] Dilynir ef gan ddau o feirniaid pwysicaf y cyfnod yn yr Eidal, sef Bernardo Tasso a Castelvetro, a mynegir eu safbwynt yn groyw gan Dryden yn ddiweddarach (1668): 'I am satisfied, if it cause delight: for delight is the chief, if not the only, end of poesie: instruction can be admitted but in the second place; for poesie only instructs as it delights'.[18] Ond arall, fel y dywedwyd, oedd barn Siôn Dafydd Rhys.

Sylfaen y brotest foesol yn erbyn barddoniaeth oedd bod y beirdd yn canu celwydd. Yn yr unfed ganrif ar bymtheg yr oedd cysylltu beirdd â chelwydd yn llythrennol ddiarhebol. Mewn cyfieithiad o waith Ffrangeg a gyhoeddwyd gan Syr Edward Holy yn 1586, sef y *Politique Discourses upon Truth and Lying*, ceir y frawddeg hon: 'Hence grew the common proverb that all poets are Lyers'. Egyr y bennod ar farddoniaeth mewn traethawd cyfoes arall, *De Abusu Mendacii*, gan Alberico Gentili, â brawddeg sydd eto'n awgrymu mor gyffredinol y derbynnid y syniad: 'Sed & poetae, qui item Logici sunt, multa soliti mentiri: ut vetus et proverbium est'.[19] Yng Nghymru, ymffurfiodd y gwrthwynebiad i ganu celwydd, wrth gwrs, fel protest yn erbyn gweniaith a gormodiaith y canu mawl (er bod cwyno yn Lloegr a Ffrainc hefyd yn erbyn ffalster y canu i noddwyr). Amgylchiadau cymdeithasol arbennig y cyfnod a barodd fod modd cwyno am roi 'mawl i Siac mal i Siôn', ond nid diffyg teilyngdod ac urddas y newydd-gyfoethogion yw'r unig reswm dros feirniadu'r canu mawl. Ni wnaeth amgylchiadau cymdeithasol cyfnod y Tuduriaid ond rhoi min ychwanegol i wrthwynebiad i farddoniaeth a geir yn gyffredin pan fo ystyriaethau diwinyddol neu foesol yn llywodraethu ym meddyliau dynion. Cyfnod felly oedd hwn drwy Ewrop, mewn gwledydd Catholig yn ogystal â rhai Protestannaidd. Gofid yr Eglwys Gatholig bod barddoniaeth yn milwrio yn erbyn y gwirionedd oedd wrth wraidd sefydlu'r *Index Expurgatorius* yn 1563. Y mae gwreiddiau'r gwrthwynebiad yn yr ysbryd piwritanaidd ac asetig a welir trwy'r oesau – fe'i cawn gan Blaton, a fynnai alltudio beirdd o'r gymdeithas ddelfrydol am fod celwydd yn eu canu; gan y Tadau Eglwysig, gwŷr fel Tertullian, Isidore o Sefila, ac Awstin; ac wrth gwrs, gan Siôn Cent yng Nghymru. Yn ei ffurf eithaf, mae'r feirniadaeth hon yn golygu condemnio pob barddoniaeth. Caiff safonau moesoldeb a gwirionedd fuddugoliaeth lwyr ar safonau estheteg. Pur eithafol yw'r hyn sydd gan y Ffrancwr Du Bellay i'w ddweud, mai oferedd yw darllen gwaith Petrarcha, Fyrsil, Horas, Ofydd a beirdd Groeg – nid yw dychmygion y beirdd hyn, meddai, ond celwydd.[20]

Ceir graddau lawer i'r ymateb puryddol hwn, wrth reswm. Cymryd cam i'r cyfeiriad a wna Siôn Dafydd Rhys a'i debyg wrth leisio'u protest yn erbyn canu celwydd mewn cerdd. Y mae tuedd y Llythyr, serch hynny, yn amlwg. Pan anogir y beirdd i ganu 'clod i wyrda yn ddi-weniaith, mal ir haeddont',[21] y safon feirniadol yw canu'r union wirionedd – nid canu i bethau fel y dylent fod, ond canu i bethau fel y maent. Y mae Siôn Dafydd Rhys felly yn ymwrthod â sylfaen esthet-aidd y canu mawl traddodiadol, oherwydd er bod i ganu i bethau fel y dylent fod ei seiliau moesol, y mae'n rhydd o lyffetheiriau canu'r union wirionedd, a rhoddir cyfle felly i'r dychymyg creadigol. Rhydd Sidney, ar y llaw arall, ei briod le i'r math hwn o ganu:

> For these third be they which most properly do imitate to teach and delight, and to imitate borrow nothing of what is, hath been, or shall be: but range, onely rayned with learned discretion, into the diuine consideration of what may be, and should be. [22]

Mewn gosodiadau tebyg i hyn, ceid *rationale* i'r canu mawl, ond nid oes awgrym fod Siôn Dafydd Rhys wedi sylweddoli hynny.

Tybiai llawer o wŷr y Dadeni nad oedd modd i fardd ganu duwioldeb a moesau da onid oedd ef ei hun yn ŵr o fuchedd lân. I ŵr o deithi Piwritanaidd fel Siôn Dafydd Rhys, golygai hyn ymwrthod â bywyd 'tafarnoedd a choeg leoedd'.[23] Y cyntaf, mae'n debyg, o ysgolheigion y cyfnod i roi mynegiant llawn i'r syniad y dylai'r bardd fod yn ŵr bucheddol oedd yr Eidalwr Minturno, yn ei *De Poeta* (1559).[24] Dywed ef na ddichon dyn fod yn fardd da onid yw hefyd yn byw bywyd rhinweddol. Gellir olrhain y syniad wedyn i Ffrainc, yng ngwaith Pierre de Ronsard, ac i Loegr, yng ngwaith Ben Jonson a Milton ac eraill. Gwnaed awgrym mai ffynhonnell y syniad oedd *Daearyddiaeth* Strabo,[25] gwaith pur boblogaidd ar y Cyfandir yn y cyfnod hwn. Cyhoeddwyd ef am y waith gyntaf yn Fenis yn 1516, a chafwyd sawl argraffiad wedyn, gan gynnwys argraffiad esboniadol Causabon yn 1587.[26] Yr hyn a ddywed Strabo yw:

> Wrth reswm, nid ydym yn sôn am rinweddau bardd yn yr un ystyr ag y soniwn am rinweddau saer neu of, oherwydd nid yw arbenigrwydd eu crefft hwy yn dibynnu ar fonedd ac urddas cynhenid. Y mae arbenigrwydd y bardd, ar y llaw arall, yn annatod glwm wrth rinweddau'r dyn ei hun, ac y mae'n amhosibl iddo ddatblygu'n fardd da onid yw, yn gyntaf, wedi tyfu'n ŵr daionus.[27]

Deil Minturno yn *De Poeta* fod canmoliaeth Platon i'r athronydd yn rhinwedd ei alwedigaeth aruchel, yn ogystal â chanmoliaeth Cicero a Quintilian i'r areithiwr am yr un rheswm, bellach wedi eu trosglwyddo i'r bardd. Tybed ai adlais o'r hyn a ddywed Minturno a geir gan Siôn Dafydd Rhys wrth iddo yntau gyplysu'r tair swydd mewn modd tebyg, drwy annog i'r beirdd ymddyrchafu ac ymdebygu i'r 'philosophyddion a'r areithyddion neu oratoryddion o'r Groectir'?[28]

Ochr-yn-ochr â'r pwyslais hwn ar foes a buchedd, gellir canfod yn y Llythyr olion traddodiadau eraill am natur a swydd y bardd, sef y traddodiadau proffwydol, dysgedig, ac aristocrataidd. Wrth annog y beirdd i fod 'cyn galled a'r Memphitici Vates',[29] sylwer bod Siôn Dafydd Rhys yn ymglymu â'r traddodiad clasurol ac Ewropeaidd ynghylch proffwydoliaeth, yn hytrach nag â'r traddodiad Cymreig. Nid galw arnynt i fod cyn galled â Myrddin neu Daliesin a wneir, ond yn hytrach gyfeirio at eu galluoedd proffwydol yn yr un termau â Philip Sidney:

> Among the Romans a Poet was called *Vates*, which is as much as a Diuiner, Fore-seer, or Prophet, as by his conioyned wordes *Vaticinium* and *Vaticinari* is manifest: so heauenly a title did that excellent people bestow vpon this hart-rauishing knowledge. [30]

Cyfeiria Siôn Dafydd Rhys hefyd at ddoethion Persia, sef y Magi, gwŷr o nodweddion tebyg i'r *vates* Rhufeinig.[31] Diddorol sylwi y ceir cyfeiriad at y Magi gan Minturno yn ogystal.[32] Eid â'r syniad proffwydol hwn ymhellach gan rai o feirniaid y cyfnod, a chysylltu'r beirdd yn uniongyrchol â'r duwdod, yn ôl y traddodiad Platonaidd. Lladmeryddion y duwiau ydynt, medd y Ffrancwr Peletier du Mans: 'Les Poëtes selon le divin Platon, sont interprètes des Dieux, quand ils sont en leur sainte fureur'.[33] Ond ni welaf ddim o olion yr estyniad hwn yn y Llythyr, er mor gyffredin ydoedd yn y cyfnod.

Celfyddyd ddefnyddiol a chelfyddyd broffwydol felly; celfyddyd ddysgedig, lafurfawr hefyd oedd barddoniaeth i lenorion y Dadeni. Pwysleisir mai mater o astudio a llafurio ac ymberffeithio yn y grefft yw cynhyrchu barddoniaeth dda. Rhaid i feirdd, medd Siôn Dafydd Rhys, gan eu hannerch, 'allu ohonoch ddilyn eich llyfrau a'ch dysc er perffeithiaw eich cynhildeb a'ch cywreindeb'.[34] Myn fod yn rhaid wrth lafur caled i gynhyrchu barddoniaeth. 'A chymmerwch attoch yn ddibrin ddiarbedawl, drwy lafur a phoen a godidog astudrwydd',[35] meddai yn y Llythyr, gan daro'r un nodyn ag yn rhagymadrodd ei Ramadeg, lle y cwyna nad yw'r beirdd yn 'ymâros nag wrth fyfyrdawt, na phóen na llafur i gwpláu chwaith cymhendod na llûn arr y Gerdd'.[36] Ceir yr un pwyslais yn gywir gan Du Bellay. Dywed ef fod yn rhaid i'r neb a fynno anfeidroldeb barddol dreulio'r amser yn unigrwydd ei ystafell; yn lle bwyta, yfed, a chysgu, rhaid iddo ddioddef newyn, syched, a hirymdroi:

> Qui veut voler par les mains & bouches des hommes, doit longuement demeurer en sa chambre: & qui desire vivre en la memoire de la posterité, doit comme mort en soymesmes suer & trembler maintesfois, & autant que notz poëtes courtizans boyvent, mangent, & dorment à leur oyse, endurer de faim, de soif, & de longues vigiles. [37]

Rhydd yr Eidalwr Vida, yn ei *Ars Poetica*, bwyslais tebyg ar lafurio a pharatoi manwl. Ffynhonnell y syniad hwn, unwaith yn rhagor, oedd Horas.[38]

Dywedais nad oes dim o olion y syniad Platonaidd yr ysgogir y bardd gan ryw 'sainte fureur' gan Siôn Dafydd Rhys. Iddo ef llafur, nid yr awen ddwyfol, sy'n cynhyrchu barddoniaeth dda. Ar y llaw arall, pwysid yn drwm ar ysbrydoliaeth yr awen gan rai ysgolheigion, fel y dengys y llinellau hyn o un o gerddi pwysicaf y cyfnod, sef 'Uranie' Du Bartas. Dyfynnir o gyfieithiad Saesneg o'r ail ganrif ar bymtheg:

Each art is learned by art; but Poesie
Is a mere heavenly gift, and none can taste
The dews we drop from Pindus plenteously,
If sacred fire have not his heart embraced.

Hence is't that many great Philosophers,
Deep-learned clerks, in prose most eloquent,
Labor in vain to make a graceful verse
Which many a novice frames most excellent. [39]

Ni ellir rhyfeddu mai tynnu at syniadau tebyg i rai Du Bellay, yn hytrach nag at syniadau Du Bartas, a wnaeth Siôn Dafydd Rhys. Gwyddai ef ormod am brentisiaeth hir y bardd Cymraeg i roi'r pwyslais i gyd ar ysbrydoliaeth.

Er rhoddi'r pwys hwn ar farddoniaeth fel celfyddyd lafurfawr, mynnid ar yr un pryd na ddylai'r bardd gyhoeddi i'r byd faint y llafur a gostiodd cerdd iddo. Ceir y traddodiad hwn yn Lloegr ac yn Ffrainc, ac adlewyrchu y mae syniadau'r cyfnod am le'r amatur aristocrataidd mewn cymdeithas. Ni bu erioed gyfnod mwy ymwybodol na hwn o drefn hierarchaidd cymdeithas, mwy gofalus o ddyletswyddau a breintiau'r dosbarth uchelwrol, a hynny o bosibl am fod y drefn gymdeithasol yn dechrau llacio, y dosbarth canol yn ennill grym, a dyrchafu'r ieithoedd brodorol i fod yn ieithoedd dysg yn agor meysydd diwylliant i'r cyffredin. Mynnid mai gŵr bonheddig oedd y bardd i fod: yn wir, tueddid i ddifrïo'r sawl a gyhoeddai ei waith yn hytrach na'i gylchredeg ymhlith cyfeillion ar ffurf llawysgrif, heb sôn am feirniadu'r sawl a dderbyniai dâl am ei waith. Cywilyddiai John Donne yn 1641 fod yn rhaid iddo, oherwydd tlodi, ystyried argraffu ei waith. Meddai mewn llythyr at Syr Henry Goodyere:

> One thing more I must tell you, but so softly that... if that
> good Lady were in the room with you and this letter, she might
> not hear. It is that I am brought to a necessity of printing my
> poems... I am at an end of much considering. [40]

Y mae'r pwyslais yng Nghymru beth yn wahanol, fel y gellid disgwyl. Nid oedd llys brenhinol i fod yn ganolfan i'r math hwn o amaturiaid aristocrataidd, fel yn Ffrainc a Lloegr, ac at hynny, yr oedd grym arbennig i'r traddodiad proffesiynol. Ond sylwer ar bwyslais Siôn Dafydd Rhys: dylai'r beirdd fod 'fal gemmau a main gwerthfawr' i'w gwledydd – ac y mae'r union ffigur hwn gan Ronsard, gyda llaw, er mewn cyd-destun gwahanol [41] – a dylent 'fucheddoccau... ym mhlith y boneddigion a'r dyledogion a'r tywyssogion'.[42] Onid oes yn y geiriau hyn adlais pendant o dueddfryd aristocrataidd y cyfnod?

Tuedd a âi law-yn-llaw â'r pwyslais hwn ar fonedd oedd dibrisio a dilorni'r bobl gyffredin. Mynych y gwelir mynegi thema'r 'odi profanum vulgus', a defnyddio ymadrodd Horas. Gellid pentyrru enghreifftiau. Yr amlycaf efallai yw brawddeg gyfarwydd Luther 'Byddai'n well gennyf ddioddef tywysog yn gwneud drwg na phobl gyffredin yn gwneud daioni'.[43] Dywedir am yr agwedd meddwl a welir yn *Arcadia* Sidney gan un beirniad: 'Evidently, one could be "the president of Noblesse and Chevalree" and hold a base-born rustic of less account than a hound or a horse'.[44] Cwynid nad oedd y bobl gyffredin yn alluog i werthfawrogi celfyddyd, yn wir mai gelynion celfyddyd oeddynt. Cynghorir y beirdd i ddianc rhagddynt gan Du Bellay, 'fuyr ce peuple ignorant, peuple ennemy de tout rare et antique sçavoir', a bodloni ar ychydig ddarllenwyr os oes raid, 'se contenter de peu de lecteurs.'[45] Mynnai Siôn Dafydd Rhys i'r beirdd osgoi cwmnïaeth 'llesciaid a choegiaid a dynion enbeidus' a geid mewn 'tafarnoedd a choeg leoedd'.[46] Y mae'r syniad yn gliriach yn rhagymadrodd y Gramadeg, lle y beiir y prydyddion 'a geisiynt yn vnic fyned i ymadâra am fodlôni y cyphrêdin: dann chwennych cáel eu clodfôri gan y bobl am eu Gwanngerdd'.[47] Cymharer â hyn gŵyn Edmund Spenser am y beirdd, yn ei gerdd 'The Tears of the Muses':

> They to the vulgar sort now pipe and sing
> And make them merrie with their fooleries. [48]

Barn gyffredin oedd y dylid osgoi canu'r hyn a ddymunai'r bobl. Cyfeiria Minturno at awdurdod Platon ar y pwnc hwn: 'Poesim improbat Plato ad plebis voluptatem repertam'.[49]

Yr oedd, felly, ymwybyddiaeth ddofn o haenau cymdeithas, ac o ba haen y dylai'r bardd berthyn iddi. Ond âi'r ymwybod hierarchaidd mewn llenyddiaeth yn ddyfnach na hyn: ymffurfiodd yn un o ganonau llenyddol pwysicaf y cyfnod. Byddai'n anodd dod o hyd i unrhyw feirniad llenyddol na cheir yn ei waith ryw gyfeiriad neu'i gilydd at egwyddor 'decorum'. Hen egwyddor glasurol yw hon wrth gwrs; pwysleisir hi gan Horas a chan y rhethregwyr. Fe'i mynegir mewn dull syml ac uniongyrchol gan Siôn Dafydd Rhys: 'a pha beth arall i gyd a hynny mewn cerdd, ag o ran cerdd, a weloch fod yn gymmwysaf ac yn gymmesuraf i'r defnydd hwnnw, na chadarn na gwann, uchel nag isel, na chanolig ymadrodd cerdd a fo yn gweddu iddaw'.[50] Sylwer ei fod yn dilyn y drefn draddodiadol o restru'r haenau, yr un drefn ag a geir gan Scaliger, er enghraifft: 'altiloqua', 'infima', a 'media', yn y drefn honno; neu gan Minturno, a roddodd gryn sylw i'r pwnc yn yr adran sydd ganddo ar 'Il decoro': 'grande', 'humile', a 'mezzana' a geir ganddo ef.[51] Cyfeirir at yr egwyddor yn yr *Apologie for Poetrie* hefyd, fel y disgwylid: 'not speaking... words as they chanceably fall from the mouth, but peyzing each sillable of each worde by iust proportion according to the dignitie of the subiect'.[52] Ond er bod yr egwyddor yn gydnabyddedig gan Sidney, cwyna Ben Jonson nad yw, mewn gwirionedd, yn cadw ati yn ei farddoniaeth: parai i bawb siarad mor goeth ag ef ei hun, meddai.[53]

Mynegi'r egwyddor mewn ffurf seml y mae Siôn Dafydd Rhys, fel y dywedais, heb geisio'i chymhwyso. Byddai beirniaid y cyfnod yn cymhwyso'r egwyddor i drafod gofynion y cymeriadau yn y gwahanol fathau llenyddol a gâi sylw – cerddi epig ac arwrol, dramâu comig a thrasig. Rhoid sylw i ba fath o ŵr a allai fod yn arwr cerdd neu ddrama arbennig yn ogystal ag i lunio arddull a weddai i safle cymdeithasol y cymeriad. Ar un lefel felly, mater o realaeth oedd 'decorum': os siarad bras a geid gan haenau isaf cymdeithas, yna siarad bras y dylid ei gael. Ar y tir hwn y byddid yn cyfiawnhau rhai o weithiau Chaucer. Ond o ddilyn yr egwyddor i'w phen draw, a'i hystyried yn ei chysylltiad â phortreadu cymdeithas, fe geir mai egwyddor gyfyng, ddiffrwyth yw hi. Wrth wneud i gymeriadau lefaru a gweithredu yn ôl patrymau disgwyliedig eu dosbarth cymdeithasol, cyfyngir ar gyfoeth ac unigolyddiaeth y portreadu. Dyna sut y gallai rhai o feirniaid yr unfed ganrif ar bymtheg osod Musaeus yn uwch na Homer, er enghraifft; tybid bod Homer yn tramgwyddo gormod yn erbyn egwyddor 'decorum'. Eithr nid oes a wnelom â'r dadleuon hyn yma, gan mai nodi'r egwyddor yn unig a wneir yn y Llythyr, ac na ddatblygir mohoni.

I haneswyr llenyddiaeth Gymraeg, cyfnod o argyfwng mewn nawdd yw hwn, ac yn wir, y mae'r gri ynghylch diffyg cefnogaeth a chynhaliaeth deilwng yn gyson gan y beirdd a'r ysgolheigion fel ei gilydd. Cyfeirir at anawsterau bydol y beirdd gan Siôn Dafydd Rhys yntau. Cydymdeimla â hwynt oherwydd 'deffyg ag eisiau ymgeisiaw a chwi, a golygu arnoch, a'ch perchi herwydd eich rhyglyddiad a'ch teilyngdawd'.[54] Yr hyn y carwn ei bwysleisio yma, o gofio thema'r ysgrif hon, yw hyn: nad peth Cymreig o angenrheidrwydd oedd cyfeirio at dlodi'r beirdd, ac at ddiffyg cefnogaeth faterol. Y mae tlodi'r beirdd yn gŵyn gyson gan Du Bellay a Ronsard yn Ffrainc, a cheir digon o dystiolaeth i dlodi beirdd a llenorion yn Lloegr. Daethpwyd o hyd i John Foxe, er enghraifft, bron â marw o newyn ym mynwent Powls yn Llundain. Pumpunt oedd swm holl eiddo bydol Michael Drayton pan fu farw, ac yr oedd yn rhaid i blant Richard Hooker ofyn cardod.[55] Credaf ei bod yn werth dyfynnu geiriau Phoebe Sheavyn ar bwnc nawdd yn Lloegr yn y cyfnod hwn:

> But the plain fact was that the demands on patronage were too heavy to be met. The system was breaking down under the stress of changed conditions… The noblemen and gentry who took their patronistic obligations seriously were neither very wealthy nor very numerous, and were heavily burdened by increased expenditure due to social conditions. On the other hand, the wealthy *nouveaux-riches* either held such obligations lightly, or held views which rendered them indifferent altogether to the literary art.[56]

Nid yng Nghymru yn unig felly yr oedd y newidiadau yn y drefn gymdeithasol yn perygbu bywoliaeth y beirdd, ond bod yr argyfwng yn ddwysach yma oherwydd natur y traddodiad.

Ond beth sy'n ddiddorol, mi gredaf, ynghylch yr hyn sydd gan Siôn Dafydd Rhys i'w ddweud ar bwnc cynhaliaeth y beirdd yw'r pwyslais ar 'resymmawl ddigonedd' fel nod. Nid oes angen cyfoeth a golud ar y bardd:

> Eisiau eich caru ag eisiau rhoddi gwobrwyon iwch yn ol eich dysc a'ch haeddiad y sydd arnoch, ag eisiau modd a gallu, o ddeffyg golud byd, i fyw yn syberlan ag i gynnal eich teuluoedd ynghyd mewn rhesymmawl ddigonedd y sydd arnoch, ag eisiau caffael yn gwbl gwppledig y meint a berthynai ag a ddirperai ddamweinaw ar feirdd a phrydyddion dyscedig, i allu ohonoch ddilyn eich llyfrau a'ch dysc er perffeithiaw eich cynhildeb a'ch cywreindeb. [57]

Y mae rhyw naws dawel, anfydol, i ofynion y bardd yma. Unwaith eto, troer at Horas; a cheir ei fod ef yn dal mai bywyd tawel, neilltuedig, dibryder, heb uchelgais bydol, a ddylai bywyd y bardd fod. Dilynir ef gan Vida a chan feirdd y Pléiade yn Ffrainc. Gwrandawer ar De Baïf, er enghraifft, yn dweud na feddiennir y gwir fardd gan uchelgais nac awydd am dda bydol:

> La tromperesse Ambition
> Un vray Poete n'enveloppe...
> Ny aux richesses il ne bâille. [58]

Bellach, ystyriwn yr hyn sydd gan Siôn Dafydd Rhys i'w ddweud ar bwnc mater barddoniaeth, y wedd fwyaf diddorol ar y Llythyr, o bosibl. Wrth geisio olrhain syniadau'r Llythyr hyd yn hyn, cafwyd bod y llwybr, yn amlach na pheidio, yn arwain yn y pen draw at Horas. Ef, mae'n ddiau, oedd meistr llenyddol y cyfnod. Ond y mae i Aristotlys hefyd le hynod bwysig yn natblygiad syniadau llenyddol yr oes. Yr unfed ganrif ar bymtheg a ddarganfu *Farddoneg* Aristotlys. Ni wyddai'r Oesoedd Canol, yn ôl y dystiolaeth sydd ar gael, ddim am gynnwys y gwaith. Mynnai rhai o feirniaid llenyddol y Dadeni mai Aristotlys oedd eu brenin: 'Aristoteles imperator noster, omnium bonarum artium dictator perpetuus' meddai Scaliger.[59] Fel y gwyddys, egwyddor sylfaenol *Barddoneg* Aristotlys yw 'mimesis'. Bu ceisiadau di-rif gan wŷr y cyfnod i egluro'r egwyddor. 'Poesie therefore', meddai Sidney, 'is an arte of imitation, for so *Aristotle* termeth it in his word *Mimesis*, that is to say, a representing, counterfetting, or figuring foorth: to speake metaphorically, a speaking picture'.[60] Dynwarediad felly, drych o'r byd, yw barddoniaeth. Âi rhai beirniaid, a Sidney yn eu plith, ymhellach na hyn. Yr oedd barddoniaeth iddynt hwy yn greadigaeth newydd a ddatblygai o'r dynwared hwn. Creadigaeth ddelfrydol, cynnyrch dychymyg arbennig y bardd, yw prydyddiaeth:

> Onely the Poet, disdayning to be tied to any such subiection, lifted vp with the vigor of his owne inuention, dooth growe in effect another nature, in making things either better then Nature bringeth forth, or, quite a newe, formes such as neuer were in Nature… so as hee goeth hand in hand with Nature, not inclosed within the narrow warrant of her guifts, but freely ranging onely within the Zodiack of his owne wit.[61]

Dehongliad symlach na hyn o egwyddor 'mimesis' a adlewyrchir yn y Llythyr. Y mae ysbryd y rhan berthnasol o'r gwaith yn nes at un o ddiffiniadau Roger Ascham nag at ddiffiniad Philip Sidney. 'The second kind of Imitation', meddai ef yn *The Scholemaster*, 'is to folow for learning of tonges and sciences the best authors'.[62] Dyma'r union bwyslais a geir yn y Llythyr, mai tarddiadol yw natur y deunydd a draethir. 'Cymryd a derbyn' a wna'r bardd 'gan y neb a fo celfydd a chynnil a chowraint yn [y] gelfyddyd i caffer y defnyddolion hynny ynddi ag ohoni'.[63]

Y mae'r bardd felly yn dynwared yn yr ystyr ei fod yn 'benthycca neu yn echwyna' ei ddefnydd gan ysgolheigion a gwybodusion eraill. O ba feysydd y dylai'r bardd gymryd ei ddeunydd? Yr oedd ateb y cyfnod yn syml: o holl feysydd dysg. Dyma eiriau Gabriel Harvey yn Lloegr ar y pwnc: 'It is not sufficient for poets, to be superficial humanists: but they must be exquisite artists and curious universal schollers'.[64] Mynnai Siôn Dafydd Rhys hefyd i'r bardd fod yn 'universal scholler'. 'Pob rhyw ddefnydd yn y byd a phob celfyddyd a gwybodaeth a ellir eu cynnwys yn a than gelfyddyd prydyddiaeth',[65] meddai, gan fynegi'r un ysbryd catholig ag a welwyd yng ngwaith Webbe rai blynyddoedd ynghynt: 'Poetry is not debarred from any matter which may be expressed by pen or speech'.[66] Mynegir yr un egwyddor hollgynhwysol gan Minturno yn yr Eidal, ar seiliau Horasaidd.[67]

Nid digon gan Siôn Dafydd Rhys ddweud fod pob math ar ddysg yn dderbyniol mewn cerdd. Eir ymlaen i enwi'r meysydd a argymhellir. Meysydd traddodiadol barddoniaeth yw rhai ohonynt – duwioldeb, moesau da, historïau, achoedd, rhyfeloedd. Wedi enwi'r rhain, deuir at argymhellion a ymddengys yn fwy dieithr, ar yr olwg gyntaf beth bynnag: 'cenwch o'r ddaear, o'r dwfr, o'r awyr, o'r tân' (sef y byd naturiol, yn ôl y ddysgeidiaeth draddodiadol ynghylch yr elfennau), 'o'r wybroedd a'r ser, ag o'u hanian a'u rhinweddau, ag o gymmaint ac a wnaeth y cyssefin a'r arbenniccaf achaws yn y byd corphorawl, drwy gynnorthwy cyfarwyddyd anianolion philosophyddion, mathematicyddion, astronomyddion, astrologyddion a metaphysicyddion'.[68] Cymharer y rhestr hynod debyg a geir gan Peletier du Mans: 'à notre poëte est nécessaire la connaissance d'astrologie, cosmographie, géométrie, physique, bref de toute la philosophie'.[69] Dylai barddoniaeth, mewn gair, adlewyrchu gwybodaeth wyddonol yr oes – ac y mae awgrym, gyda llaw, o rai o ddaliadau gwyddonol y cyfnod yn yr hyn a ddywed Siôn Dafydd Rhys. Wrth restru elfennau'r ddaear ar y naill law, a'r wybroedd a'r sêr ar y llall, y mae'n synied am y greadigaeth yn ôl y ddysgeidiaeth Blatonaidd ynghylch y ddau fyd, daearol a nefol. Y mae'r cyfeiriad at 'y cyssefin a'r arbenniccaf achaws yn y byd corphorawl' hefyd yn ddiddorol. Cyfeiria Ronsard at yr un syniad, sef bod i'r bydysawd un grym cychwynnol, yn ei gerdd 'Le Chat' (1569). Meddai ef yn honno:

> Car de tout estre elle est commencement.

Yr oedd canu ar bynciau gwyddonol yn destun anghytundeb ymhlith beirniaid y Dadeni. Ceid patrwm clasurol i ganu am bethau byd natur mewn gweithiau fel y *Georgics* a *De Rerum Natura*. Eithr daliai rhai, gan ddilyn Aristotlys, nad disgrifio moel oedd barddoniaeth, ac nad oedd modd i farddoniaeth a gymerai'r byd naturiol yn destun gynnwys hanfod barddoniaeth, sef y dynwared creadigol y cyfeiriwyd ato wrth drafod syniadau Sidney. Dyn, ei weithredoedd a'i feddyliau, yn unig, a allai fod yn destun prydyddiaeth i'r beirniaid hyn. Gall y byd allanol fod yn gefndir i farddoniaeth, ond ni all ffurfio testun cerdd ynddo'i hun, am nad oes iddo fodolaeth foesol ac ysbrydol.

Y dyb hon oedd sylfaen pwyslais yr oes ar y gwahaniaeth rhwng y bardd ar y naill law, a'r ysgolhaig, mewn unrhyw faes, ar y llall. Yr oedd yn rhaid i farddoniaeth wrth yr hanfod prydyddol, sef yr elfen fimetig, ddynwaredol. Diffinnir y gwahaniaeth gan Aristotlys yn ei *Farddoneg* (i.8): 'os mynegir trafodaeth ar feddygaeth neu ffilosoffyddiaeth anianol ar ffurf cerdd, yr arfer yw rhoi teitl bardd i'r awdur; ond eto nid oes dim yn gyffredin rhwng Homer ac Empedocles onid eu deunydd. Gweddus felly yw galw'r cyntaf yn fardd, a'r ail yn ffisigwr yn hytrach na bardd'. Adlewyrchu'r un syniad a wna Spenser, dyweder, wrth drafod barddoniaeth hanesyddol:

> The methode of a Poet historical is not such, as of an Histori-ographer. For an Historiographer discourseth of affayres orderly as they were done, accounting as well the times as the actions, but a Poet thrusteth into the middest, even where it most concerneth him, and there recoursing to thinges forepaste, and divining of thinges to come, maketh a pleasing Analysis of all. [70]

Tynnir yr un gwahaniaeth rhwng y bardd a'r hanesydd gan Pigna, Giraldi Cintio, a Minturno yn yr Eidal, a chan Ronsard yn Ffrainc. Tybed ai dadleuon tebyg i'r rhain oedd yng nghefn meddwl Siôn Dafydd Rhys wrth iddo yntau geisio gwahaniaethu rhwng swyddogaeth y bardd a swyddogaeth y theologydd?

> Ac os damchweinia i'r un dyn fod yn brydydd da ag yn theologydd da, i mae ef yn benthycca neu yn echwyna anian defnydd theologyddiaeth ganthaw e hunan, nid mal i mae yn brydydd, namyn mal i mae yn theologydd; can ni pherthyn i brydydd, mal prydydd, namyn prydu o ba ddefnydd bynnac, ag ar y theologydd i perthyn adrodd pethau a berthyn at ffydd a moesau.[71]

Ond er awgrymu fel hyn fod swyddogaeth arbennig i'r prydydd, ni thrafodir natur yr arbenigrwydd. Gan hynny, ni ddaw'r anghysondeb a welai rhai beirniaid rhwng yr elfen fimetig (yn ystyr helaeth Sidney i'r gair) a'r disgrifio gwyddonol i'r golwg yn y Llythyr. Condemniai Varchi ganu ar bynciau gwyddonol am y rheswm a nodwyd; ond amddiffynnir y canu gan Fracastoro, a wnaeth ddefnydd helaeth o bynciau gwyddonol yn ei waith ei hun.[72] Cawn gan Pierre de Ronsard hefyd gorff mawr o ganu ar yr union bynciau a nodir gan Siôn Dafydd Rhys.[73] Bu'r syniadau cyfoes am y byd naturiol yn gloddfa helaeth i'r metaffisegwyr Saesneg hwythau; ond afraid dweud na chafwyd ymateb i her Siôn Dafydd Rhys yng Nghymru.

Cyfeiriwyd o dro i dro yng nghorff yr ysgrif hon at yr Eidalwr Minturno, un o feirniaid mwyaf dylanwadol y cyfnod. Ar derfyn *L'Arte Poetica*, y mae ef yn crynhoi ei ddamcaniaethau ynghylch barddoniaeth, ac yn rhestru'r hanfodion fel hyn: yn gyntaf, natur; yn ail, dysgeidiaeth; yn drydydd, gwybodaeth o gelfyddyd prydyddiaeth; yn bedwerydd, darllen helaeth; yn bumed, dynwared; ac yn chweched, ymarfer.[74] Bron nad yw ei grynodeb ef yn darllen fel crynodeb o Lythyr Siôn Dafydd Rhys at y beirdd. Yn sicr, y mae'n brawf mai cynnyrch y ddyneiddiaeth Ewropeaidd yw gwaith Siôn Dafydd Rhys, a saif y Llythyr yn un o gynhyrchion Cymraeg mwyaf diddorol y ddyneiddiaeth honno.

[1] Thomas Jones (gol.), *Rhyddiaith Gymraeg*, ii (Caerdydd 1956), 156.

[2] Rhagymadrodd *Deffynniad Ffydd Eglwys Loegr* (1595), yn Garfield H. Hughes (gol.), *Rhagymadroddion* 1547-1659 (Caerdydd 1951), 92.

[3] J. E. Spingarn, *A History of Literary Criticism in the Renaissance* (Llundain 1963), 6-7.

[4] ibid., 267.

[5] G. Gregory Smith (gol.), *Elizabethan Critical Essays*, i (Rhydychen 1904), 161

[6] *Rhagymadroddion*, 67-8.

[7] G. J. Williams (gol.), *Barddoniaeth neu Brydyddiaeth* (Caerdydd 1930), 13.

[8] *Rhyddiaith Gymraeg*, 159.

[9] ibid., 158-9.

[10] *Elizabethan Critical Essays*, 160.

[11] Spingarn, 47.

[12] *Rhyddiaith Gymraeg*, 158.

[13] *Spenser, Ronsard and Du Bellay* (Princeton 1960), 245.

[14] Nodir yr enghreifftiau hyn yn Spingarn, 49-52, passim.

[15] ibid., 34

[16] Dyfynnir yn Vernon Hall, *Renaissance Literary Criticism* (Efrog Newydd 1945), 146.

[17] Spingarn, 47.

[18] T. Arnold (gol.), *An Essay of Dramatic Poesy* (Rhydychen 1889), 104.

[19] Robert J. Clements, *Critical Theory and Practice of the Pléiade* (Cambridge, Mass. 1942), 10.

[20] Henri Chamard (gol.), *Oeuvres Poétiques Françaises* (Paris 1908-19), iv, 147.

[21] *Rhyddiaith Gymraeg*, 159.

[22] *Elizabethan Critical Essays*, 150.

[23] *Rhyddiaith Gymraeg*, 156.

[24] Spingarn, 53.

[25] ibid., 54.

[26] H. L. Jones (gol.), *The Geography of Strabo* (Llundain 1917), xxxix.

[27] ibid., 63 (i. 2. 5).

[28] *Rhyddiaith Gymraeg*, 156.

[29] ibid., 156.

[30] *Elizabethan Critical Essays*, 154

[31] Braidd yn gymysglyd yw'r ddau gyfeiriad arall yn yr adran hon, at y 'Bungi ym mhlith yr Indiaid' a'r ' Gymnosophistæ ym mhlith yr Æthiopiaid'. Gwŷr duwiol o'r Dwyrain Pell, nid Indiaid, oedd y Bungi, os derbynnir mai cyfeirio at y Bonzees a wneir; a Hindŵiaid, nid Ethiopiaid, oedd y Gymnosophistae. Fel Hindŵiaid yr adwaenid hwynt yn y cyfnod hwn, yn ôl yr OED.

[32] Spingarn, 21.

[33] Hall, 142

[34] *Rhyddiaith Gymraeg*, 157.

[35] ibid., 155.

[36] *Rhagymadroddion*, 77.

[37] Henri Chamard (gol.), *La Deffence et Illustration de la Langue Francoyse* (Paris 1948), 105-6. Dengys Chamard fod Du Bellay yma yn benthyg gan yr Eidalwr Speroni.

[38] Spingarn, 127.

[39] Spingarn, 197.

[40] Dyfynnir gan Phoebe Sheavyn, *The Literary Profession in the Elizabethan Age* (Manceinion 1967), 167.

[41] Hall, 122.

[42] *Rhyddiaith Gymraeg*, 156.

[43] Hall, 7.

[44] Dyfynnir geiriau R. W. Zandvoort gan Hall, 221.

[45] Hall, 119.

[46] *Rhyddiaith Gymraeg*, 156.

[47] *Rhagymadroddion*, 75.

[48] Dyfynnir gan Lilian Winstanley yn 'Spenser and Puritanism', *Modern Languages Quarterly*, iii, 1046.

[49] Hall, 55.

[50] *Rhyddiaith Gymraeg*, 158.

[51] Hall, 58.

[52] *Elizabethan Critical Essays*, 160.

[53] Hall, 209.

[54] *Rhyddiaith Gymraeg*, 157.

[55] Sheavyn, 6.

[56] ibid., 20-1.

[57] *Rhyddiaith Gymraeg*, 157.

[58] Clements, 69.

[59] Spingarn, 141.

[60] *Elizabethan Critical Essays*, 158.

[61] ibid., 156.

[62] ibid., 7.

[63] *Rhyddiaith Gymraeg*, 158.

[64] Dyfynnir gan W. L. Renwick, *Edmund Spenser* (Llundain 1961), 27-8.

[65] *Rhyddiaith Gymraeg*, 158.

[66] *Elizabethan Critical Essays*, xlvi.

[67] Spingarn, 21.

[68] *Rhyddiaith Gymraeg*, 159.

[69] Hall, 148.

[70] Renwick, 53.

[71] *Rhyddiaith Gymraeg*, 159.

[72] Spingarn, 41.

[73] Gweler astudiaeth D. B. Wilson, *Ronsard Poet of Nature* (Manceinion 1961).

[74] *L'Arte Poetica* (adargraffwyd ym München, 1971), 444.

DILYN NATUR: SYLWADAU AR GANU WILIAM LLŶN AC R. WILLIAMS PARRY

BU Wiliam Llŷn farw yn 1580, yng nghanol ei ddyddiau – 'cyn chwech a deugain' medd Rhys Cain yn ei farwnad iddo. Tua'r flwyddyn honno, yn ôl un beirniad, y cyrhaeddodd un o ddulliau meddwl pwysicaf cyfnod y Dadeni, sef Stoiciaeth, ei benllanw.[1] Bu Stoiciaeth yn ddylanwad cryf ar feddwl Wiliam Llŷn. Y mae dros ddeg ar hugain o'i gerddi marwnad yn dwyn nodau digamsyniol yr athroniaeth hon. Un o nodweddion pwysicaf llenyddiaeth Gymraeg y Dadeni Dysg, a'r hyn a'i gwna'n wahanol i gynnyrch rhai cyfnodau eraill yn ein hanes, yw ei chyfoesedd. Cyfansoddodd llawer o lenorion ac ysgolheigion y cyfnod eu gwaith yng nghanol berw syniadau newydd yr oes. Nid dilyn o hirbell a wnaent, ond ymateb ar unwaith i'r bwrlwm o'u cwmpas.[2] Dyna a wnaeth Gruffydd Robert wrth lunio'r *Gramadeg Cymraeg*, fel y gŵyr y neb a ddarllenodd waith G. J. Williams arno, a dyna a wnaeth Wiliam Llŷn. Yr ydym, bellach, yn gyfarwydd â'r syniad ddarfod i'r Dadeni ddwyn rhyddiaith newydd i Gymru; fe ddug hefyd, yng ngwaith Wiliam Llŷn, elfennau newydd a chyfoes i'r canu caeth.

Fe'i cafodd Wiliam Llŷn ei hun yn byw mewn oes gythryblus. Cyfnod o ddadfeilio cymdeithasol oedd yr unfed ganrif ar bymtheg, a daeth y dadfeilio â thlodi ac ansicrwydd yn ei sgîl. Soniodd Saunders Lewis am 'lygredd ysbrydol cyfnod y Tuduriaid' ac am 'bydru'r gydwybod gymdeithasol mewn byd ac eglwys'.[3] Ceir digon o dystiolaeth i'r llygredd moesol a'r cyni materol yng ngwaith beirdd y cyfnod, ac yn enwedig yng ngherddi dychanol enwog Siôn Tudur, 'Cywydd Usuriaeth' a 'Bustl y Byd'. Y chwalfa gymdeithasol yw'r rheswm a gynigir fel arfer dros apêl Stoiciaeth yn y cyfnod hwn. 'Stoicism is the refuge for the individual in an indifferent or hostile world', medd T. S. Eliot. 'In Elizabethan England... it was a period of dissolution and chaos; and in such a period any emotional attitude which seems to give a man something firm, even if it be only the attitude of "I am myself alone", is eagerly taken up'.[4] Yr un oedd y sefyllfa ar y cyfandir. Parodd y rhyfeloedd crefyddol yn Ffrainc a'r Iseldiroedd boen a dioddefaint i dlawd a chyfoethog fel ei gilydd. Sylwodd Montaigne fod trefn gymdeithasol bron wedi diflannu'n llwyr yn Ffrainc.[5] Mewn amgylchiadau tebyg i hyn, hawdd yw deall apêl dysgeidiaeth sy'n pwysleisio trefn a meistrolaeth yr unigolyn ar ei fywyd ei hun.

Ceir elfen gref o Stoiciaeth yng ngwaith meistr mawr llenorion y cyfnod, sef Cicero. Diddorol sylwi mai un o'i weithiau mwyaf Stoicaidd ei naws, *De Senectute*, a ddewisodd Gruffydd Robert i'w gyfieithu. Ond dramâu ac epistolau Seneca oedd prif gyfrwng dod â Stoiciaeth Rhufain i Ewrop yng nghyfnod y Dadeni. Dylanwadodd ei syniadau ef ar ddramodwyr oes Elisabeth yn Lloegr, a Shakespeare yn eu plith. Mae'n werth dyfynnu dadansoddiad T. S. Eliot o natur y dylanwad:

> the ethic of Seneca's plays is that of an age which supplied the lack of moral habits by a system of moral attitudes and poses... The ethic of Seneca is a matter of postures. The posture which gives the greatest opportunity for effect, hence for the Senecan morality, is the posture of dying: death gives his characters the opportunity for their most sententious aphorisms – a hint which Elizabethan dramatists were only too ready to follow. [6]

Crynhoi rhyw sylw ar natur bywyd a marwolaeth, llunio dywediadau epigramatig doeth, a hynny pan fo'r gwrthrych yn wynebu'r angau – dyma hanfod y dylanwad Stoicaidd ar lenyddiaeth y Dadeni. Brithir gwaith Shakespeare ag enghreifftiau o'r ddyfais lenyddol hon. Mae llawer o'i linellau enwocaf yn dilyn y patrwm:

> Men must endure
> Their going hence even as their coming hither,
> Ripeness is all,

neu:

> Tomorrow, and tomorrow, and tomorrow,
> Creeps in this petty pace from day to day,
> To the last syllable of recorded time;
> And all our yesterdays have lighted fools
> The way to dusty death.

Dilyn y patrwm hwn hefyd a wna'r llinellau perthnasol ym marwnadau Wiliam Llŷn. Atgyfnerthwyd y ddyfais gan elfennau eraill yn ogystal. Perthyn yn agos iawn iawn i'r ddihareb o ran ei natur, ac afraid pwysleisio poblogrwydd diarhebion yn y cyfnod hwn. Bu *Adagia* y dyneiddiwr mawr, Erasmus, yn fawr ei ddylanwad, a dilyn ffasiwn yr oes a wnâi *Oll Synnwyr Pen* a chasgliadau eraill tebyg yng Nghymru. Ychwaneger at y dylanwadau allanol hyn draddodiad brodorol, sef cwpledi epigramatig cywyddau'r bymthegfed ganrif, ac fe gawn oleuni ar dras llenyddol rhai o linellau Wiliam Llŷn, o safbwynt eu dull a'u cynnwys:[7]

> Ni all da'r byd ennyd awr
> Estyn einioes dyn unawr;
> Dyn dwl, mae'n meddwl am oes:
> Duw a ran hyd yr einioes.
>
> BWLl, t.134
>
> Duw byw beth ydyw bywyd?
> Drwy boen y newidia'r byd.
>
> BWLl, t.130
>
> Yn ych hoedl na wnewch hyder
> Nid oes i falch ond oes fer.
>
> BWLl, t.202
>
> Twyllfraw fradog tywyllfrith
> Yw'r bywyd brwnt a'r byd brith;
> Bywyd tawdd yw'r byd diddim
> Bywyd yw heb barhau dim.
>
> BWLl, tt.215-6

Y drefn arferol yn y cerddi marwnad hyn o eiddo Wiliam Llŷn yw gosod y cyffredinoli Stoicaidd ar ddechrau'r gerdd neu ar ei diwedd, a manylu ar y gwrthrych, yn null traddodiadol y canu marwnad, yng nghorff y gerdd. Yn hyn o beth, y mae Wiliam Llŷn yn dilyn arfer cywyddwyr eraill – sylwodd W. J. Gruffydd ar y modd y mae Tudur Aled, er enghraifft, yn gosod ei linellau mwyaf trawiadol ar ddechrau ei gywyddau marwnad.[8] Dyfais yw hi sy'n ychwanegu at yr elfen ddramatig yn y canu, elfen sy'n amlwg iawn yn yr ymagweddu Stoicaidd at farwolaeth, fel y dangosodd T. S. Eliot.

Lluniodd y Stoiciaid Rhufeinig batrwm iddynt eu hunain ym mherson y gŵr doeth neu'r *sapiens*. Cydiodd yr arwr Stoicaidd hwn yn nychymyg llenorion y Dadeni. 'Thus the Stoic *sapiens*' medd C. S. Lewis, '…is the image really potent in Elizabethan, and in much later, literature'.[9] Nod amgen y *sapiens* yw'r gallu i fyw mewn cytgord â'r greadigaeth, y greadigaeth y mae ef ei hun yn rhan ohoni. Rhaid iddo fyw mewn harmoni â'r byd allanol, ac â'i natur ef ei hun; yn wir, yr un yw'r ddeubeth yn y pen draw, gan mai'r un rheswm sy'n rheoli ei fywyd ef, y bod dynol, y microcosm, ag sy'n rheoli'r cosmos cyfan. Drwy fynd gam ymhellach, ac uniaethu Rheswm â'r Duwdod, gellir creu o ddyn ryw fath o 'dduw meidrol', a defnyddio ymadrodd Henry More. Dyma a wnâi Cicero. Dywed ef mai'r un yw hanfod y natur sy'n rheoli dyn â natur Duw: 'eadem in homine ac in deo'. Fel y sylwodd Martin van den Bruwaene, creu duw o ddyn a wneir yn y pen draw drwy ddadlau fel hyn: 'On voit à quelle conclusion logique devait aboutir Cicéron. L'homme allait être dieu'.[10]

Drwy ei uniaethu ei hun â'r greadigaeth, gall y *sapiens* anelu at y tangnefedd mewnol hwnnw y deisyfir ei gael. 'Tranquillity, not glory, is his central object' medd R. A. Sayce am Montaigne.[11] Ceir disgrifiad effeithiol o'r tawelwch Stoicaidd mewn cyfnod diweddarach gan Matthew Arnold, yn ei gerdd 'To a Gypsy Child':

> Is the calm thine of Stoic souls, who weigh
> Life well and find it wanting, nor deplore;
> But in disdainful silence turn away,
> Stand mute, self-centred, stern, and dream no more?

Gweledigaeth ynysig, anghymdeithasol yw hi yn ei chyflawnder, a gweledigaeth anghristnogol hefyd, gan nad oes ynddi le i gyfryngwr, nac arweiniad ar bwnc natur cymdeithas. Fel y sylwodd Pascal, un o'i heffeithiau enbytaf yw balchder ysbrydol.

Daw prawf ar y *sapiens* pan fo'n dod wyneb-yn-wyneb ag angau, yn enwedig ei angau ei hun. Yn y cyfwng hwn, rhaid iddo ddibynnu ar y doethineb Stoicaidd. 'Que philosopher, c'est apprendre à mourir' meddai Montaigne. Crynhoir y doethineb hwnnw yn yr ymadrodd *naturam sequere*, sef y cytgord â natur berffaith y greadigaeth a ddisgrifiwyd uchod. Dyma gyffes y Rhufeiniwr Marcus Aurelius:

> Pa beth bynnag sydd orau er dy les di, o fydysawd, sydd orau
> er fy lles innau hefyd. Ni ddaw dim sydd yn ei bryd i ti, yn rhy
> gynnar neu'n rhy ddiweddar i minnau. Y mae'r cyfan a ddwg dy
> dymhorau di, Natur, yn ffrwyth yn fy ngolwg i.[12]

Yn ymarferol, cyngor y Stoiciaid yw y dylai'r *sapiens* ddilyn cread-uriaid byd natur a derbyn ei dynged yn urddasol ddiffwdan, neu'n wir fynd i gwrdd ag ef gyda phenderfyniad tawel. Dyma'r cyngor a ddilyn-odd Montaigne:

Yr wyf yn datod fy rhwymau ar bob llaw; yr wyf eisoes wedi hanner ffarwelio â phawb, ond myfi fy hunan. Ni pharatôdd neb erioed i adael y byd mewn ffordd drylwyrach a chyflawnach na myfi, nag i'w wahanu ei hun oddi wrtho mor llwyr ag yr wyf i yn bwriadu ei wneud. [13]

Adlewyrchir ysbryd digon tebyg yn y llinellau nid anenwog hyn o waith Wiliam Llŷn:

> Eryr gwyllt ar war gelltydd
> Nid ymgêl pan ddêl ei ddydd;
> A'r pysg a fo 'mysg y môr
> A ddwg angau'n ddigyngor.
>
> BWLl, t.214

Mae'r enghreifftiau o gymryd creaduriaid byd natur yn batrwm wrth farw yn dra niferus yn ei ganu. Fel y gellid disgwyl, creaduriaid urddasol y canu mawl traddodiadol a enwir fel arfer, carw, eryr, march, llew, a gwalch:

> Y gwalch gwyllt a gylchai gwynt
> Ni hwylia ond un helynt,
> Un wedd medd pawb onaddyn
> Y mesur Duw amser dyn.
>
> Caerdydd 84, t.820

> E nofia'r gleisiad nofiad nwyfawr
> A da y damwain hyd ei dymawr,
> Ac eryr ym min goror maenawr
> A hed ar waneg hyd yr unawr.
>
> BWLl, t.112

Yn aml, fel yn y llinellau hyn, clymir thema'r creaduriaid â thema arall sy'n nodweddiadol iawn o Stoiciaeth, sef bod tymor pawb wedi ei bennu. Gormes amser, a ddwg awr anochel angau yn ei sgîl – dyma dant a drewir yn gyson yng nghanu Wiliam Llŷn:

> Oriau amserau y sydd – diamau
> Yn mynd ymaith beunydd;
> Einioes y dyn nos a dydd
> Yn ddiorfod a dderfydd.
>
> CLl, t.146

Taflodd yr ymwybod ag amser ac angau ei gysgod mor llydan dros farddoniaeth y Dadeni nes iddo'i amlygu ei hun yng nghanu serch y cyfnod yn ogystal â'i ganu marwnad. Dyma draddodiad Horasaidd *carpe diem*, a geir gan Shakespeare:

What is love? 'Tis not hereafter
Present mirth hath present laughter;
What's to come is still unsure:
In delay there lies no plenty;
Then come kiss me, sweet and twenty!
Youth's a stuff will not endure.

ac yn ddiweddarach hefyd gan Marvell, yn y gerdd enwog 'To his Coy Mistress':

But at my back I always hear
Time's wingéd chariot hurrying near;
And yonder all before us lie
Deserts of vast eternity.

Daeth thema *carpe diem* i'r amlwg yng Nghymru yn y canu rhydd. Fe'i gwelir yn un o garolau Richard Hughes o Gefn Llanfair:

Kymer dy amser tra fo i gael
a dal dafael ynddo
onid/e/ mewn enid fer
fo basia yr amser heibio.

CRhC, t.11

Mynegir hi hefyd yn y gân 'Pen i Mynnwn', y ceir copi anghyflawn ohoni yn llawysgrif Caerdydd 13:

[   ] vnwch i fiengtid gyrchv at lywenydd
[   ] lid yr owan fvaned i derfydd
[   ] i maer amser yn passio yn y.byd
[   ] Jfan [k yn] darfod i gyd.

CRhC, t.83

Paganaidd yn ei hanfod yw traddodiad *carpe diem*, gan ei fod yn myn-egi'r syniad croes i'r un Cristnogol fod cariad yn concro'r bedd. Yn yr un modd, paganaidd yw'r canu marwnad Stoicaidd. I Wiliam Llŷn, yr hyn sy'n bwysig yw terfynoldeb angau:

Ni châi fo yn iach o'i fedd
Godi awr gwedi'i orwedd.

BWLl, t.64

Gorwedd paganiaeth Wiliam Llŷn yn y pwyslais a ddyry ar derfynoldeb angau. Gwêl angau'n ddiwedd, a'r corff a'i gyneddfau'n darfod, ac y mae'n disgrifio hynny dro ar ôl tro, heb leddfu'r syniad â'r addewid am fywyd tragwyddol. Ffurfiol ac arwynebol gonfensiynol yw ei gyfeiriadau at nef ochr-yn-ochr â dwyster y weledigaeth hon o'i eiddo, a'r myneg-iant grymus ohoni. Dyfynnaf ryw bedair enghraifft:

41

Mewn pridd mae wyneb breuddoeth
Heb dra lliw, heb dro llawen,
Heb aur bath, heb aur o'i ben …
Nid yw Edwart yn doedyd
Yn y gro mwy no gŵr mud.

BWLl, t.87

Wedi'i farw, on'd oferedd
Alw dyn fyth a êl dan fedd?
Ni wŷl liw â ohonoch
Ni chlyw nac organ na chloch.

Cwrt-mawr 27, t.181

Doe yn wych yn dwyn iechyd
A heddiw'r pridd ar y pryd.

BWLl, t.121

Y cnawd gwyn megis cnwd gwâr
Y mae'n duo mewn daear,
Y genau fu'n clymu clod
Y mae'n tewi mewn tywod.

BWLl, t.133

Yn yr un modd, yr oedd diwedd y corff yn arswyd i Shakespeare. Wele eiriau Claudio yn *Measure for Measure*:

Ay, but to die, and go we know not where;
To lie in cold obstruction and to rot
This sensible warm motion to become
A kneaded clod.

Anacronistaidd fyddai disgwyl mwy nag elfen o baganiaeth yng nghanu Wiliam Llŷn; yn wir, digon tebyg mai dychryn iddo fyddai meddwl fod ei ganu'n wrth-Gristnogol mewn unrhyw fodd. Plentyn ei oes oedd Wiliam Llŷn, fel yr awgrymwyd yn barod. Megis y nodweddir y Dadeni'n gyffredinol gan yr ymgymysgu ar elfennau Cristnogol ac elfennau hiwmanistaidd a Chlasurol, felly y gwelir cymysgu'r un elfennau yng nghanu'r bardd hwn. Wrth ddisgrifio dylanwad meddwl Groeg a Rhufain ar wŷr y Dadeni a gweld yng ngwaith y cyfnod hedyn y meddwl rhesymegol a gwyddonol modern, tueddu haneswyr llên fu anghofio dyfnder a hollbresenoldeb y traddodiad Cristnogol. Yr oedd y ddau feddylfryd yn cydredeg yn syniadaeth y cyfnod, ac yng ngwaith unigolion hefyd. Dyfynnwyd uchod enghraifft o draddodiad paganaidd *carpe diem* yng ngwaith Shakespeare, ond y mae'r syniad Cristnogol am rym cariad hefyd yn amlwg ganddo:

Love's not Time's fool, though rosy lips and cheeks
Within his bending sickle's compass come
Love alters not with his brief hours and weeks
But bears it out even to the edge of doom.

Yn yr un modd, cydredeg a wnâi'r elfennau paganaidd â'r elfennau
Cristnogol yng nghanu Wiliam Llŷn. Fel y dangosodd Bobi Jones,
Cristnogol oedd ei weledigaeth ar bwnc trefniadaeth gymdeithasol, er
enghraifft – mae 'yma fardd o Gristion... Ei waith yw ceisio, a dyrchafu,
egwyddorion Cristnogol yn y drefn gymdeithasol'.[14]

Mewn dau fan yng nghanu Wiliam Llŷn i angau, gwelir Stoiciaeth yn
cwrdd â Christnogaeth, a'r bardd yn canu i angau mewn cywair tebyg i'r
pregethwr Siôn Cent. Pwysleisir darfodedigrwydd prydferthwch corff a
bri bydol ganddo, fel gan ei ragflaenydd:

Concwerwyr ac emprwyr gynt
A wnâi frwydr, yn feirw ydynt.
CLl, t.131

Arthur fal Arthur filwr
A dro dau drwy dân a dŵr;
Hecdor gadarn medd barn byd
Dewr a fu drwy ei fywyd.
Er eu dewredd, wŷr diriaid,
A'u mawredd rym, marw oedd raid.
Caerdydd 84, t.854

Na fydd ryfalch, liw galchfawr,
Ni phery ei phryd ond ennyd awr
Ni phery, loywbryd seren,
Ei phryd ond ennyd i wen.
BWLl, t.252

Ond nid yw'r ddau fardd yn llwyr debyg chwaith. I Wiliam Llŷn, y mae
harddwch gwedd a grym a mawredd bydol yn ddibwys am eu bod yn y
pen draw yn darfod yn y bedd. Nid yw'r naill beth na'r llall yn cynnig
ymwared. Yr oedd gweledigaeth Siôn Cent beth yn wahanol. Porth
uffern oedd angau iddo ef, ac uffern, nid bedd yn unig, a arhosai'r sawl a
roddai ei fryd ar bethau da'r byd hwn.

Ystyr gyffredin yr ansoddair 'stoicaidd' erbyn heddiw yw derbyn
adfyd yn dawel, gyda meistrolaeth ar bob ymateb emosiynol. Gorffen-
nwn yr adran hon â dyfyniad sy'n gweddu i'r dim i'r diffiniad hwn. Ni
thâl wylo, medd Wiliam Llŷn:

Er a las, am wrol lew,
Peidiwn, nac wylwn, nid gwiw
Oferedd drin i feirdd draw
Wylo dim am a wnêl Duw.

BWLl, t.43

II

F EL pob pencerdd, bardd wedi'i drwytho ym marwnadau'r
gorffennol oedd Wiliam Llŷn. Ceir yn llawysgrif Caerdydd 8
ddetholiad cynhwysfawr ganddo, yn ei law ei hun, o farwnadau o
gyfnod y Gogynfeirdd hyd at Dudur Aled a Gruffudd Hiraethog.
Dywed Ifan Wyn Williams, wrth ddisgrifio'i ganu marwnad, mai'r 'un
yw ansawdd y cerddi hyn â cherddi beirdd y tywysogion'.[15] Mawredd
Wiliam Llŷn yw iddo lwyddo i ychwanegu at y traddodiad, a hynny
mewn cyfnod pan oedd canu'r beirdd yn crebachu ac yn llesgáu, wrth
iddynt lusgo ymlaen yn yr un rhigolau. Torrodd lwybr newydd drwy
fyfyrio ar farwolaeth, yn ogystal â disgrifio bywyd y gwrthrych yn y dull
traddodiadol; oherwydd bywyd, nid marwolaeth, fu pwnc pwysicaf y
canu marwnad ar hyd y canrifoedd. A chafodd, yn ein canrif ni,
gydymaith i droedio'r llwybr.[16] Robert Williams Parry oedd hwnnw, a
dystiodd unwaith iddo ddarllen 'popeth ganodd' Wiliam Llŷn; a chystal
fydd edrych yn fyr ar brif nodweddion ei Stoiciaeth ef, yng ngoleuni'r
hyn a ddywedwyd eisoes am Wiliam Llŷn.

'Trais Duw dad yn tristáu dyn' medd Wiliam Llŷn wrth ddisgrifio
angau; yn yr un modd, cyfyd Williams Parry ei lais yn erbyn 'trais
dilead'. Ond awen ansicr, 'gymysg oll i gyd' yw ei eiddo ef. Wrth iddo
geisio wynebu'r ofnadwyaeth a ddôi iddo wrth ystyried natur byd a
bywyd, cafodd o dro i dro ei arwain ar hyd ffordd Stoiciaeth. Gwir mai
elfennau Stoicaidd a geir ganddo. Nid yw ei weledigaeth mor unffurf
gyflawn ag eiddo Wiliam Llŷn. Ni lwyddodd erioed i fygu gwae, a phlygu
i'r drefn. Mynnodd leisio protest. Un o gerddi grymusaf yr ugeinfed
ganrif ar bwnc marwolaeth yw eiddo Dylan Thomas:

Do not go gentle into that good night
Rage, rage, against the dying of the light.

Y mae 'rage' Dylan Thomas yn y pegwn arall i'r ymostwng Stoicaidd tawel, a cheir dogn helaeth o'r un ymateb yng nghanu Williams Parry. Methodd Williams Parry â chofleidio Stoiciaeth yn llawn, fel y methodd â chofleidio Cristnogaeth; serch hynny, y mae olion y naill ddysgeidiaeth a'r llall yn amlwg yn ei ganu.

I raddau wrth gwrs y mae Stoiciaeth yn oesol – neu'n hytrach, rhoddodd Stoiciaeth sylfaen athronyddol, creodd draddodiad ymenyddol a llenyddol i gwmpasu ymateb dynol sy'n rhan o brofiad pob oes. Fel y dangosodd Bedwyr Lewis Jones yn ei ymdriniaeth sensitif â gwaith Williams Parry, y mae englynion coffa'r Rhyfel Mawr yn fynegiant o'r un ymateb i farwolaeth ag a geir gan Aneirin yn y Gododdin.[17] Y mae un peth yn gyffredin yng nghefndir Aneirin yn y chweched ganrif, Wiliam Llŷn yn yr unfed ganrif ar bymtheg, ac R. Williams Parry yn yr ugeinfed: yr oeddynt ill tri yn byw mewn oes ddreng. I raddau, bu eu hamserau yn gyfrwng i foldio'u hymateb, ac ymateb yn y traddodiad Stoicaidd a phaganaidd ydyw. Ei nodyn amlycaf, fel y dywedwyd eisoes, yw'r pwyslais ar ddarfodedigrwydd y corff a'i gyneddfau. Mynegir hynny â llymder ymataliol, heb leisio 'gwae'. Hunanddisgyblaeth yn wyneb terfynoldeb angau – dyma a geir. Prin y mae angen dyfynnu:

> Y bardd trwm dan bridd tramor, – y dwylaw
> Na ddidolir rhagor:
> Y llygaid dwys dan ddwys ddôr,
> Y llygaid na all agor.

Nid diwedd ar y corff yn unig chwaith, ond diwedd ar y bersonoliaeth a'r deall:

> O'u meddiant ac o'u moddion, – ac o'u dysg
> Y'u diosgwyd weithion,
> Y ddaear brudd ar eu bron
> Gloes eiriau'r hen Glasuron.

Gofidiai Wiliam Llŷn yn yr un modd am 'gloi i fedd iach gelfyddyd'. Ond ceir ar yr un pryd elfennau gwrth-Stoicaidd yn rhai o'r englynion coffa. Fel y sylwyd droeon, nid dewrder y bechgyn a gollwyd a bwysleisir, ond eu lledneisrwydd a'u tynerwch. Rhinweddau'r gwareiddiad Cristnogol yw'r rhain, rhinweddau'r Bregeth ar y Mynydd. Yn sicr ddigon, nid rhinweddau diwylliant Groeg mohonynt. Nes at yr ysbryd Stoicaidd yw pwysleisio'r ddysg a aeth i golli, a'r llunieidd-dra. Yma, y mae Williams Parry yn clymu'n glòs iawn â Wiliam Llŷn.

Diau bod Stoiciaeth yn un o'r elfennau a dynnai R. Williams Parry at farddoniaeth A. E. Housman. 'A version of Seneca's Stoicism' yw disgrifiad un beirniad o'i ganu ef. Mae gan Ezra Pound gerdd iddo, 'Mr Housman's Message', sy'n crynhoi agwedd Housman at fywyd a marwolaeth drwy bwysleisio marwoldeb pob creadur:

> O woe woe
> People are born and die…
> The bird sits on the hawthorn tree
> But he dies also, presently.

> *Personae*, 1910

Hon oedd union weledigaeth Williams Parry yn y gerdd 'Angau':

> Y mwyalch pêr a'i osgo
>   Mor brydferth ar y brig,
> Mae pwt o bridd y berllan
>   Yn baeddu aur dy big.

Ymateb Housman i'w weledigaeth bersonol ef oedd ymateb y *sapiens*:

> The troubles of our proud and angry dust
> Are from eternity, and shall not fail.
> Bear them we can, and if we can we must.
> Shoulder the sky, my lad, and drink your ale.

Fel y dywedwyd eisoes, nid Stoic cyflawn mo Williams Parry o bell ffordd; ond y mae delw benodol y *sapiens* ar o leiaf dair o'i gerddi. Yr amlycaf ohonynt yw'r gerdd a luniodd i A. E. Housman. Gwelodd Euros Bowen yn y gerdd hon ddarlun o unigolyddiaeth ac arwahanrwydd yr arwr Rhamantaidd,[18] ond credaf mai portread o berson a grewyd ar lun y *sapiens* Clasurol ydyw. Disgrifiad a geir o ymateb y 'doeth', neu'r *sapiens*, i 'drais dilead'. Yr oedd yr arwr Stoic, fel yr arwr Rhamantaidd, yn unigolyn. Rhaid oedd iddo ddatblygu ei adnoddau mewnol ei hun, a dibynnu arnynt. Ef ei hun oedd y ddinas noddfa. Yr ail yw'r soned a luniodd Williams Parry dan y teitl hwn. Yn llinellau cyntaf ' Dinas Noddfa' pwysleisir bod dyn yn rhan o'r greadigaeth, yn rhan o'r cosmos; marwoldeb yw ystyr y berthynas hon, ac y mae hyn yn dwyn ofn a dychryn yn ei sgîl:

> Pan yrr y Sêr eu cryndod drwy dy waed
>   Gan siglo dy gredoau megis dail;
> Pan brofo'r Nos y pridd o'r hwn y'th wnaed
>   A'i hofn yn chwilio'th sylwedd hyd i'th sail;

Yna, awgrymir mai llwybr y *sapiens* yw'r ffordd y ceir ymwared; ac unwaith eto, sylwer ar ddefnydd Williams Parry o'r gair 'doeth':

> Dilyn y doeth, a chyfod iti gaer
> Lle ceffi noddfa rhag eu gormes gref,
> Yn arglwydd dy ddiddymdra, ac yn saer
> Dy nef dy hun.

Megis yn y gerdd i Housman, lle y defnyddir geirfa'r grefydd Gristnogol i danlinellu paganiaeth yr ymateb:

> Ei synfyfyrdod fe dry'n fwyd,
> Crea o'i freuddwyd fara,

felly yma, nid damwain mo'r defnydd o'r geiriau 'saer' a 'nef '.

Diau mai'r ymateb Cristnogol uniongred i'r llinellau hyn yn 'Dinas Noddfa' fyddai dweud eu bod yn fynegiant o'r balchder ysbrydol sydd ymhlyg mewn Stoiciaeth, ac y sylwyd arno gan Pascal. Bid a fo am yr ystyriaeth honno, y maent yn sicr yn fynegiant croyw o un wedd ar athroniaeth y Stoiciaid. Mae'r darlun Stoicaidd yr un mor glir yn y drydedd gerdd, sef 'Yn Angladd Silyn'. Yma gwelir y darlun traddodiadol o'r anifail gwyllt yn batrwm i'r *sapiens* yn ei farw urddasol, yr un darlun ag a geir dro ar ôl tro gan Wiliam Llŷn:

> Mor ddedwydd ydyw'r 'deryn gwyllt
> Heddiw a hyllt yr awel;
> Yfory, pan fo'i dranc gerllaw,
> Fe gilia draw i'w argel;
> A neb ni wêl na lle na dull
> Ei farw tywyll, tawel.

Daw'r dyfyniad hwn, a'r syniad y gall creaduriaid byd natur gynnig patrwm i ddynion, â ni yn ôl at ddoethineb sylfaenol y Stoic, sef *naturam sequere*. Apeliodd Natur, y Patrwm, at ddynion drwy'r oesau, yn arbennig mewn cyfnodau pan oedd crefydd dan gwmwl. Digwyddodd hyn i raddau gyda llenorion Saesneg y bedwaredd ganrif ar bymtheg – Ruskin, Mill, Pater – ac yn nechrau'r ugeinfed ganrif, y syniad mai Natur a ddylai reoli bywyd dyn yw thema lywodraethol D. H. Lawrence. Ond y llenor a ymdaflodd lwyraf i'r ddysgeidiaeth hon, mae'n debyg, oedd Wordsworth. Iddo ef, aeth Natur yn grefydd. Trwyddi hi, gellid ymglywed â'r gwerthoedd moesol ac ysbrydol uchaf:

> The anchor of my purest thoughts, the nurse,
> The guide, the guardian of my heart, and soul
> Of all my moral being.

Y mae'r ysfa i addoli Natur yn hen, hŷn o lawer na Stoiciaeth, ac ysfa yw hi na lwyddodd y crefyddau goruwchnaturiol, a Christnogaeth yn amlwg yn eu plith, i'w dileu. Nid oes angen meddwl yn hir cyn darganfod cymaint o anawsterau a pharadocsau sydd ynghlwm wrth addoli Natur – os ceir ynddi harddwch ac ehangder ac urddas a threfn ceir ynddi hefyd greulonderau a gwendidau diddiwedd. Gwyddai Williams Parry hynny o'r gorau. 'Hen anachubol, annynol wrach' oedd hi. Ond er gwaethaf hyn, ac er gwaethaf y marwoldeb sy'n ddeddf sylfaenol ym myd natur, câi Williams Parry falm ac ysbrydiaeth yn y greadigaeth o'i gwmpas. Cymharodd grefydd â Natur, a Natur a orfu. Hon yw neges eglur 'Y Mynydd a'r Allor', ac awgrymir yr un cyferbyniad rhwng crefydd y llan a chrefydd y mynydd yn llinellau agoriadol 'Y Llwynog'. Yr oedd y cyferbyniad hwn yn bur gyffredin yn Lloegr yn y bedwaredd ganrif ar bymtheg. Dywed Mark Rutherford, er enghraifft, i Wordsworth fod yn foddion ei droi oddi wrth Dduw'r bryniau, 'substituting a new and living spirit for the old deity, once alive, but gradually hardened into an idol'.[19] Nid â chrefydd yn unig y cymharodd R. Williams Parry Natur; cymharodd hi hefyd â dyn, a gwaith ei law, ac unwaith eto, Natur a orfu. Ceir safon perffeithrwydd yn Eifionydd, lle nad yw llaw dyn a'i ddiwydiannaeth wedi ymyrryd dim:

> O olwg hagrwch Cynnydd
> Ar wyneb trist y Gwaith
> Mae bro rhwng môr a mynydd
> Heb arni staen na chraith,

a phle grymus ar i Natur unwaith eto goncro dyn ac ailfeddiannu'r byd a geir yn 'Rhyfeddodau'r Wawr'. Cawn ddychwelyd wedyn i'r cynfyd perffaith, a gwneud hynny 'heb groesi Iorddonen'. I Williams Parry, megis i Marcus Aurelius gynt, ym mherthynas dyn â'r greadigaeth, ac nid ym mherthynas dyn â Duw na dyn â dyn, y gorweddai'r gobaith am gael 'cyrraedd paradwys'.

1 R. A. Sayce, *The Essays of Montaigne* (Llundain 1972) 162.

2 gw. erthygl Garfield H. Hughes, 'Ffasiynau'r Dadeni' yn *Ysgrifau Beirniadol*, V.

3 *Ysgrifau Dydd Mercher* (Llandysul 1945), 35.

4 *Selected Essays* (Llundain 1953), 131-2.

5 R. A. Sayce, op.cit., 162.

6 op.cit., 72.

7 Oni nodir ffynhonnell lawysgrifol, daw'r dyfyniadau o J. C. Morrice (gol.), *Barddoniaeth Wiliam Llŷn* (Bangor 1908), a Myrddin Fardd (gol.), *Cynfeirdd Lleyn: 1500-1800* Pwllheli 1905). Er mwyn cysondeb diweddarwyd orgraff y dyfyniadau, ac eithrio'r ddau ddyfyniad o T. H. Parry-Williams (gol.), *Canu Rhydd Cynnar* (Caerdydd 1932).

8 *Y Llenor*, XVIII, 38

9 *English Literature in the Sixteenth Century* (Rhydychen 1954), 54.

10 *La Théologie de Cicéron* (Louvain 1937), 179.

11 op.cit., 64.

12 gw. Basil Willey, *The English Moralists* (Llundain 1964), 69.

13 Donald M. Frame (gol.), *The Complete Works of Montaigne* (Llundain s.d.), 61.

14 *Ysgrifau Beirniadol*, VIII, 42.

15 *Testun beirniadol ac astudiaeth o gerddi Wiliam Llŷn a geir yn llaw'r bardd ei hun* (M.A. Cymru, 1957), xiii.

16 Dylid nodi efallai i rai o'i gyfoeswyr iau, megis Siôn Tudur a Rhys Cain, geisio ei efelychu mewn rhai cyfeiriadau.

17 *Robert Williams Parry* (Caerdydd 1972), 35.

18 *Yr Einion* (1958), 85.

19 gw. Basil Willey, op.cit., 85.

DYSGEIDIAETH CRISTNOGES O FERCH A'I GEFNDIR

U N o weithiau hynod blynyddoedd cynnar cyfnod y Dadeni Dysg yw *Dysgeidiaeth Cristnoges o Ferch*. Ei hynodrwydd pennaf yw mai llyfr ar addysg ydyw. Prin oedd y gweithiau yn ymwneud â phynciau heblaw crefydd yn y cyfnod. O wneud cyfrif o'r hyn a gadwyd inni, mewn llawysgrif yn ogystal ag mewn print, gwelir mai crefyddol cu natur yw dros dri chwarter gweithiau'r dyneiddwyr Cymraeg. Hyd at gyhoeddi'r Beibl cyflawn yn 1588, yr hyn a geir yn bennaf yw cyfieithiadau o'r Ysgrythurau ac o'r Llyfr Gweddi Gyffredin. Wedi 1588, bu cynnydd trawiadol yn swm yr hyn a gynhyrchwyd, a chafwyd newid hefyd yn ei natur. Bellach, gweithiau defosiynol ac athrawiaethol a geir; ond ar grefydd y mae'r pwyslais o hyd. Mewn gwirionedd, y mae dylanwad y Diwygiad Protestannaidd a'r Gwrth-ddiwygiad yn llethol. Amlwg mai galwadau crefyddol y Diwygiad oedd yn pwyso drymaf ar y dyneiddwyr Cymraeg, ac nid galwadau amryfal bynciau dysg newydd y Dadeni.

Un o bynciau pwysicaf y ddysg newydd hon oedd addysg, ac un o'r llyfrau mwyaf poblogaidd yn y maes oedd *De Instructione Feminae Christianae*, o waith y Sbaenwr Juan Luis Vives. Bu deugain argraffiad ohono yn ystod yr unfed ganrif ar bymtheg a chafwyd cyfieithiadau i nifer o brif ieithoedd Ewrop, yn ogystal â'r trosiad anghyflawn i'r Gymraeg a geir yn llawysgrif Peniarth 403. Yng ngeiriau'r cyfieithydd, gwaith ydoedd 'a wnaethpwyd yn lladyng drwy'r Gwir enwog ysgo[l]haic maister lewys vives ac ai treiglwyd or lladyng mewn Kymraec drwy [R]ichard Owen'. 1552 yw'r dyddiad ar y llawysgrif; un o weithiau cynnar y Dadeni yng Nghymru ydyw felly.

Mae'r cyfieithiad yn enghraifft o ddylanwad dyneiddwyr Sbaen, Ffrainc a'r Eidal ar Gymru, ond nid yw'r ffaith fod i'r gwaith ar brydiau naws Babyddol gref yn golygu o angenrheidrwydd mai Pabydd oedd Richard Owen. Nid peth anghyffredin yn y cyfnod hwn oedd gweld Protestaniaid yn cyfieithu gweithiau Catholig. A pha un bynnag, er bod syniadaeth grefyddol yr awdur yn rhan annatod o'r gwaith, nid llunio llyfr crefyddol oedd ei fwriad, ond ysgrifennu llyfr yn ymdrin ag addysgu merched. Nid amhriodol felly, mewn cyfrol a gyflwynir i'r Dr Rachel Bromwich, yw trafod peth ar gefndir a chynnwys y gwaith.

Er bod y llyfr yn un o gynhyrchion y Dadeni Dysg, y mae dylanwad meddylfryd yr Oesoedd Canol yn drwm arno. Yr oedd deuoliaeth ymhlyg yn syniadau'r Oesoedd Canol am addysg, deuoliaeth y gellir ei holrhain i raddau i weithiau Aristotlys. Seiliodd ef ei weithiau ar wleidyddiaeth a moesoldeb ar y dybiaeth fod rhaid gwahaniaethu rhwng doethineb ymarferol ar y naill law a doethineb damcaniaethol ar y llall. Trwy'r Oesoedd Canol gwelir fod yr Eglwys yn rhoi pwys ar y bywyd mynachaidd, bywyd o astudio a myfyrio neilltuedig, o'i gyferbynnu â'r bywyd ymarferol yng nghanol y byd a'i bethau. Ac wrth gwrs, roedd byw yn ddiwair a dideulu yn rhan o'r delfryd. Yr un, yn y bôn, oedd agwedd ysgolheigion crwydrol yr Oesoedd Canol; gwŷr dideulu, yn byw er mwyn dysg yn hytrach nag er mwyn cymdeithas, oeddynt hwythau. Yr un syniad a goleddir gan Petrarcha, er mai un o ragredegwyr y Dadeni ydoedd ef mewn sawl ffordd. Pan yw'n trafod y bywyd perffaith, bywyd o astudio tawel ydyw.

Daeth newid agwedd o gyfeiriad Fflorens a gwladwriaethau dinesig eraill yr Eidal. Bu'n rhaid i'r dinasoedd hyn ymladd am eu hannibyniaeth, a daeth eu dinasyddion i'w hystyried eu hunain yn geidwaid eu rhyddid a'u rhagoriaethau. Dywed Kenneth Charlton amdanynt:

> With Cicero as their model they insisted that 'when the liberty of the citizen is at stake, nobody can remain a private person'. Out of two generations of struggle emerged a view of life and human nature which was based on the participation of the citizen in public affairs.'[1]

Gŵr delfrydol y Dadeni oedd y dinesydd a'r gwladweinydd da, y gŵr a oedd wedi ymdrwytho yn y 'bonae litterae' y soniai Erasmus amdanynt, ond a âi â'i ddysg bersonol i'w ganlyn i faes gwasanaethu'r wladwriaeth. Hyfforddiant gŵr o'r fath yw pwnc llyfr enwog Machiavelli, *Il Principe*, a phwnc llyfr Thomas Elyot, *The Governour*, hefyd. O astudio'r hyn a ddywed Elyot fe welir mai'r hyn a wna, yn y pen draw, yw cyfuno delfrydau gwahanol yr Oesoedd Canol. Cyfuniad yw ei 'arweinydd' ef o farchog gweithredol y traddodiad sifalri ac o ysgolhaig doeth y traddodiad mynachaidd. Fel y dywedodd un o fân feirdd y

cyfnod yn Lloegr, gweithredu, yn unol â delfrydau dysg, oedd dylet-
swydd gŵr.

Since doing is the fruit and learning but the seed.[2]

O safbwynt addysg merched, a *De Instructione Feminae Christianae* yn
arbennig, mae arwyddocâd hyn yn ddeublyg. Yn gyntaf, gwelwyd newid
mawr yn statws merched gyda diflaniad y delfryd diwair, mynachaidd.
Yr oedd y gŵr bellach i gymryd ei le fel penteulu, ac yr oedd y wraig i'w
gynorthwyo gyda'r gwaith anrhydeddus o addysgu'r plant. Roedd yn rhaid
iddi hithau felly dderbyn addysg o ryw fath. Yn ail, mae'r math newydd o
arweinydd a gododd y Dadeni yn amlwg yng nghefndir Juan Luis Vives
ac yn hanes ysgrifennu ei lyfr. Mwy na hynny, ceir mwy nag un enghraifft
o ferch o arweinydd yn ei gefndir hefyd. Magwyd ef yn Sbaen, pan oedd
Isabella ar yr orsedd. Gwraig a roddai bwys mawr ar ddysg oedd hi;
noddai feirdd, sefydlodd ysgolion, a rhoddai ddyrchafiad eglwysig yn ôl
dysg a gwybodaeth yr ymgeiswyr. At hyn, yr oedd hi ei hun yn meddu
ar ddysg eithriadol. Ysgrifennai Sbaeneg hynod raenus, dysgodd brif
ieithoedd modern Ewrop, ac roedd ganddi wybodaeth drylwyr o'r Lladin.
Ar gais merch Isabella, Catherine o Aragon, yr ysgrifennwyd *De
Instructione Feminae Christianae*. Yr oedd Catherine hithau yn hynod am ei
dysg, ac yn ieithydd a Lladinydd penigamp. Bu'n noddwr i'w chydwlad-
wr, Vives, tra oedd ef yn Lloegr, a gofynnodd iddo ysgrifennu llawlyfr
ar addysg ar gyfer y Dywysoges Mary.

Fe welir felly fod merched dysgedig, a oedd hefyd yn wladweinwyr,
yn amlwg yng nghefndir Vives. Yr oedd merched tebyg iddynt mewn
gwledydd eraill hefyd. Un ohonynt oedd Margaret o Angoulême, sydd o
ddiddordeb arbennig i ni yng Nghymru gan i Robert Holland, yn 1597,
gyfieithu i'r Gymraeg fersiwn Elisabeth I o'i llyfr, *Le miroir de l'âme
pécheresse*. Merched eithriadol oeddynt, serch hynny, a chamgymeriad
fyddai tybio fod barn yr oes o blaid rhoi'r un addysg i ferched ag i fech-
gyn, fel y gallent gyfranogi'n llawn o'r un ddysg ac o'r un dyletswyddau.

Yn wir, credai rhai addysgwyr nad oedd angen rhoi addysg lyfr i
ferched o gwbl, chwaethach dysgu Groeg, Lladin, a Hebraeg iddynt.
Rhoddodd Mulcaster, yr addysgwr enwog o Sais, dipyn o sylw i addysg
merched yn *Positions*, ond ni chredai fod yn rhaid iddynt wrth ddysg:

the bringing up of young maidens in any kind of learning is
but an accessory by the way.[3]

Amheuai Erasmus yntau werth cyfrannu dysg i ferched, ond newidiodd ei farn yn ddiweddarach dan ddylanwad Thomas More. Aelwyd enwog am ei dysg oedd aelwyd More. Yr oedd ei dair merch yn destun rhyfeddod oherwydd dyfnder a thrylwyredd eu gwybodaeth, ond eithriadol iawn oedd ei farn y dylai merched fod yn llwyr gydradd eu dysg:

> If they are worthy of being ranked with the human race, if they are distinguished by reason from beasts, that learning by which the reason is cultivated is equally suitable to both.[4]

Er bod Vives hefyd yn un o gyfeillion More, yr oedd ei farn ef ar y pwnc yn fwy ceidwadol o dipyn:

> Neithr kymhesur yw i vab gaffael gwybodaeth am lawer o ymryvailion betheu ar a vo proffidiol ar i les i hun ac ar les y cyffredin drwy ymarver a chwanegu dysceidieth. Neithr mi a vynnwn i verch ymroddi ir rran ddoithineb honno a fforddio ac a ddysco iddi ymendio i harvereu or hyn eithaf dysced merch drosti i hun yn unic megis i gallo ddyscu i phlant iveingk neu i chwiorydd yn nuw.[5]

Gwelir ateg i rai o'r syniadau y buwyd yn eu trafod yn y ddwy frawddeg hyn o eiddo Vives: dysg y bachgen i fod yn eang, nid er ei fwyn ei hun yn unig ond er 'lles y cyffredin' hefyd, ond dysg i ferch yn unig er mwyn ei galluogi i gynorthwyo gyda'r gwaith o roi hyfforddiant i'r plant, ac i fod yn batrwm iddynt.

Cyfyng felly oedd dibenion addysgu merch yng ngolwg Vives. Nid syn hyn, o gofio gryfed yn y cyfnod hwn, fel mewn cyfnodau eraill, oedd y gred mai creaduriaid ysgafn a di-ddal yw merched, yn fwy chwannog o lawer na dynion i wagedd a choegfalchder, a'u bryd yn barhaus ar y dibwys a'r disylwedd. Yr oedd dychanu merched yn wedd bwysig ar lenyddiaeth ddychan y Dadeni mewn sawl gwlad. Yng Nghymru, dyma a wnaed yn un o gerddi rhydd enwocaf y cyfnod, sef 'Araith Ddychan i'r Gwragedd'.[6] Gogenir gwragedd am bob math ar wendidau, gan gynnwys eu hoffter o ymbincio er mwyn denu dynion:

> Hi a wna yw phryd ddeskleirio
> yn loywach nag i bytho
> hi a fedr ymdemprio
> a gossod ei gwallt ai lifo
> ag wrth a drych ymbinkio

hi a wna lawer o ymdrwssio
i ladd y dyn ai gwelo.[7]

Dewisodd un o fân gywyddwyr y cyfnod hefyd, sef Ieuan Tew Ieuanc, feirniadu merched am yr un rheswm:

Cwrlio gwallt, merch carl a'i gŵyr,
Colles honno'r call synnwyr;
Gwelir o glust bw'i gilydd
Gwallt gosod yn fargod fydd.[8]

Wrth ddarllen *Dysgeidiaeth Cristnoges o Ferch*, gwelir yn ddigon amlwg mai gwan yw merch ym marn Vives yntau. Yn wir, neilltuodd adran gyfan o'r llyfr i feirniadu 'paentiadau' merched. Roedd ymbincio yn bechod yn ei olwg am mai ei bwrpas oedd denu dynion a cheisio gwella ar greadigaeth Duw:

pa beth a wna lliwiev y pwrpurice neu ceruse mewn wyneb Kristnoges? Or rrain vn o honvnt a ynreda rwd y keric gwrthvawr yni gwevvssev ar llall a bair gwnder yn yr wyneb ar mwnwgl y rrain sydd daan yn y gwyr ivaink a magwriaeth godineb ac ensampyl o veddyliev anlan.[9]

Fel gyda choluro, felly gyda thrin gwallt hefyd:

Ti a liwi dy wallt yn dra hy a thrwy anrassol ddiystyrwch ac ymlaen llaw yr wyt yn arwyddo ith wallt fflamychy ac yn anownvs yr wyt yn pechu ar rran bennaf oth gorph hwnnw yw dy ben.[10]

Ond ochr-yn-ochr â'r traddodiad o ddychanu a beirniadu merch, ceir traddodiad hefyd a fynn ei dyrchafu a'i sancteiddio. Fe gafwyd gan Wiliam Cynwal, er enghraifft, ateb i 'Araith Ddychan i'r Gwragedd' sy'n sôn am ferched rhinweddol y Beibl cyn troi at ganmol merched yn gyffredinol:

Llawn yw merch o rinweddav
a chwrtais ymhob moddav
ag arafaidd i geiriav
a synhwyrol i champav
a phob amser yn i phwyll
megis kanwyll olav.[11]

Cred Vives hefyd fod gan ferched rinweddau cynhenid arbennig, a'u bod yn meddu ar ysbryd defosiynol cryfach na bechgyn. Yn wir, yn ei farn ef, holl bwrpas addysg merch yw meithrin a dyfnhau ei defosiwn a'i chrefyddolder naturiol:

Ond y vorwyn yr hon a vynnwn yn enwedic i chael yn dda hi
a vynnai wiliadaeth ddyval gann i that ai mam rrac ofn i
vrechewyn o vai nac anlendid or byd lynu wrthi.[12]

Gofal pennaf merch yw ei phurdeb hi ei hun, gorff a meddwl;
diweirdeb yw'r 'tryssor penna ar a alle verch i gael'. Nid yw dysg na
dawn o unrhyw fath yn cyfrif dim wrth ochr hwn:

> Yn gyntaf dyhalled hi mae diweirdeb yw y rrinwedd bennaf
> mewn merch ac a gyweiria y llaill i gyd. O bydd diweirdeb gidac
> i hi nid edrych neb am ddim arall ac oni bydd nid gwaeth beth a
> wnel dim arall.[13]

Mae'r rhaglen addysg a argymhellir gan Vives wedi'i seilio ar yr
ystyriaeth hon; meithrin diweirdeb yw egwyddor lywodraethol yr addysg
sydd i'w chyfrannu.[14] Arwyddocaol yw'r clod a roir i Cleobula, mewn
brawddeg sy'n dwyn i gof y delfryd mynachaidd, canoloesol:

> Cleobula a ymroddes i ddysc a doethineb yn gymaint ac i
> diystyrodd yn hollawl bob pleser korphorawl ac a gadwodd i
> morwyndod byth.[15]

Da y dywedwyd fod 'cysgod y cwfent, yn ogystal â'r Dadeni, ar
ddadleuon Vives'.[16]

Pe mynnid crynhoi barn Vives ar addysgu merch i gwmpas byr,
gellid dweud mai cyfuno delfrydau y mae, cyfuno'r syniadau o bietas a
dysg. Mae syniadau'r Dadeni am natur dysg a dyletswydd, a'r gwella a fu
ar safle merched mewn cymdeithas, yn gefndir i'r gred sylfaenol mai
meithrin cymeriad rhinweddol yw diben addysg merch. Lluniwyd
Dysgeidiaeth Cristnoges o Ferch, fel y dywedwyd, ar gais Catherine o
Aragon. Ni allaf lai na chredu y ceir, yn nisgrifiad Foster Watson o'r
wraig honno, ddisgrifiad o'r rhinweddau hynny y mynnai Vives eu
gweld mewn gwraig o uchel dras:

> Thus the halo of sanctity for Catherine's fortitude in bearing
> her hard fate, added to her undoubted personal accomplish-
> ments in learning, her practical gifts in dealing with the great
> men of Henry's splendid Court, her unbroken course of
> personal piety, in good fortune as in bad... combined to give
> Catherine that dominating personality which recalls the Renasc-
> ence women of the Italian duchies at a period just a little earlier.[17]

1 *Education in Renaissance England* (Llundain 1965), 25.
2 Alexander Barclay, *The Mirror of Good Manners* (1523).
3 Dyfynnir yn Charlton, op.cit., 206.
4 ibid., 207.
5 31 yn llsgrf. Peniarth 403. O hyn ymlaen, nodir rhif y tudalen yn unig.
6 Cafwyd ateb i'r gerdd hon hefyd; trafodir hynny yn nes ymlaen.
7 T. H. Parry-Williams, *Canu Rhydd Cynnar* (Caerdydd 1932), 117.
8 Arthur Hughes (gol.), *Cywyddau Cymru* (Bangor 1908), 169.
9 *Dysgeidiaeth*, 62.
10 ibid., 64.
11 T. H. Parry-Williams, op.cit., 128.
12 *Dysgeidiaeth*, 15.
13 ibid., 84
14 Ar bwnc patrwm yr addysg, gw. erthygl Garfield H. Hughes, 'Dysgeidiaeth
   Cristnoges o Ferch', yn *Astudiaethau Amrywiol*, gol. Thomas Jones (Caerdydd 1968).
15 *Dysgeidiaeth*, 25
16 Garfield H. Hughes, art.cit., 26.
17 *Juan Luis Vives and the Renascence Education of Women* (Llundain 1912), 11.

LEWIS MORRIS, Y 'PHILOMATH' YMARFEROL

YN ystod mis Awst 1760 aeth Lewis Morris, ar anogaeth Anne ei wraig, o'i gartref, Penbryn, yng ngogledd Ceredigion, i Landrindod i yfed o'r dyfroedd. Iechyd digon gwael a gafodd Lewis ar hyd ei oes, ac un o themâu cyson ei lythyrau yw ei fynych anhwylderau. Câi ei flino gan beswch mawr yn aml, a dioddefai byliau drwg o'r fogfa. 'A rhyw Beswch, hwyrdrwch, hwyrdrwm', meddai yn un o'i benillion, 'E geid aml ymgodymmu.' Roedd y gwynegon yn ei flino hefyd, ac ar ben y cymdeithion cyson hyn, câi yn ogystal, o dro i dro, gwmni rhyw lid neu haint a ymosodai arno yn ei wendid. Rhwng popeth, nid syn ei weld yn ceisio dal ar y cyfle hwn i wella ei gyflwr.

Yn gwmni ar y daith cafodd yr Ustus Griffiths. Ymfalchïai Lewis yn hynny. Meddai mewn llythyr at ei gyfaill Edward Richard yn Ystrad-meurig: 'Who do you think of all the men in the world offered his service to come with me and keep me company there? No less a man than Justice Griffiths who dined here yesterday.' Gwnaed trefniadau hefyd i gwrdd ag Edward Richard yng Nghwmystwyth ar y ffordd.

Bu'r ymweliad â'r ffynhonnau yn llwyddiant mawr. 'I find myself much better, even my asthma and cough is much easier', meddai wrth William ei frawd. Ymhelaethodd ar yr hanes mewn llythyr at Edward Richard:

> I drank of the waters but 6 days. The third I put on my shoes and stockings, which I had not been able to do for 6 months past. The sixth day I mounted my horse without a horse block and almost on a flat, which I had not been able to do for many years; urgent business called me home the 7th day. And I compute if I had staid some weeks longer, I should have been 10 years younger for every week.

I'r sawl sy'n ceisio deall diddordebau a meddylfryd Lewis Morris, fodd bynnag, nid hanes y gwellhad a gafodd drwy yfed dŵr y ffynhonnau yw'r peth pennaf ynglŷn â'r ymweliad. Yn ystod ei ddyddiau yn

Llandrindod, bu Lewis Morris, gŵr na wyddai beth oedd diogi, yn brysur ynghylch gorchwylion eraill.

Pan gyrhaeddodd Lewis Morris ac Ustus Griffiths Landrindod, aethant, gyda'u gweision, i dŷ gŵr o'r enw Thomas Jenkins i letya. Edward Richard a gymeradwyodd y lle iddynt, ond siom oedd yn eu disgwyl:

> It looked as if Tischer's corps had been there raising contributions, and had taken all the household stuff away, except an old man and his old wife, a sickly daughter, a few old chairs without bottoms, three broken tables, and had not left either glass on the windows or a pair of bellows.

Nid dianc yn wyneb y fath lanastr a wnaeth Lewis Morris. Yn hytrach, cydiodd ynddi a rhoi trefn ar bethau:

> my servant being a carpenter was set to mend the tables and chairs, and a glazier was sent for, and between the glazier and the carpenter the windows were made. We wanted an upholsterer, but there was none within reach, and very few feathers in the country.

Diau, pe na buasai saer a gwydrwr ar gael, y buasai Lewis Morris ei hun wedi gwneud y gwaith yn ogystal â'i drefnu. Mae digonedd o gyfeiriadau yn ei lythyrau at ei ddiddordeb mewn pethau ymarferol o'r fath, gan gynnwys gweithio offer gwyddonol a thechnegol. Gwnaeth feicrosgop i'w frawd Richard, er enghraifft, a gweithiai ei offer ei hun ar gyfer ei waith fel tirfesurydd. 'At Holyhead makeing of woodpart waywiser & finishing eye-draught', meddai ym mis Gorffennaf 1737. Ond am y tro, cafodd gyfle i roi amser i un o'r pwysicaf o'i ddiddordebau, sef casglu gwybodaeth ynghylch geirfa'r Gymraeg. Tybiai ei frawd William mai 'gan y brawd Llewelyn y mae'r casgliad goreu o eiriau ag sydd'. O fynd i ardal ddieithr, rhaid oedd dal ar y cyfle i gasglu gwybodaeth newydd. Mewn gwlad o afonydd, holi ynghylch enwau pysgod a wnaeth; ond fe welir y naturiaethwr yn ogystal â'r heliwr geiriau ar waith yn y sylwadau a anfonodd at William:

> It is a fine open country of a very wholesome air, and the rivers Gwy and Ieithon produce plenty of various kinds of fish, such as salmon, pike, eels, Lampreys, Trout, Chubs, Greylings, Salmon Pinks, Dace, Whelks. The Salmon is called by them in Welsh cammog and chwiwell, the male and female. The pike is

penhwyad. The Chub is 3 or 4 pounds full of bones and eaten only by the poor, in Welsh, cochgangen.

The greyling is about ½ a pound and at Buellt called Glasgangenod; they have cross blue lines like a maccerel and are called maccrelod also higher up the river and at Rhaiadr Gwy called Glasannen. These are excellent eating. The salmon pink are 4 or 5 inches long and good eating, and called by some samlets. The Dace is about the size of a trout, good eating and called in Welsh Darsen.

Methiant, fodd bynnag, oedd ei gais i ddod o hyd i ddeunydd hynafiaethol ar gyfer ei gasgliad mawr, a phennaf gwaith ei fywyd, y *Celtic Remains*:

> One piece of antiquity which I expected to have met with there is entirely lost with the common people, I suppose, which is a country or tract of land there once called Gwerthrynion. I have enquired among others of a man 102 years old, and he had never heard of such a territory…

Bu'n hel geiriau a hynafiaethau felly, yn ôl ei arfer yn gyson. Serch hynny, ar yr ymweliad hwn, mewn maes gwahanol iawn y bu'n ymchwilio'n bennaf. Mae'r brawddegau hyn o'r llythyr a ysgrifennodd at Edward Richard ar 23 Awst ymhlith y darnau mwyaf diddorol ac arwyddocaol yn ei lythyrau:

> I brought with me a good microscope and proper apparatus's to examine the salts of the different springs there, before I ventured in earnest on either of them, and shewed the experiments to several gentlemen and ladies to their very great surprize. This determined my choice of the waters, and nature points each of them to their proper purposes from the very figure and make of their salts, which are better guides than all the experience of an undirected multitude. It is a pity there was not a treatise wrote on these waters by an experienced natural philosopher, it would save thousands of lives. Delinden's book is a mere puff. I read it with great attention, but it made me never the wiser, nor will it make any body else, for he observes neither method nor order nor truth. If there was a practical treatise of the method of cure for the various diseases of mankind by these waters, it is my opinion these living waters would be the greatest panacea ever yet discovered by Physicians. And what is all physic but a collection of experiments[?].

Mae'r pwyslais yn amlwg. Archwilio, arbrofi, sylwi, a hynny'n wrth-rychol drefnus. Felly y cyrhaeddir at wirionedd. Ni ddaw'r gwirionedd drwy brofiad goddrychol a damweiniol, ni waeth pa mor eang fo'r profiad hwnnw, ond drwy arbrofion cynlluniedig a phwrpasol. Ac yr oedd Lewis Morris, drwy gludo ei feicrosgop gydag ef, yn gwneud mwy na rhoi mynegiant i'r meddylfryd hwn; yr oedd yn ei weithredu'n ymarferol.

Yr oedd cemeg, a rhoi i'r wyddor ei henw modern, yn un o wybod-aethau newydd y ddeunawfed ganrif. Nid yw Lewis Morris yn dweud wrthym beth a welodd drwy'r gwydr. Amatur yn y maes ydoedd, ac ni cheir ganddo ymdrech ofalus i geisio disgrifio a dadansoddi'n fanwl y prosesau a oedd ar waith. Yr hyn a geir yn hytrach yw gŵr bywiog ei feddwl, mawr ei ddeallusrwydd a'i ddiddordeb, yn dangos ei fod yn deall egwyddorion sylfaenol y wyddoniaeth newydd ac yn awyddus i ymwneud yn ymarferol â hi. Mae'n ddiddorol mai ymateb ei gyd-ddyfrwyr i'r gŵr hwn a'i feicrosgop oedd 'very great surprize'. Ymhlith ymwelwyr cyffredin Llandrindod, yr oedd yn dipyn o ryfeddod.

Un o 'wŷr y goleuni' oedd Lewis Morris. Yr wyf yn dewis yr ymadrodd yn bwrpasol, er mwyn pwysleisio'r ystyr yng nghyd-destun y ddeunawfed ganrif. Newidiodd arwyddocâd yr ymadrodd yn llwyr bellach. Erbyn hyn, y mae i'r gair 'goleuni', o'i ddefnyddio'n drosiadol, ystyr ysbrydol neu grefyddol. I'r gwrthwyneb yn hollol yng nghyfnod Lewis Morris. I'r Ffrancwyr, hon oedd canrif y goleuadau, 'siècle des lumières'; i'r Saeson, 'the age of enlightenment', ac yr oedd y 'goleuni' hwn yn seiliedig ar wirionedd gwrthrychol, ar yr hyn y gellid ei weld, ei ddisgrifio, ei ddosbarthu a'i brofi. 'An age that so deeply distrusted metaphysics', meddai un hanesydd, Thomas L. Hankins, amdani, gan fynd yn ei flaen i bwysleisio tuedd y cyfnod i brofi bodolaeth Duw, hyd yn oed, drwy batrwm cynlluniedig ei greadigaeth ddaearol.

I raddau yn unig y mae'n wir ei bod yn oes anfetaffisegol, wrth gwrs. Go brin fod yr ysbrydolrwydd dychmygus Methodistaidd a welai'r gwir realiti mewn byd y tu hwnt i'r byd hwn yn ffitio'r patrwm, er y dylid cofio ar yr un pryd am rai o'r dylanwadau cyfoes a fu ar feddwl Pantycelyn ac am eirfa ddiwinyddol David Charles, genhedlaeth yn ddiweddarach. Esbonio, trefnu, gwylio y mae ei Ragluniaeth ef. Yn anorfod, y mae meddwl 'goleuedig' y cyfnod yn bellgyrhaeddol, ac yn dylanwadu ar y Methodistiaid hwythau, ond er hynny y mae eu meddyl-fryd, at ei gilydd, yn peri i ni amodi gosodiad cyffredinol Hankins. Fodd bynnag, y mae ei eiriau yn gweddu i'r dim i ddisgrifio Lewis Morris. Ni bu creadur llai metaffisegol nag ef – na llai hoff o'r Methodistiaid!

Nid oedd Lewis Morris yn ŵr hanfodol grefyddol nac ysbrydol ei fryd. Ni feddai ar natur ddefosiynol ddidwyll ei frawd William na phenderfyniad ymroddgar ei frawd Richard i weithio o blaid crefydd. Nid yw'n wrthwynebus i grefydd; yn wir, y mae'n derbyn y confen-siynau yn ddigon parod. Ond i gyfeiriad 'goleuni' rhesymegol ei gyfnod y sianelwyd holl egni ei feddwl, a'r goleuni gwyddonol hwnnw (a defnyddio'r gair 'gwyddonol' yn ei ystyr eang) a symbylodd ei weith-garwch ymarferol.

Nid hwn fu'r unig symbyliad, wrth gwrs. Ni ellir deall Lewis Morris heb gofio am y gynhysgaeth deuluol. Nodweddid y pedwar brawd, gan gynnwys John, y bardd a'r llythyrwr bywiog o forwr a fu farw'n ifanc yn 1741 ar un o fordeithiau'r *Torbay*, gan ddeallusrwydd, egni, a natur hanfodol ymarferol. Gwneud, casglu, trefnu oedd eu hanian ac yr oedd eu diddordeb yn y byd naturiol yn elfen mor bwysig yn eu gwneuth-uriad â'u cariad at y Gymraeg a'i phethau.

Etifeddasant lawer gan eu rhieni. Yn llythyrau William at ei frodyr cawn hanes y tad, Morris Prichard Morris, yn ei henaint. Mae'n wydn, gorff ac ysbryd, yn crwydro'r ynys i ffeiriau a gwyliau ac i ymweld â phobl ac yn fawr ei ddiddordeb yng ngweithgareddau ei feibion. Cafodd y fam, Marged, enwogrwydd yng nghywydd coffa Goronwy Owen iddi. Ynddo, mae'n disgrifio ei gallu fel meddyg gwlad answyddogol. Un hyddysg ym maes trin afiechydon a defnyddio planhigion meddyg-iniaethol oedd hi:

> Rhôi wrth raid gyfraid i gant,
> Esmwythai glwyfus methiant.
> Am gyngor doctor nid aeth
> Gweiniaid, na meddyginiaeth.
> Dilys, lle bai raid eli,
> Fe'i caid. Nef i'w henaid hi!

Nid oedd gan Oronwy unrhyw amheuaeth nad oedd Marged Morris wedi trosglwyddo doniau pwysig i'w phlant. Wrth sôn am ddiddordeb mawr William mewn planhigion, y mae'n nodi mai 'felly ei fam'; etifeddodd Elin, ei merch, hefyd ei galluoedd hi:

>Dwedant ym Môn nad ydyw
>Cyneddfau, doniau dinam,
>Elin, ei merch, lai na'i mam.

'Ei theulu sy'n harddu'n hoes', meddai Goronwy, ac y mae ei eiriau yn arbennig o wir am Lewis Morris.

Ynddo ef, yn fwy nag yn yr un aelod arall o'r teulu, gwelir cyfuno'r gynhysgaeth deuluol a dulliau a meddylfryd oes newydd. Drwy gydol ei oes, ymddiddorodd Lewis yn yr hyn a alwem ni yn wyddorau bywydegol a chemegol, a'r hyn a alwai ef yn 'natural philosophy'. Yn y ddeunawfed ganrif, datblygu o'r maes meddygol a wnaeth llawer iawn o'r wybodaeth fywydegol a chemegol newydd. Y mae hanes Lewis Morris ym mynd â'i feicrosgop i Landrindod i geisio deall prosesau cemegol yn enghraifft dda o'r dilyniant hwn. Ceir enghreifftiau trawiadol hefyd ohono yn defnyddio dulliau gwyddonol y cyfnod, sef gwylio, gweld, a disgrifio er mwyn ceisio deall ac egluro anhwylderau anifeiliaid. Mewn un cofnod a ysgrifennodd, yn 1747, y mae'n disgrifio'n fanwl sut yr aeth ati i drin ceffyl claf. Aflwyddiannus fu'r driniaeth, a thrigo fu hanes y ceffyl. Er mwyn ceisio deall yr hyn a ddigwyddodd, aeth Lewis Morris ati wedyn i wneud archwiliad *post-mortem* o'r ceffyl:

>I opened him found all the Entrails, Guts, Liver, Maw, sound and but a few small white worms in yᵉ Maw, but the Chest (within the Pleura) full of a yellow Liquor to the Quantity of several Gallons, and the Lungs were rotted away in Threads by yᵉ sᵈ water. Therefore I suppose nothing would have cured that Horse but Tapping in yᵉ Breast or particular purges by urine taken timely. What the cause of this yellow water was, is worth the Enquiry of yᵉ Curious, or how the Poysond grass produced the said water.

Gwelai Lewis Morris fod y mwynfeydd plwm yng ngogledd Ceredigion yn llygru'r tir, a bod anifeiliaid, ac adar yn arbennig, yn cael eu gwenwyno gan y dŵr a'r llystyfiant. Yr oedd adar gwyllt, meddai, yn cadw draw: 'No wild fowl will frequent these mineral mountains & Rivers, as if they foresaw the danger.'

Mae'r pwyslais hwn ar archwiliad *post-mortem* ac ar effeithiau llygredd yn swnio'n drawiadol o fodern. A dyna, mewn gwirionedd, fesur Lewis Morris. Dylanwadwyd yn drwm arno gan syniadau a dulliau gwyddonol cyfnod a welodd osod seiliau gwyddoniaeth fodern.

Mae'n ddiddorol fod y Morrisiaid eu hunain yn ymwybodol fod ganddynt ddoniau ymhell uwchlaw'r cyffredin, a'u bod yn ymfalchïo yn hynny. Dyma William, mewn llythyr at Richard ym mis Gorffennaf 1748, yn nodi'n falch fod ei fab bychan yn arddangos nodweddion y teulu: 'bachgenyn rhyfedd yw Sionach. Ni welais i erioed mo ei ail am ddysgu; gwaed Pentre'rianell sydd yn rhedeg yn ei withi mae'n debyg.' Un o'r teulu oedd y mathemategydd disglair William Jones o'r Merddyn, aelod o'r Gymdeithas Frenhinol a thad yr ysgolhaig ieithyddol Syr William Jones. Mae Lewis yn arddel y cysylltiad: 'for both my father and mother were related to your mother', meddai mewn llythyr at William Jones yn 1749.

Yr oedd gan Lewis Morris ffordd arbennig o ymagweddu at ei alluoedd ei hun. Parai ei natur ddiamynedd, drahaus ar brydiau, ei fod yn bur feirniadol o eraill. Hawdd iawn, meddai wrth William, y gallai ychydig o allu cynhenid a rhywfaint o ymdrech gael y gorau ar bobl a ystyrid gan eraill yn ddysgedig:

> The generality of learned people is not so knowing as you imagine, – a little happy nature, assisted with a very little diligence and application will outdo ye forced study of common unanimated clay such as ye mass of mankind are made of.

Ofnai Lewis Morris mai o'r clai cyffredin hwn y gwnaed ei feibion ei hun: 'they are extream dull', meddai wrth eu hysgolfeistr, Edward Richard. Nid oedd yn brin o ddweud hynny wrth y plant ychwaith: 'they... are often told they are fit for nothing but to make shepherds and miners.' Mae'n ymddangos, serch hynny, mai diffyg amynedd Lewis Morris a oedd wrth wraidd y beirniadu, yn hytrach na diffyg gallu'r plant. Tystia Edward Richard i'w doniau:

> The little Boys are in high spirits & begin to make Latin, why should you doubt their Capacity? I have fifty and upward under my care that are not equal to them: I am sure if they have fair play they will make much better scholars than their Master; & for aught I know may in time come up to their father, which I think is sufficient for them or any Body else.

Gwedd arall ar falchder Lewis Morris oedd ei awydd i adael enw ar ei ôl. Yn hyn o beth hefyd, gwelir bod yr ymdeimlad o fod yn greadur uwch na'r cyffredin yn elfen bwysig. Diau fod yr ymdeimlad cyson o agosrwydd angau a godai o'i fynych gystudd hefyd yn rhoi min ar yr awydd hwnnw. Fel y dywedodd wrth Edward Richard, ddeufis cyn yr ymweliad â Llandrindod:

> Time runs on very fast, and I am afraid we shall die like other men and be buried among the herd, without doing any thing to preserve our names, no more than Modryb Ellyn o'r ty bach ar y mynydd. This is a mortification to think of.

Ceir yma fwy na thinc o'r 'odi profanum vulgus' Horasaidd, y teimlad hwnnw o ddibristod o'r cyffredin a welir yn amlwg hefyd yn ysgrifeniadau rhai o ddyneiddwyr Cymraeg yr unfed ganrif ar bymtheg. Nid damwain mo hyn. Yr oedd Lewis Morris yn gyfarwydd iawn â gweithiau'r dyneiddwyr. Yn wir, y mae un o'i ysgrifeniadau cynnar yn dwyn nodau digamsyniol eu meddylfryd a'u harddull, i gymaint graddau nes y gellir ei ystyried yn ymarferiad bwriadol ar batrwm eu rhagymadroddion ffurfiol a chynlluniedig hwy. Rhaglith ydyw a luniwyd yn 1729, pan oedd Lewis Morris yn ŵr ifanc naw ar hugain oed. O'i blaen ceir y geiriau: 'The following treatise is a preface to a book composed by me, L. M. entitlu'd *Yswlediad byr o'r holl gelfyddydau a gwybodaethau enwocaf yn y byd.* June 1729.' Ddeng mlynedd ar hugain yn ddiweddarach, ychwanegodd Lewis Morris nodyn bach ar ymyl y ddalen: 'A poor preface indeed, says L.M. 1759.' Bid a fo am farn Lewis Morris; mae'r rhaglith yn ddogfen ddiddorol a dadlennol i'r sawl sy'n ymddiddori yn ei hanes.

Mae'r rhaglith yn dechrau trwy daro'r un nodyn o falchder deallusol a chymdeithasol ag a welsom eisoes:

> Attochwi y rhai sy'n deall nattur y byd, sef philosophyddion, yr anrhegaf fy llyfr, ag nid at gyffredin werinos y wlad. Oblegid ni bydde hynny namyn taflu porthiant dan draed anifeiliaid anllywodraethus.

O ddechrau ei yrfa hyd at ei diwedd felly, ni newidiodd ymdeimlad Lewis Morris o'i ragoriaethau ef ei hun na'i ddirmyg tuag at bobl gyffredin.

Nid yw hon ond un o'r themâu sy'n cydio rhaglith Lewis Morris wrth waith ei ragflaenwyr. Ceir yma apêl i'r cyffredin, ar iddynt chwilio am addysg, mewn darn sy'n atgoffa dyn o rai o eiriau enwog William Salesbury ar yr un pwnc:

Wrthit tithe y gwerin gwladaidd y dwedaf bellach, Os oes
genit ewyllys, ag os medri ddarllen, tyred yn nes a dysg. Ag oni
fedri, cais ddysgu darllen gynta y galloch.

Megis y canmolwyd Salesbury am helaethrwydd ei ddysg gan
Thomas Wiliems, felly y mae Lewis Morris yn canmol 'cyfeillion... o
ddiledryw waed Cymru' am eu campau gwybodaethol hwy, mewn geiriau
sy'n rhyfedd o debyg i eiddo Wiliems:

> Ond hyn a ddywedaf, ag a brofaf o flaen y byd os bydd
> achos, fod rhai o'r cyfeillion rhag-ddywededig yn fyw heddyw,
> ag o ddiledryw waed Cymru a welsant braidd ei cyffelib erioed
> am y ddysgeidiaeth y bont yn broffesu – megis philosophydd-
> iaeth a'i rhannau, peroriaeth, physygwriaeth, meddyginiaeth,
> llongwriaeth, a'r rhannau eraill o'r mathematicaidd gelfyddydau.

Y mae Lewis Morris yn sôn hefyd am odidowgrwydd y Gymraeg a
hynafolrwydd ei thras; mae'n ymffrostio yn y modd y mae'n rhagori ar
ieithoedd eraill, yn enwedig y Saesneg; mae'n ymosod ar y boneddigion
am ei hesgeuluso; brithir ei eiriau â chyfeiriadau clasurol ac â chyfeir-
iadau at ddysgedigion o Gymry. Themâu a nodweddion y dyneiddwyr
yw'r rhain, gwŷr y mae Lewis Morris yn cyfeirio atynt wrth eu henwau
yn ei raglith.

Mae gwythïen dyneiddiaeth Gymreig, gyda'i phwyslais ar y Gymraeg
ac ar ehangder dysg, yn elfen amlwg yng nghyfansoddiad Lewis Morris.
Ond nid iawn fyddai tybio mai'r ddyneiddiaeth honno, yn ddigyfnewid
ac yn ddiddatblygiad, a welir yn ei waith ef. Gwir iddo dderbyn llawer
gan Gruffydd Robert, William Salesbury, Siôn Dafydd Rhys, Richard
Davies, John Davies, Edmwnd Prys ac eraill y mae'n eu henwi. Hwy, fe
ymddengys, a fu'n bennaf cyfrifol am fegino fflam ei ddiddordeb yn yr
iaith Gymraeg a'i hynafiaethau a'i barch at draddodiad barddol y canol
oesoedd. Eto i gyd, nid yw'n rhannu'r sêl ddiwygiadol grefyddol sy'n
annatod glwm wrth ddyneiddiaeth yr unfed ganrif ar bymtheg; ei frawd
Richard, fel mae'n digwydd, a'i argraffiadau ef o'r Beibl a'r Llyfr
Gweddi, sy'n etifeddu'r traddodiad hwnnw. Rhaid cofio hefyd fod y
syniad o 'ddysg', yn enwedig dysg ymarferol a gwyddonol, wedi newid a
datblygu cryn dipyn erbyn y ddeunawfed ganrif.

O droi'n ôl at y rhaglith, fe welir digon o arwyddion fod byd 'dysg'
Lewis Morris yn wahanol i fyd 'dysg' William Salesbury, dyweder. Y
mae'n cynnwys cyfeiriadau at Edward Lhuyd a John Locke, ymhlith

eraill. Mae cyfeiriadau Lewis Morris at Edward Lhuyd yn bur fynych, a pha ryfedd hynny, o gofio am y tebygrwydd eithriadol sydd rhyngddynt o ran meddylfryd a diddordebau? Mae *Celtic Remains* Lewis Morris yn llinach uniongyrchol *Archaeologia Britannica* (1707) Edward Lhuyd, ac mae eu diddordebau gwyddonol hefyd yn gyswllt pwysig rhyngddynt. Gellir dweud bod y gyfatebiaeth rhyngddynt yn ddeublyg. Yn gyntaf, ceir cyfatebiaeth o ran natur ac amrediad eu diddordebau, sy'n ymestyn o ieitheg a hynafiaethau Celtaidd at ffenomenau'r byd ffisegol. Yn ail, ceir cyfatebiaeth o ran dull o feddwl. Mewn dadansoddiad tra diddorol, dangosodd Dr Brynley F. Roberts sut y mabwysiadodd Edward Lhuyd ddulliau newydd y cemegydd a'r bywydegydd i bwrpas astudio iaith. Yn yr un modd, y mae arfer Lewis Morris o ddisgrifio, dosbarthu, cymharu, yn nodweddu ei waith i gyd, ac nid ei waith a'i sylwadau gwyddonol yn unig. Yma, er enghraifft, wrth drafod sut y dylid egluro – neu ymgadw rhag egluro – enwau lleoedd, y mae Lewis Morris yn ofalus wyddonol ei agwedd:

> Etymology requires a great deal of modesty... As for my part, I am very cautious how I meddle with those things, and can say nothing positive, and abominate a fanciful derivation of an ancient name. If we can give a probable and grave account of a name, and back it by ancient authority or reason, it is all that can be expected, and we should stop there.

Dysgodd Lewis Morris lawer gan Edward Lhuyd am darddiad yr ieithoedd Celtaidd, ac am ddulliau cymharol o astudio eu geirfa. Ar yr un pryd, y mae pwyslais Lewis Morris ar fod yn bwyllog ac yn ymatalgar yn peri iddo, yn wyneb ymgais Lhuyd i roi tarddiad Gwyddeleg i enwau afonydd yng Nghymru a Lloegr, leisio rhybudd. Mae angen mwy o dystiolaeth hanesyddol cyn gwneud hynny, meddai, gan fod y defnyddiau sylfaenol sydd wrth law, sef ffurfiau cyfoes geiriau ac enwau, yn gymysg a llygredig.

Gwelodd Dr Roberts, yn ymdrech Edward Lhuyd i wrthbrofi haeriad Dr Edward Bernard yn 1689 mai chwarter geiriau'r Gymraeg yn unig a oedd yn Geltaidd eu tarddiad, ddulliau'r cemegydd ar waith:

> he put Bernard's claim to the test, by comparing a sample of Welsh words, similar in sound to Latin words, with other similar words in languages not affected by Latin, e.g. Irish; he then carried out a similar exercise with Breton to isolate cognates in

a language unaffected by English... it is best described as a chemical experiment to isolate elements in a compound.

Yn yr un modd, a chan ddefnyddio'r un math o gymhariaeth gemegol, gellir gweld yma Lewis Morris yn mynnu bod yn rhaid puro a neilltuo elfennau cyn y gellir profi damcaniaeth yn foddhaol:

> Many an alteration by conquest, by mixt colonies, and by several accidents, hath the Celtic tongue suffered from that day to this, and I know no man living that can tell me the meaning of a mountain in Wales called *yr Eifl*, another called *Pumlumon*, and many such. How then is it possible to explain the names of mountains and rivers in England, France, and Italy, &C., though purely Celtic, when disfigured by time, by bungling transcribers, by foreign conquerors of the Teutonic race, and by the great tyrant, Custom?

Nid yw'r sylwadau hyn yn ymddangos yn ddieithr erbyn heddiw; maent yn ymgorffori egwyddorion ysgolheigaidd sydd wedi eu hen dderbyn. Ond pan eir ati i gymharu'r hyn sydd gan Lewis Morris i'w ddweud â sylwadau pur ffansïol rhai o'r dyneiddwyr ynghylch tarddiad enwau, gellir gweld yn glir y symud a'r datblygu a fu yn y ffordd o feddwl dros gyfnod o ryw ganrif a hanner. Bu i Edward Lhuyd ei ran bwysig yn y datblygu hwnnw, er gwaethaf tuedd Lewis Morris i anghytuno â'i farn o dro i dro.

Un arall y ceir cyfeirio ato yn y rhaglith yw John Locke. Ni charwn awgrymu unrhyw ddylanwad pellgyrhaeddol y tro hwn, ond y mae'n amlwg ar yr un pryd fod y sylwadau ystyriol a geir gan Lewis Morris yn arwydd o'r diddordeb mawr a oedd ganddo mewn syniadau newydd. Yr hyn a welwn yw Lewis Morris yn ceisio cymhwyso rhai o syniadau Locke, 'rhyfeddod yr oes ddiweddaf', at y Gymraeg. Dau o bynciau mawr ei waith enwog, *Essay Concerning Human Understanding*, yw addaster geiriau at eu pwrpas a natur 'ideas', sef y cysyniadau sylfaenol, ffisegol a meddyliol, y mae'r deall yn eu hamgyffred. Gall y cysyniadau hyn, medd Locke, fod yn 'syml' neu yn 'gyfansawdd' ['complex'], hynny yw, yn gyfuniad o gysyniadau neu 'ideas' syml. Barn Lewis Morris – yn ei ymgais wastadol i ddyrchafu'r iaith – yw bod y Gymraeg yn rhagori ar y Saesneg o ran nifer y geiriau sy'n cyfleu'r cysyniadau cyfansawdd hyn:

> a phe i mynnwn, mi a ddangoswn eglurdeb ddigon o ragoroldeb ein iaith ni uwchlaw Saesonaeg, ar sylfaen a phrif bynciau

> Mr Lock ei hun, megis yn y cyfansoddedig ddelwau hynny a eilw
> ef COMPLEX IDEAS; y cyfryw ag Enllyn, Pentyr, Cnawd, a
> llawer o'r cyffelib, y rhai y mae ar y Saeson eisiau enwau iddynt.

Mae'r pwnc cyntaf, sef addaster geiriau o ran troi 'idea' ffisegol, hynny
yw, seiniau corfforol, yn 'idea' yn y meddwl, hefyd yn rhoi cyfle i Lewis
Morris ymffrostio yn natur yr iaith Gymraeg. Ond nid ymffrostio yn
unig a wneir; fe'i gwelwn ef yma, fel y dywed ef ei hun, yn meddwl o'r
newydd am deithi'r iaith dan ysgogiad syniadau Locke:

> Yr stori hon [sef hanesyn y mae newydd ei adrodd] a wnaeth
> i mi ddal sulw ar beth na wn i i neb yn yr oes hon son am dano
> o'm blaen i, sef bod y Gymraeg yn llawn o eiriau cyfansoddedig
> yn y modd y dwedais uchod; sef â'r swn yn attebol i nattur y
> gwraidd-beth, megis pan arwyddoceir rhyw beth ffiaidd, budur,
> aflan, neu anghytunol; chwi gewch eiriau a'r lythyren *ch* ynddynt
> yn aml iawn.

Ceir ganddo wedyn ddetholiad o'r geiriau hyn i ddisgrifio pethau
'anghytunol', geiriau megis 'chwydu', 'crach-boeri', 'chwerw', 'echrys-
lon', 'erchyll', 'chwyrnu', 'gwrach', 'cuchio' ac 'ymgeintach'.

Enghreifftiau yn unig yw Lhuyd a Locke o'r meddylwyr ôl-
ddyneiddiol a ddylanwadodd ar Lewis Morris. Mewn gwirionedd, y
mae'r dylanwadau a fu arno yn eang iawn. Yr oedd gwyddonwyr mawr
yr ail ganrif ar bymtheg a dechrau'r ddeunawfed ganrif yn sicr ymhlith
ei arwyr. Mae'n defnyddio'r geiriau 'sacred' a 'glorious' i ddisgrifio dysg
Halley, y ffisegydd a'r seryddwr enwog, a Newton. Lluniodd gwpled
Saesneg – ystrydebol, rhaid cyfaddef – ar farwolaeth Newton:

> Ambitious man! what makes you look so high?
> the great as well as small are doom'd to Dye.

Ymhlith cenhedlaeth Lewis Morris, prin y ceid neb a oedd yn gwir
ymddiddori mewn mathemateg a deddfau ffisegol na thalai'r math hwn
o deyrnged i Newton. Oherwydd i Newton ddatrys y broblem gosmig
fwyaf oll, a dangos bod symudiadau'r planedau yn ddarostyngedig i'r un
deddfau â symudiadau ar y ddaear, nid oedd pall ar yr edmygedd
ohono. Erbyn 1784, yr oedd ar gael ddeugain llyfr Saesneg ar Newton,
dau lyfr ar bymtheg mewn Ffrangeg, tri mewn Almaeneg, un ar ddeg
mewn Lladin ac un bob un mewn Eidaleg a Phortwgaleg. Mae'n
ddigon naturiol, felly, fod Lewis Morris yn rhoi mynegiant i deimlad a

oedd yn bur gyffredin ymhlith gwŷr o ddysg, gan gynnwys ei gâr William Jones, un o ladmeryddion pwysig Newton.

Er mai lleisio un o gyffredinolion y cyfnod y mae Lewis Morris wrth ganmol Newton, nid peth arwynebol o bell ffordd oedd ei ddiddordeb mewn mathemateg. Yn wir, yn ei gyfnod cynnar, mathemateg a âi â'i fryd goruwch pob astudiaeth arall. Er iddo ddweud amdano'i hun 'Lewis o Fôn... a gâr... pob Celfyddyd', eto i gyd, mathemateg oedd ei ddiléit pennaf, a'r gelfyddyd hon, yn ei dyb ef, oedd yr agoriad i ddeall y byd yn ei gyfanrwydd. Yn 1726, atebodd un o lythyrau ei frawd Richard â'r llinellau hyn:

> the mathematicks are my atmosphere
> In which medium when I'm only there
> It makes me think that I move everywhere.

Mathemateg fel uchel gelfyddyd sydd yma: pwnc a oedd yn tanio'r ysbryd a'r dychymyg. Ymddiddorodd mewn nifer fawr o feysydd eraill yn ddiweddarach, ond mae'n tystio yn 1761, tua diwedd ei oes, fod y diddordeb cynnar hwn wedi parhau: 'Natural Philosophy and Mathematics have taken up much of my attention from my childhood', meddai mewn llythyr at Samuel Pegge.

Ceir nodyn arwyddocaol ar ddechrau un o'r casgliadau cynnar iawn o ryddiaith a barddoniaeth a wnaeth Lewis Morris: 'Dechreuwyd ysgrifennu cynhwysiad y Llyfr hwn ynghylch y flwyddyn 1722 genifi Lewis Morris philomath o Blwy Penrhos Lligwy yn Sir Fon pan oeddwn yn 21 mlwydd oedran ac yn ddigon diwybodaeth'. Un o eiriau allweddol y ddeunawfed ganrif yw 'philomath'. Ei ystyr yw 'un sy'n caru gwybodaeth, yn enwedig gwybodaeth fathemategol'. Gall gyfeirio at bob cangen o ddysg, ond i fathemateg y rhoddir y lle pwysicaf. Cyfeiria un hanesydd at 'the triumph of mathematics during the Enlightenment'. Mae disgrifiad Lewis Morris ohono'i hun yn cydnabod yr oruchafiaeth honno.

Gallai Lewis Morris gyfiawnhau'r teitl 'philomath' arno'i hun o ran ei weithgarwch ymarferol yn ogystal ag o ran ei ddiddordeb cyffredinol yn y maes. Yr oedd diffiniad y ddeunawfed ganrif o'r gair 'mathemateg' yn llawer mwy eang na'n diffiniad ni. Cynhwysai 'mixed mathematics', fel y'i gelwid weithiau, beirianneg, ffiseg, daearyddiaeth, tirfesuraeth, horoleg, astronomeg, morwriaeth ac amddiffynfeydd milwrol. O dan bennawd 'mathemateg gymysg', felly, gellid cynnwys llawer iawn o'r gweithgareddau y bu Lewis Morris yn ymwneud â hwy yn ystod ei oes, yn enwedig goruchwylio a chynllunio mwynfeydd a mesur a mapio tir a môr. I Lewis Morris, yr oedd gogwydd ymarferol mathemateg yn hynod o bwysig. Mewn llythyr at Arglwydd Powis, tua 1754, y mae'n trafod yn fanwl rai o broblemau technegol mwyngloddio. Cyn dod at y materion hynny, y mae'n pwysleisio bod angen profiad ymarferol yn ogystal â gwybodaeth dechnegol i greu 'mwyngloddiwr perffaith':

> there is hardly a miner that is Literate, and few if any that have a tolerable notion of Natural philosophy & ye math. sciences requisite to make a perfect miner, and to be able to give a reason for what he doth, on the other side few of the persons that have those qualifications of ye Theory know any thing of ye practice which is ye reason that this Art of mineing is so little known in Britain.

Ni chafodd Lewis Morris hyfforddiant prifysgol ym maes mathemateg. Yn y llythyr at Samuel Pegge y dyfynnwyd ohono eisoes, y mae'n pwysleisio mai gŵr hunanaddysgedig ydyw: 'what little stock of knowledge I have attained to, was in a manner by dint of nature'. Er hynny, drwy brofiad a diddordeb, gellir ystyried Lewis Morris, yn ei gyfnod, yn un a enillai ei fara ym maes mathemateg gymhwysol, ymarferol. I'r graddau hynny, gellir ei ystyried yn fathemategydd proffesiynol, ac yn fathemategydd arloesol hefyd yn ei ymwneud â mwyngloddio a mapio.

Yr oedd meysydd dysg yn dal yn agored iawn i wŷr amatur yn y ddeunawfed ganrif. Yn wir, ffurfiolwyd cyfraniad amaturiaid drwy eu hymwneud â'r cymdeithasau dysg, a oedd yn cynnwys o'u mewn ysgolheigion prifysgol yn ogystal â gwŷr hunanaddysgedig. Cyfundrefnwyd dysg, ar gyfandir Ewrop yn ogystal ag ym Mhrydain, drwy'r rhain yn ogystal â thrwy'r prifysgolion. Pan sefydlwyd Cymdeithas y Cymmrodorion yn Llundain yn 1751, a Lewis Morris yn llunio rhaglen ar ei chyfer gyda'r diben o hyrwyddo ymchwil a gwybodaeth ym maes hynafiaethau, iaith, a llenyddiaeth Cymru, yr oedd dysg Gymraeg yn dod yn rhan o batrwm Ewropeaidd mewn ysgolheictod. Yr oedd yr aelodau'n ymwybodol o hynny, fel y dengys un o sylwadau Lewis Morris: 'the Cymmrodorion who talk of publishing some Memoirs in the nature of those of the Royal Academy of Sciences at Paris'.

O ran cysylltiad Lewis Morris â chymdeithasau dysg, mae'n ddiddorol sylwi bod sôn wedi bod ar un adeg ymhlith ei gyfeillion am gynnig ei enw yn aelod o'r Gymdeithas Frenhinol ei hun. Ddiwedd Mawrth 1747 ceir William Morris yn holi Richard ynghylch y bwriad: 'Aie mae'n eich bryd efo'r hen ustus Pabo daro F.R.S. wrth enw Llewelyn? Mi glywais ryw son am hynny'. Erbyn mis Gorffennaf y flwyddyn ddilynol, fodd bynnag, ymddengys na ddaethai dim o'r cynllun, gan fod William yn holi eto: 'Nid yw'r brawd Llewelyn yn son dim am yr R.S. yn ddiweddar yma. Pa beth a ddaw or tair llythyren debygwch chwi?' Aflwyddiannus ai peidio, mae'r bwriad ynddo'i hun yn enghraifft o barch mawr ei gyfoedion at Lewis Morris fel gŵr o ddysg, parch y mae digon o dystiolaeth iddo ymhell y tu hwnt i lythyrau ei frodyr teyrngar.

Tueddwyd i ystyried Lewis Morris gan ysgolheigion diweddar yng ngoleuni ei ymwneud â'r mudiad hynafiaethol, ond mewn gwirionedd, yn ei olwg ef ei hun ac yng ngolwg ei gyfoedion, yr oedd yn gymaint o wyddonydd ag ydoedd o hynafiaethydd. Ym maes mapio a thirfesuraeth y gwnaeth Lewis Morris ei gyfraniad pwysig ym myd 'mathemateg'. Yn ddyn ifanc, cyflogwyd ef gan Owen Meyrick i wneud arolwg o holl diroedd stad Bodorgan. Cydiodd y syniad ynddo y dylid mynd ati i wneud map cyffredinol o arfordir Cymru, ynghyd â mapiau o'r porthladdoedd, gan fod y siartiau a oedd ar gael ar y pryd yn beryglus o ddiffygiol. Bu Lewis Morris wrth y gwaith am ddeng mlynedd. Yn 1748, cyhoeddwyd *Plans of Harbours, Bars, Bays and Roads in St George's Channel*, yn cynnwys cynlluniau porthladdoedd o Benygogarth yn y gogledd hyd at Ddinbych-y-pysgod yn y de.

Yr oedd hwn yn waith gwreiddiol, yn waith o safon dechnegol uchel, ac ar ben hynny, yn waith arwrol. Hwn, meddai Lewis Morris, oedd yr unig waith o'i fath a oedd ar gael: 'this Performance may be esteemed the only one of the kind hitherto made public'. Aeth ati i gyflawni'r dasg mewn ffordd drylwyr ac ysgolheigaidd:

> The Exactness necessary in Operations of this kind, by Sea and Land, demands extraordinary Care and Application; the many Observations proper for determining justly the Situations and Positions of Places, and what regards the Tides, Soundings, &c, require the utmost Attention, and much Labour and Pains.

Codi o gysyniadau gwyddoniaeth 'oleuedig' y cyfnod y mae geiriau Lewis Morris yma. Tystia arbenigwyr ein cyfnod ni i arbenigrwydd y gamp a gyflawnwyd. 'His work on estate mapping in Anglesey and more particularly his survey of the coast of Wales from the Great Ormes Head in the north to Tenby in the south, give him a stature far above that of his contemporaries working elsewhere in Britain at the same time', meddai Dr Adrian Robinson mewn rhagymadrodd i argraffiad o waith Lewis Morris a gyhoeddwyd yn 1985.

Brwdfrydedd ac ymroddiad Lewis Morris ei hun a ddaeth â'r gwaith llafurfawr i ben yn llwyddiannus. Llugoer fu cefnogaeth yr awdurdodau i'r gwaith, er mor bwysig ydoedd fel cyfraniad ymarferol i wybodaeth forwrol. Bu Lewis Morris mewn brwydr gyson â'r awdurdodau i sicrhau adnoddau ariannol i fynd ymlaen â'r gwaith, ond bu'n rhaid iddo gwrdd â llawer o'r treuliau o'i boced ef ei hun. Ar ben hyn, gorfu iddo adael y gwaith ar ei hanner am gyfnod o dair blynedd pan ddilewyd y trefniant i'w ryddhau o'i waith yn swyddog tollau. Ailgydiodd yn y dasg yn 1742, wedi i Owen Meyrick berswadio Thomas Corbett i eiriol ar ei ran gydag Arglwydd Gomisiynwyr y Morlys. Twmpathog hefyd fu llwybr y cyhoeddi ac ni chafodd gefnogaeth y Morlys i hynny tan 1748. Erbyn hynny, fodd bynnag, yr oedd mwy o frwdfrydedd swyddogol o blaid y cynllun, a phenderfynwyd cyhoeddi mapiau'r porthladdoedd yn ogystal â chyflawni'r bwriad gwreiddiol, sef cyhoeddi'r map cyffredinol o'r arfordir.

Mae llythyrau Lewis Morris yn ystod y cyfnod hwn yn dyst i'w ddygnwch yn wyneb anawsterau lu. Gosododd dasg fawr iddo'i hun, ac yr oedd yn benderfynol o'i chyflawni, er i hynny olygu traul sylweddol mewn arian ac amser. I raddau helaeth, ymdreulio i fod o wasanaeth a wnaeth Lewis Morris ac, yn hynny o beth, y mae ei gymhelliad yn cyd-fynd ag un o ddyheadau sylfaenol ysgolheigion ac ymchwilwyr gwyddonol y ddeunawfed ganrif. Tystia Lewis Morris mai er lles cyffredinol y bu ei lafur, 'which was done purely with a Design, that the Whole might prove of greater Benefit and Advantage to the Country, and to the Public in General'.

Tystia'r dyneiddwyr, hwythau, gan ddilyn patrymau clasurol, mai er '[g]wneuthyr rhyw lês i'r iaith a'r wlad', chwedl Morris Kyffin, y llafurient. Yr oedd gan Lewis Morris, serch hynny, batrwm pwysicach a oedd yn nes ato o ran cyfnod. Yn yr erthyglau cofiannol a ddisgrifiodd ef fel 'Memoirs of the Royal Academy of Sciences at Paris', hon yw'r thema fawr. Perthynai i'r erthyglau hyn draddodiad arbennig, traddodiad a sefydlwyd gan Fontenelle tua diwedd yr ail ganrif ar bymtheg ac a ddatblygwyd ymhellach gan y Marquis de Condorcet yn y ganrif ddilynol. Pwysleisient fod ychwanegu at swm gwybodaeth wyddonol yn ddyletswydd foesol. Gŵr anhunanol oedd y gwyddonydd, gŵr a lafuriai er mwyn eraill yn hytrach nag er ei fwyn ei hun. Er bod gwybodaeth wyddonol, ynddi ei hun, i'w chasglu mewn modd gwrthrychol a diduedd, eto yr oedd cymhelliad moesol y tu ôl i'r ymdrech i ennill yr wybodaeth honno.

Gwedd ar berthynas fywiol Lewis Morris â syniadaeth ei gyfnod a welir yma. Wrth i ddarllenwyr yr oes hon synnu a rhyfeddu at faint ei lafur, ac at gatholigrwydd ac ehangder y meysydd yr ymddiddorai ynddynt, dylid cadw'r berthynas hanfodol hon mewn cof. Nid tan y bedwaredd ganrif ar bymtheg, mewn gwirionedd, y gosodwyd iaith a llên a hanes mewn un bocs, a gwyddorau'r byd naturiol mewn bocs arall. Etifeddu byd cynharach a wnaeth Lewis Morris, byd lle yr ystyrid dysg mewn ffordd gyfannol ac anarbenigol, byd a oedd, chwedl Immanuel Kant, yn 'cael ei oleuo' gan wybodaeth wrthrychol, newydd, a byd lle y gallai'r amatur yn ogystal â'r ysgolhaig proffesiynol gyfrannu at y dysgu a'r trafod. Ymatebodd Lewis Morris i'r byd hwn gyda deall ac egni ac ymroddiad anghyffredin.

LLYFRYDDIAETH FER

Hugh Bevan, 'Lewis Morris', yn Dyfnallt Morgan (gol.), *Gwŷr Llên y Ddeunawfed Ganrif*, (Llandybïe 1966).

J. H. Davies (gol.), *The Letters of Lewis, Richard, William and John Morris* (cyfrolau I a II, Aberystwyth 1907, 1909).

A. R. Hall, *The Scientific Revolution 1500-1800* (Llundain 1954).

Thomas L. Hankins, *Science and the Enlightenment* (Caer-grawnt 1987).

Bedwyr Lewis Jones, 'Lewis Morris', yn *Gwŷr Môn* (Y Bala 1979).

Tegwyn Jones, *Y Llew a'i Deulu* (Tal-y-bont 1982).

Hugh Owen gol., *Additional Letters of the Morrises of Anglesey* (cyfrolau I a II, Llundain 1947, 1949).

Hugh Owen gol., *The Life and Works of Lewis Morris* (Cymdeithas Hynafiaethwyr Môn, 1951).

Brynley F. Roberts, *Edward Lhuyd: The Making of a Scientist* (Caerdydd 1980).

A. H. W. Robinson, 'Lewis Morris – an early Welsh hydrographer', *Trafodion Cymdeithas Hynafiaethwyr Môn* (1968).

GORONWY OWEN, JOHN MILTON,
A 'MOLAWD MÔN'

DILYN confensiynau ei gyfnod y mae Goronwy Owen yn ei gyfeiriadau at Milton. O dridegau'r ddeunawfed ganrif hyd at y pumdegau, yr oedd bri aruthrol ar waith awdur 'Paradise Lost' a 'Paradise Regain'd'. Un o ganlyniadau'r holl sylw oedd i Sgotyn o'r enw William Lauder gyhoeddi iddo ddod ar draws arwyddion o lên-ladrad yn 'Paradise Lost'. Y gŵr a wnaeth fwyaf i amddiffyn Milton oedd yr 'Ysgottyn... tôst a chaled ddigon',[1] John Douglas, a fu'n dal bywoliaeth Donnington dros y rhan fwyaf o'r cyfnod y bu Goronwy yno'n gwas-anaethu. 'Efe yw'r Gwr a gymmerth blaid y Prydydd *Milton*, yn erbyn yr Enllibiwr atgas gan *Lauder*', medd Goronwy mewn llythyr at Richard Morris ym mis Mehefin 1752.[2] Teitl y llyfryn amddiffynnol a gyhoedd-asai Douglas y flwyddyn cynt oedd 'Milton Vindicated from the Charge of Plagiarism'. Llyfryn ydyw sy'n gadarn ei seiliau ysgolheigaidd, a'r farn a fynegir ynddo yn ffrwyth ymchwil uniongyrchol i waith y mân feirdd Lladin yr honasai Lauder i Milton gyfieithu darnau o'u gwaith.[3]

Ni ellir bod yn siŵr faint o gyd-drafod a fu rhwng Dr Douglas a'i gurad. Digon anaml yr ymwelai'r Sgotyn â'i blwyf, ac nid yw Goronwy yn cyfeirio'n uniongyrchol at unrhyw drafodaeth rhyngddynt ar bwnc John Milton. Ond ni all na bu dylanwadu i ryw fesur. Diau i Goronwy elwa ar ddod i gydnabyddiaeth â dulliau ysgolheigaidd John Douglas. Yn eu pwyslais ar chwilio ffynonellau a mynd at wraidd pwnc, yr oedd-ynt yn atgyfnerthiad i'w reddf ysgolheigaidd gref a chywir ef ei hun. Yr wyf yn amheus, er hynny, ai Douglas a fu'n uniongyrchol gyfrifol am gychwyn diddordeb Goronwy yng ngwaith John Milton, serch mai ar ôl dyfodiad Douglas i Donnington y mae'r cyfeirio at Milton yn dechrau. Tuedd ysgolheigion fu gorbwysleisio dyled Goronwy iddo yn hyn o beth.[4]

Ymddengys i mi mai hogi diddordeb a oedd eisoes yn bod a wnaeth cysylltiad Goronwy â Dr Douglas. Yn un peth, y mae Goronwy yn dechrau sôn am Milton mewn ffordd sy'n awgrymu nad darganfyddiad

75

newydd mohono: 'Our language undoubtedly affords plenty of words expressive and suitable enough for the genius of a *Milton*...'. [5] Sôn am Milton yn sgîl sôn am adnoddau geirfaol y Gymraeg y mae, a hynny heb yr ymdeimlad o frwdfrydedd newydd sy'n nodweddu'r sôn cyntaf am y Gogynfeirdd, ail wrthrych mawr ei edmygedd barddol. Nid sôn am hyd a lled ei frwdfrydedd yr ydym, ond am ei newydd-deb, ac ni cheir gan Oronwy, wrth gyfeirio at Milton, yn unman eiriau tebyg i'r rhain, a ysgrifennwyd wedi iddo weld am y tro cyntaf lawysgrif yn cynnwys gwaith Beirdd y Tywysogion: 'mi a fum wedi derbyn o honofi y MS. (fal mochyn wrth ei gafn) mor brysur yn gwancio ac yn yssu pob migwrn o'r barddoniaeth, na chlywwn arnaf gymmeryd amser i ddiolch i'r llaw a'm porthai'. [6] Yn beth arall, dim ond unwaith, yn y dyfyniad a gafwyd eisoes, y mae'n cyfeirio at Milton yng nghyd-destun Douglas. Wrth ystyried y cyfeiriadau at Milton gyda'i gilydd, fe geir mai confensiynol ydynt. Dweud y mae Goronwy am Milton yr hyn yr oedd pawb arall yn ei ddweud, ac nid rhaid wrth ddylanwad Douglas i egluro ei eiriau.

Cymharer, er enghraifft, y dyfyniadau hyn. Dyma'r Esgob Atterbury mewn llythyr at Pope yn 1718: 'I protest to you, this last perusal of him (sef Milton) has given me such new degrees I will not say of pleasure, but of admiration and astonishment that I look upon the sublimity of Homer and the majesty of Virgil with somewhat less reverence than I used to'. [7] A dyma Hugh Blair, tua 1759: 'The boldness, freedom, and variety of our blank verse is infinitely more favourable than rhyme, to all kinds of Sublime poetry. The fullest proof of this is afforded by Milton'. [8] A Goronwy? Mae'n defnyddio'r un geiriau bron ag Atterbury: 'Milton's Paradise Lost is a Book I read with pleasure, nay with Admiration, and raptures: call it a great, sublime, nervous &c. &c, or if you please a Divine Work, you'll find me ready to subscribe to anything that can be said in praise of it...'. [9] Ac yna, wrth drafod y wers rydd a'r gynghanedd, 'the Greek way of versification is much freer from being confin'd to quantity of syllables than that of the Romans, and the English more unconfin'd than either... In consequence of which, Homer is preferr'd to Virgil, and Milton justly to both.' [10]

Yr un yw'r elfennau yn y sylwadau, fel y gwelir. Ceir yr un cysyniadau beirniadol, yr un termau, yr un obsesiwn â gosod y mawrion yn nhrefn eu teilyngdod. Mae edmygedd Goronwy Owen o Milton yn dweud mwy wrthym serch hynny na'i fod yn cyfranogi o foliant ffasiynol ei gyfnod iddo. Cafodd Goronwy yn Milton gyfuniad o arwr llenyddol ac o enaid hoff cytûn. Mae'n werth pwysleisio'r elfen bersonoliaethol yn ei edmygedd, oherwydd y mae'n gymorth inni ddeall Goronwy ei hun yn well. Gwir nad yw'n rhannu ei biwritaniaeth unplyg â John Milton: yr oedd Goronwy wrth gwrs yn gallu bod yn ddigon amrwd yn ei lythyrau, os nad yn ei farddoniaeth, ac y mae ei waith yn dyst i'r ffaith fod y llednais eithafol yn cydfodoli â'r aflednais mewn nifer o lenorion Awgwstaidd. Fel y dywedodd Geoffrey Tillotson wrth drafod rhai o ddisgrifiadau Pope o gnawdolrwydd, 'Pope's vocabulary is as complete as Chaucer's... only the Saxon words themselves can, as it were, draw blood.'[11] Ond yn rhy aml o lawer, fe ddaeth yr elfen hon, ynghyd ag amgylchiadau allanol bywyd Goronwy, rhyngom a'n dealltwriaeth o'r dyn ei hun. Os awn ni heibio i'r natur wyllt, y carcharu a'r dyledion, yr alcoholiaeth a'r geiriau bras, a cheisio dod at hanfod y dyn fel y gwelwn ef yn ei farddoniaeth a'i lythyrau, ac yn arbennig yn yr hyn y mae'n ei ddweud amdano ef ei hun yn y mannau hynny, fe gawn ni fod y darlun yn un tra gwahanol. Dyn dwys-ddifrifol oedd Goronwy, a'i broffes aruchel fel bardd ac offeiriad yn elfen lywodraethol yn ei fywyd ac yn ei waith. Dyn y weledigaeth fawr ydoedd hefyd: dyna paham y rhoddai gymaint o bwyslais ar yr epig fel ffurf. Y pynciau moesol sylfaenol, yng nghyd-destun dysgeidiaeth Gristnogol, dyna oedd yn mynd â'i fryd yn y bôn, a dyna paham, er iddo geisio'i ganmol, na allai gynhesu at Dafydd ap Gwilym. 'Dywedwch a ddywettoch, ni wnewch byth i mi hoffi eich car D ap Gwilym yn fwy na'r hen gyrph', meddai[12] 'I have not a turn of genius fit for ludicrous poetry', meddai mewn man arall.[13] Mae'r diffyg cydymdeimlad sylfaenol rhyngddo a'r bardd o Geredigion yn amlwg: 'I have often wish'd he had rais'd his thoughts to something more grave and sublime'.[14]

Eithr yn John Milton, fe welodd gronni'r holl rinweddau, o ran arddull aruchel, o ran themâu pwysfawr, o ran difrifoldeb galwad. Os edrychir ar 'Molawd Môn', 'apologia pro vita sua' Goronwy, fe welir bod yn y gerdd gyfatebiaethau pwysig rhwng Milton ac yntau. Fe gofir ddarfod i Goronwy ddweud am y gerdd hon 'fe gŷst gwahanu'r cywydd yn ddwy ran',[15] gan adleisio, gyda llaw, yr hyn a ddywedodd Fyrsil am yr Aeneid. Y mae i'r ddau hanner fel ei gilydd gyfatebiaethau yn hanes John Milton.

Pwnc yr hanner cyntaf yw natur yr alwedigaeth ddeuol y mae Goronwy yn ei phroffesu, 'fy nwy alwad', yn ei eiriau ef. Y mae ei alwad fel bardd yn gysegredig. Llesiant moesol ac ysbrydol yw diben ei ganu:

> O farddwaith od wyf urddawl
> Poed i wau emynau mawl ...
> Gwae ddiles gywyddoliaeth,
> Gwae fydd o'i awenydd waeth.[16]

Ni all ei eiriau beidio â'n hatgoffa o eiriau'r Brawd Llwyd yn nhraethodl enwog Dafydd ap Gwilym:

> Llaesa boen y dydd a ddaw;
> Lles yw i'th enaid beidiaw,
> A thewi â'r cywyddau
> Ac arfer o'th baderau.
> Nid er cywydd nac englyn
> Y prynodd Duw enaid dyn.[17]

Ceir darn hir gan Goronwy wedyn yn trafod ei alwad fel bugail. Mae'r darn, godidog ei rethreg, yn un o'r ddau 'crescendo' bwriadus a geir o fewn i'r cywydd; y darn sy'n moli Môn yw'r ail, wrth gwrs. Ceir dau bwyslais ganddo yn y darn hwn. Yn gyntaf, dwyster a difrifoldeb arswydus yr alwad:

> I atebol nid diboen,
> Od oes 'Barch', dwys yw y boen;
> Erglyw, a chymorth, Arglwydd,
> Fy mharchus arswydus swydd.

Yn ail, mae o Dduw y mae'r alwad. Duw yn ei offeiriaid yw sail eu haeddiant hwy:

> O cheir parch, diolch i'r Pen.

Gan hynny, gweddus yw gwyleidd-dra ar ran pawb, ond yn arbennig ar ran offeiriad:

> Gwae rodres gwŷr rhy hydron.

Ceir pwyslais felly ar gysegru'r ddwy alwad i waith Duw, a phwyslais hefyd ar Dduw fel ffynhonnell y ddwy. Cafodd y thema hon, Duw yn ffynhonnell, ei thrafod yn llawnach yn 'Bonedd a Chyneddfau'r Awen'. Mae'r cywydd hwnnw'n dechrau â'r syniad bod sawl Awen, ond mai'r Awen sydd o Dduw yw'r un y dylid ei choleddu. Hon yw Awen yr Hen

Destament: yr oedd hi gydag Adda ac Efa ym Mharadwys, gyda Moses, Dafydd, a Solomon. Hon hefyd yw'r Awen sy'n rheoli 'Paradise Lost':

> Sing Heav'nly Muse, that on the secret top
> Of *Oreb* or of *Sinai*, didst inspire
> That Shepherd, who first taught the chosen Seed,
> In the Beginning how the Heav'ns and Earth
> Rose out of *Chaos*, or if *Sion* Hill
> Delight thee more, and *Siloa's* Brook that flow'd
> Fast by the Oracle of God; I thence
> Invoke thy aid to my adventrous Song ...
>
> (i, 6-13).

Fel y dywedodd un beirniad am Milton yn llunio 'Paradise Lost', 'he is both author and amanuensis'.[18] Felly'n union y mae Goronwy'n synied amdano'i hun: 'Odidog *mi* nid ydwyf'. (Myfi sy'n italeiddio).

Y mae'r ddwy alwad hefyd, fel bardd ac fel offeiriad, yn alwad i waith, i weithredoedd. Ceir, yn yr Hen Destament a'r Newydd, ddau fath o alwad. Yr alwad i gyflwr arbennig yw un, galwad i ysbrydolrwydd a daioni mewnol. Hon yw'r alwad sydd wrth wraidd 'Cywydd y Farn Fawr'. Mae hi'n alwad i bawb yn ddiwahân, a gwae'r sawl nad yw'n gwrando arni:

> Dyddwaith, paham na'm diddawr,
> Galwad i'r ymweliad mawr?

a'r 'fi' yn y fan hon yn cyfeirio at y ddynoliaeth yn gyfan. Ymdrin â'r ail fath o alwad y mae Goronwy Owen yn 'Molawd Môn', sef yr alwad i waith, ac y mae honno'n alwad gyfyngedig, yn alwad bersonol iddo ef ei hun. Dyma hanfod y gwahaniaeth rhwng 'Molawd Môn' a 'Cywydd y Farn Fawr'. Dyletswydd un gŵr, offeiriad, tuag at ei Dduw yw pwnc y naill; dyletswydd pob dyn yw pwnc y llall.

Mae Milton yntau'n pwysleisio fod dau fath o alwad:

> Some I have chosen of peculiar grace
> Elect above the rest; so is my will:
> The rest shall hear me call and oft be warnd
> Thir sinful state, and to appease betimes
> Th' incensed Deitie, while offerd grace
> Invites; for I will clear their senses dark,
> What may suffice, and soften stonie hearts
> To pray, repent, and bring obedience due.
>
> (iii, 83-90).

Ystyriai Milton ei fod ef ei hun yn gyfrannog o'r 'peculiar grace', y gras arbennig hwn, a'i fod felly dan rwymedigaeth i ymateb i'r ail alwad, yr alwad i weithredu, ac ni cheir dim sy'n amlycach yn ei waith, ei ryddiaith yn ogystal â'i farddoniaeth, na'i ofal am y modd yr oedd ef ei hun yn ymateb iddi.

Ofer chwilio yng ngwaith Goronwy am y math o gymhlethdod diwinyddol a geir gan Milton. Nid oes ganddo ddim, er enghraifft, sy'n cyfateb i ddiddordeb Milton ym mhwnc natur y gras a roddir i ddynion. Roedd Goronwy yn fardd crefyddol, oedd; ond nid oedd yn fardd nac yn feddyliwr diwinyddol. Yr hyn sy'n gyffredin i'r ddau yw argyhoeddiad dwfn mai galwad i weithredu sydd arnynt a bod yr alwad honno arnynt fel beirdd ac fel gweinidogion.

Rwyf yn defnyddio'r gair 'gweinidog' yn y fan hon yn ochelgar. Ar yr olwg gyntaf, y gwahaniaeth mawr rhwng Milton a Goronwy Owen ar bwnc galwedigaeth yw bod Goronwy yn ŵr wedi ei ordeinio, yn byw a gweithio fel offeiriad o ddydd i ddydd, a bod Milton wedi ymwrthod â'r weinidogaeth ffurfiol. Ond nid yw'r gwahaniaeth rhyngddynt mor eglur nac mor syml â hynny. Yn gymharol hwyr y dydd y penderfynodd Milton beidio â mynd i'r weinidogaeth, ac yn wir, lluniwyd nifer o'i gerddi pan oedd yn dal yn 'ymgeisydd', a defnyddio'n gair ni. Darpar-weinidog ydoedd pan luniodd 'Lycidas', er enghraifft, ac un o themâu'r gerdd honno yw'r uchelgais i fod yn fardd ac yn offeiriad. Pwysicach na hynny yw ei argyhoeddiad fod y swyddi a ddaliodd yn ddiweddarach yn rhai dwyfol eu natur; gwas ydoedd, nid i lywodraeth seciwlar, ond i werinlywodraeth theocrataidd. Gweinidogaeth oedd ei waith yn yr ystyr honno, gwaith gan Dduw i Dduw.

Yn yr un modd, gwaith Duw oedd barddoni. Ymwrthododd ag ysgafnder bugeiliol cerddi cynnar megis 'Comus'; cysegrodd ei holl ddoniau i'r gwaith o fod yn fardd crefyddol, a'i brif nod oedd egluro Duw i ddynion: 'to justify the ways of God to man'. Nid bardd yn unig ydoedd, ond bardd-broffwyd: roedd dawn y bardd yn rhodd ddwyfol, 'the inspired gift of God rarely bestow'd but yet to some... [is] of power beside the office of a pulpit, to inbreed... the seeds of vertu'.[19]

Faint wyddai Goronwy am ysgrifeniadau rhyddiaith Milton a'i waith gwleidyddol, ni ellir dweud. Ond ni allai fod wedi dianc rhag yr ymwybod cyson â natur galwad ddwyfol yn ei waith barddonol. Wedi'r cyfan, y mae'r thema yn hollbresennol yn y tair cerdd fawr, 'Paradise Lost', 'Paradise Regain'd', a 'Samson Agonistes'.

O droi at ail hanner y cywydd, fe ddown ni at yr ail gyfatebiaeth bwysig rhwng gwaith Milton a 'Molawd Môn'. Yr unig un o weithiau Milton y mae Goronwy yn cyfeirio'n benodol ato yw 'Paradise Lost'. Ar yr olwg gyntaf, o ran testun sylfaenol y canu, nid oes cyfatebiaeth rhwng gwaith y ddau fardd. Nid yw Goronwy yn ymdrin â'r hanes am Adda ac Efa, a'r Cwymp yn Eden. I bob golwg, nid yw'n ymdrin ychwaith â'r syniad o Baradwys, yn ystyr arferol y gair. Yn y ffordd uniongyrchol honno, nid yw 'Paradise Lost' wedi dylanwadu ar ei waith. Ond y gwir yw fod cerdd fwyaf Goronwy yn ymwneud ag un o'r themâu sylfaenol a geir yn 'Paradise Lost', sef natur Paradwys. Oherwydd gweld Paradwys ym Môn a wnaeth Goronwy, ac y mae'r darlun a gawn ganddo yn dwyn llawer o nodau'r darlun o Baradwys a geir yng ngwaith Milton ar y naill law ac yn y traddodiad Clasurol ar y llaw arall.

Y mae crybwyll y traddodiad Clasurol yn ein gorfodi ar unwaith i sylweddoli ein bod yn ymdrin yn y fan hon â thema sy'n hŷn ac yn helaethach na'r syniad am Baradwys yn y traddodiad Cristnogol. Un o'r agweddau amlycaf ar waith tra Christnogol Milton yw'r cyfeirio cyson – syrffedus weithiau – at ddraddodiadau Clasurol. Ceir darluniau o Baradwys gan Homer ac fe'u ceir gan Fyrsil hefyd – dau o arwyr mawr Goronwy, fel y gwyddys. Eithr ni cheir cyfeirio penodol at ddarluniau Clasurol gan Goronwy, ac y mae hynny'n beth syn, ar ryw olwg; ond cofier ei sylw pan oedd yn egluro 'Cywydd y Farn Fawr' i Richard Morris: 'nis gwn edrych o honof unwaith yn Homer na Virgil, ond y ddau Destament yn fynych'.[20] Er pob dylanwad a gafodd ei addysg arno, er pob dylanwad a gafodd newydd-glasuriaeth ei gyfnod arno, bardd Cristnogol, yn gyntaf ac yn bennaf, yw Goronwy. Nid yw hynny gyfystyr â dweud, wrth reswm, na cheir dylanwadau Clasurol ar 'Molawd Môn'; dim ond eu bod yn anuniongyrchol, ac yn llai pwysig na'r dylanwadau Cristnogol.

Un o'r traddodiadau Clasurol hynny y gwelir ei ôl ar 'Molawd Môn' yw'r un sy'n pwysleisio mai cyfuniad a geir ym Mharadwys, cyfuniad o'r bywyd dynol diddig, heddychlon, ac o fyd Natur ar ei orau. Nid lle hardd yn unig yw Paradwys. Yn nisgrifiadau Fyrsil, er enghraifft, o'r 'locos laetos', 'y lleoedd hapus' a'r 'Fortunatorum Nemorum', 'llwyni coed y rhai gwyn eu byd', y mae'r ddwy elfen yn un.[21] Yng ngwaith Homer yntau y mae Natur mewn cytgord â threfn y duwiau ac â gofynion bywyd dyn. Dyma'r darlun a geir yn y canu bugeiliol Clasurol a diau mai'r Baradwys fugeiliol Glasurol hon oedd yng nghefn meddwl Goronwy wrth iddo dynnu sylw'n benodol at ddiadelloedd defaid Môn a'u defnyddioldeb i'w thrigolion:

> O! mor dirion, y Fôn fau,
> Dillad dy ddiadellau!
> Cneifion dy dda gwynion gant,
> Llydain, a'th hardd ddilladant.

Y mae'r darlun cyffredinol a geir ganddo o'r ddwy elfen, byd dyn a byd Natur, a'r rheini'n ymblethu ac yn ymddibynnu, yn cyd-fynd â'r darlun a geir gan y Clasurwyr ac â'r darlun a geir yn 'Paradise Lost'. Nid lle gwag yw Môn iddo, ond cartref i bobl.

Rhan bwysig iawn o folawd Goronwy Owen yw'r darlun a geir o fywyd ei thrigolion yn trigo mewn 'purffydd, a chariad perffaith'. Mae'r darlun yn debyg iawn i eiddo Milton: 'With Joy and Love triumphing, and fair Truth', (iii.338), a geir ganddo ef. Syniad Cristnogol, syniad y Testament Newydd yn wir, am y bywyd delfrydol a geir yng ngeiriau Goronwy yma, ac y mae'n gyfoethocach na'r darlun Clasurol syml. Am iddo ddefnyddio geiriau llwythog fel y rhain y gellir honni mai darlun o Baradwys, a honno'n Baradwys Gristnogol, a geir yn 'Molawd Môn' mewn gwirionedd, ac nid darlun syml o un darn o ddaear Cymru. Mae cyd-destun y darnau o'r gerdd sy'n disgrifio Môn, a'r geiriau a'r del-weddau a ddefnyddir yn y darnau disgrifiadol hynny, yn ddiamheuol grefyddol. Mae'r gerdd, fel y gwyddys, wedi ei rhannu'n ddau hanner. Y darlun dwys, arswydus o ddwys, ohono'i hun fel offeiriad a geir yn y rhan gyntaf. Ond yr un yw cyweirnod y gerdd drwodd. Mae'r ail hanner, sef y darn sy'n moli Môn, wedi ei osod yng nghysgod ac yng nghyd-destun y llall, a'r un dwyster ysbrydol a geir ynddo. Y dwyster ysbrydol hwn sy'n rhoi unoliaeth sylfaenol i'r cywydd, ac y mae'r diweddglo apocalyptaidd yn coroni'r ddau hanner fel ei gilydd.

Â delweddau crefyddol y mae Goronwy'n cychwyn ei folawd hefyd:

> Goludog, ac ail Eden
> Dy sut, neu Baradwys hen:
> Gwiwddestl y'th gynysgaeddwyd,
> Hoffder Duw Nêr, a dyn wyd.

Yn nes ymlaen, y mae'n ei henwi hi, yn ddiamwys:

> Dy enw a fydd, da iawn fod,
> Nef fechan y Naf uchod.

Y trosiad olaf a geir ganddo yw 'gardd':

> Gwae fi na chawn enwi nod,
> Ardd wen i orwedd ynod.

Ac y mae'r 'ardd wen' Edenaidd hithau'n drymlwythog o ystyr.

Mae'r uniad trosiadol hwn rhwng y darlun o Fôn a'r syniad o Baradwys yn bosibl i raddau am mai syniad daearol oedd Paradwys. Drych o'r nef ydoedd, 'nef fechan' a defnyddio geiriau Goronwy, ar y ddaear yn rhywle. Yr oedd y syniad bod Paradwys yn bod ar y ddaear yn un pur nerthol a chyffredinol, a cheir digon o dystiolaeth hyd at gyfnod y Dadeni Dysg ac wedi hynny am ymdrechion pobl i'w lleoli. Fe ddywedir fod Christopher Columbus, er enghraifft, yn chwilio amdani. Hyd yn oed mor ddiweddar â 1690, gallai Deon Caerefrog gwyno am yr amheuaeth a fodolai erbyn hynny ym meddyliau pobol ynghylch bodolaeth Gardd Eden. Rhaid oedd darganfod lleoliad yr ardd, meddai, neu byddai'r amheuwyr yn troi'n anghredinwyr llwyr: '[they would] slide into a disbelief first of Genesis, then of the whole Bible, and lastly of all revealed Religion'.[22] Llam dychymyg digon hawdd i Goronwy oedd creu o Fôn ei hiraeth ddarlun o'r Baradwys ddaearol. Damwain ffodus hefyd oedd mai ynys yw Môn. Os yw'r syniad o Baradwys fel gardd yn un nerthol mewn mytholeg Gristnogol, cryfach fyth yn gyffredinol yw'r syniad mai ar ryw ynys, ar wahân i weddill y byd, y mae ei lleoliad.

Credai Milton yn y syniad fod modd gosod Paradwys mewn lle pendant. Tynnodd ar y cyfeiriadau Beiblaidd sy'n cysylltu Eden â Horan, Canne, Gosan, Reseff a Telasar, ac ar eu sail rhoddodd iddi leoliad daearyddol penodedig:

> *Eden* stretched her Line
> From *Auran* Eastward to the Royal Towrs
> Of great *Seleucia*, built by *Grecian* Kings,
> Or where the Sons of *Eden* long before
> Dwelt in *Telassar* ...
>
> (iv, 210-14)

Gan ddilyn traddodiad Genesis 2[8], gosododd Milton Baradwys, neu'r ardd, yn nwyrain Eden, ar lan afon fawr. Yn wahanol i'r rhan fwyaf o'i

gyfoeswyr, penderfynodd taw ar lan Tigris yn hytrach nag ar lan Ew-
ffrates yr oedd Paradwys.²³

Erbyn y ddeunawfed ganrif yr oedd y gred hon mewn Paradwys
leoladwy wedi darfod, ond yr oedd y syniad cyffredinol yn dal i weith-
redu'n nerthol yn y dychymyg, a phobl yn barod iawn i weld lleoedd a
chymdeithasau cyntefig lled-baradwysaidd yn y Dwyrain, yn Ynysoedd
y Môr Tawel, yn America. Tybed, tybed pa effaith a gafodd syniadau fel
hyn ar ddychymyg anniddig, hiraethlon Goronwy, a'r penderfyniad
syfrdanol i ymfudo i Virginia? Un peth y gellir ei ddweud i sicrwydd am
Goronwy Owen yw bod syniad 'man gwyn man draw' yn un o'r grym-
usterau gyriannol yn ei fywyd a'i farddoniaeth fel ei gilydd.

Lle daearol, dichonadwy oedd Paradwys ynteu, 'ail nef', nid y Nef-
oedd ei hun. Rwyf wedi gwneud y sylw eisoes mai cerdd grefyddol yw
'Molawd Môn' yn ei hanfod. Mae hynny'n ei amlygu ei hun yn niwedd-
glo cataclysmig y gerdd, lle mae Môn, y Baradwys ddaearol, yn cael ei
dinistrio'n llwyr. Er pob gogoniant a berthyn iddi, dros dro y mae'r
gogoniant hwnnw:

> Pan ganer trwmp Iôn gwiwnef,
> Pan gasgler holl nifer nef,
> Pan fo Môn a'i thirionwch
> O wres fflam yn eirias fflwch,
> A'i thorrog wythi arian
> A'i phlwm a'i dur yn fflam dân ...

Pan ddigwydd hynny, ni cheir lloches ond yn y tŷ y mae Duw yn ei
baratoi, sef y Nefoedd:

> Gwiw gannaid dŷ gogoniant
> Yng nghaer y Sêr, yng nghôr Sant.

Felly y bydd hi hefyd i Milton. Cyn y daw'r rhai cyfiawn i'w teyrnas,
rhaid i'r byd naturiol gael ei ddifa gan y tân:

> Mean while
> The World shall burn, and from her ashes spring
> New Heav'n and Earth, wherein the just shall dwell.
> (iii, 333-5)

Mae'r dimensiwn ysbrydol yn rheoli darlun Goronwy. Serch holl rym ei
gariad a'i hiraeth, nid yw Môn, mwy na Pharadwys ei hun, yn cynnig
nefoedd i ddyn. Ac yn ysbrydolrwydd y diweddglo hefyd y mae, gyda
llaw, ateb i'r hyn y bydd rhai sylwedyddion Cristnogol yn ei weld fel

heresi'r ddeunawfed ganrif, sef bodloni ar berffeithrwydd dichonadwy
a daearol. Fel y mae'n digwydd, mae 'Awdl y Gofuned', cerdd gynnar
o'i eiddo nad oes ynddi ddim gwewyr enaid, yn nes o lawer at y
meddylfryd hwnnw na 'Molawd Môn'.

Nid y Nefoedd mo Baradwys felly, ac y mae gwahaniaeth sylfaenol
yn y ffordd y bydd Goronwy'n cyfeirio at y ddau le. Mae ei ddarlun o
Baradwys Môn yn ddaearol a diriaethol, ond ar yr haniaethol y mae ei
bwyslais pan fo'n darlunio'r Nefoedd: yr ymadrodd a geir ganddo yn
'Molawd Môn' yw 'tŷ gogoniant', a'r 'gogoniant' sy'n bwysig, nid y 'tŷ'.
Gwelir peth tebyg yn y darlun a geir ganddo yn 'Cywydd y Farn Fawr'.
Ar y gogoniannau o'i fewn y mae'r pwyslais eto, nid ar ogoniannau'r lle
ei hun:

> Man hyfryd yw mewn hoywfraint,
> Ac amlder y sêr o saint,
> Llu dien yn llawenu,
> Hefelydd ni fydd, ni fu.

Mae trigolion y Nefoedd yn byw

> Mewn ffawd didor, a gorhoen,
> Mewn byd heb na phyd na phoen.

Gan mai yma, yn y byd naturiol, y mae Paradwys, mae ei thrigolion
yn byw mewn byd o amser. Mae ymdrech foesol ac ysbrydol yn rhan
o'r byw hwnnw. Fynnwn i ddim dadlau am funud fod Goronwy Owen
yn trafod y Cwymp yn Eden, yr achubiaeth, a'r dychweliad i Baradwys
drwy ras, mewn ffordd sy'n agos debyg i Milton. Yma y mae Milton yn
cychwyn 'Paradise Lost':

> Of Man's First Disobedience, and the fruit
> Of that Forbidden Tree, whose mortal tast
> Brought Death into the World, and all our woe,
> With loss of *Eden*, till one greater Man
> Restore us and regain the blissful Seat . . .
>
> (i, 1-8)

Hon yw thema fawr ei gerdd, ac fe ddychwelir ati wedyn yn 'Paradise
Regain'd':

> Ignorant of themselves, of God much more,
> And how the world began, and how man fell
> Degraded by himself, on grace depending.
>
> (iv, 310-12)

Mae'r cerddi drwyddynt yn un ymdriniaeth gymhleth, aml-linynnog, fawr â'r thema waelodol hon. Ofer chwilio yn 'Molawd Môn', na 'Cywydd y Farn Fawr' chwaith o ran hynny, am unrhyw thema ddiwinyddol soffistigedig. Syml, uniongred, heb ddim ymhelaethu na thrafod arni, yw diwinyddiaeth Goronwy.

Mae'r elfennau crefyddol yn y darlun o fywyd gwŷr Môn yn rhai pendant iawn, er hynny, ac yn y darlun hwnnw fe geir ateg i'r ddadl mai asiad sydd yn y cywydd, asiad o'r disgrifiad o Fôn ac o elfennau yn y traddodiadau, Cristnogol yn bennaf, am natur Paradwys. Ni thry Môn yn Baradwys yn ddiamod, a moesol a chrefyddol yw'r amod honno. Mae'r darn perthnasol yn dechrau â'r gair 'os': 'Os ti a fawl nefawl Nêr'. Os digwydd hynny, yna fe fydd pethau eraill yn dilyn. Sylwer mai dyfodol ac amodol yw'r berfau:

> Dy eglwyswyr, deg loywsaint,
> A'th lëygion sywion saint,
> Cryfion yn ffrwythau crefydd
> Fyddant, a diffuant ffydd.

> Yn lle malais, trais, traha,
> Byddi'n llawn o bob dawn da,
> Purffydd, a chariad perffaith:
> Ffydd yn lle cant mallchwant maith.

Dim ond wedi cyflawni'r amod y try Môn yn 'nef fechan', hynny yw, yn Baradwys, yn llun o'r nef ar y ddaear.

Nodwedd amlycaf Paradwys Milton yw ei ffrwythlondeb. Ceir yno ddigonedd, gormodedd bron, o bopeth da, a'r unig waith sydd gan Adda ac Efa yw 'garddio' rhywfaint i gadw rheolaeth ar bethau:

> In narrow room Natures whole wealth, yea more,
> A Heav'n on Earth …   (iv, 207-8)

Felly Fôn hithau; mae 'pob peth yn y toreth tau':

> Bara a chaws, bir a chig,
> Pysg, adar, pob pasgedig:
> Dy feichiog ddeiliog ddolydd
> Ffrwythlon megis Saron sydd,
> A phrennau dy ddyffrynnoedd
> Crwm lwyth, megis Carmel oedd.

Nes o lawer at Eden Milton nag at ddarluniau arferol y ddeunawfed ganrif yw darlun Goronwy. Erbyn y ganrif honno, y mae'r ardd wedi troi'n barc. Ond Natur fel y mae a geir gan Milton, ar ei heithaf mae'n wir, ac o fewn i ffiniau gardd, ond Natur real serch hynny. Tebyg yw'r darlun a geir gan Oronwy: Natur ar ei haelaf a'i ffrwythlonaf, a hynny o fewn i ffiniau ynys sy'n troi'n ardd yn ei ddychymyg. Ond unwaith eto, ac yn anorfod felly gan mai rhan o'r byd real sydd ganddo mewn golwg, Natur go-iawn sydd yma, ac y mae'r 'ardd' yn ddrych o'r cyfanfyd naturiol o ran ei nodweddion. Fel y dywedais, y mae'n nes o lawer at Milton yn hyn o beth nag at rai o'i gyfoeswyr. Dyma Isaac Watts, er enghraifft, yn dychmygu sut le y dylai cartref Adda fod:

> the habitation, in which a God of infinite goodness would place such a holy and innocent creature should be a very beautiful and magnificent building, furnished with all manner of necessaries and conveniences of life, and prepared not only for his safety and support, but also for his delight.[24]

A dyna ddychymyg y ddeunawfed ganrif, yn hanes Watts hyd yn oed, wedi troi Gardd Eden yn rhyw fath o westy moethus.

Y gwir yw nad Goronwy Owen y bardd Awgwstaidd sy'n llefaru yn 'Molawd Môn'. Y darlun Cristnogol traddodiadol o Baradwys sydd wedi dylanwadu fwyaf arno, yr ardd ffrwythlon, naturiol sydd hefyd yn gartref i ddynion, ac nid darlun tebyg i eiddo Dryden, dyweder. Yn y ddrama *State of Innocence* y mae ef yn disgrifio parc yn hytrach na gardd: coed yn tyfu'n gymen o bobtu i ffynnon, a'r cyfan wedi ei gynllunio'n ofalus: 'at the far end the prospect terminates in walks'.[25] Eithr mwy arwyddocaol na'r olwg wahanol a geir ar yr ardd yw'r gwahaniaeth yn natur perthynas Adda ac Efa â'u cartref yn y traddodiad Awgwstaidd. Nid yw'r berthynas â Pharadwys o'u hamgylch yn rhan annatod o'u gwneuthuriad fel pobl. Ni roddir pwyslais ychwaith ar Baradwys fel cartref cychwynnol y bywyd ysbrydol a'r bywyd cymdeithasol a theulu-ol, sef y math o bwyslais a geir gan Milton a chan Oronwy.

Deuir yma at un o'r gweddau pwysicaf ar 'Molawd Môn', gwedd sy'n negyddu Awgwstaeth y gerdd i raddau helaeth, sef natur yr ym-blethu rhwng Goronwy Owen ei hun a Môn. Un peth yw disgrifio'r cytgord bywiol sy'n bodoli rhwng Môn a'i thrigolion, peth arall eto yw'r ymblethu rhwng y bardd ei hun a'i Baradwys. Y peth mwyaf trawiadol ynglŷn â'r darlun o Fôn, gredaf i, ynghyd â chyd-destun diamheuol Gristnogol y darlun, yw'r modd y mae Môn yn fwy na darn o dir, yn fwy hyd yn oed na darn o Baradwys – mae Môn yn bodoli fel grym personoliaethol ac ysbrydol ynddi ei hun. Ffordd wan iawn o ddisgrifio'r peth yw dweud fod Goronwy yn personoli Môn. Y mae'n gwneud hynny mewn ffordd sy'n ei dyrchafu yn rym llywodraethol yn y tir, yn ei gwneud yn 'arglwyddes', yn 'feistres', yn 'unbenesaidd'. Mae peth digon tebyg yn digwydd yn 'Paradise Lost', lle y mae Natur, dro ar ôl tro, yn cael ei disgrifio yn nhermau grymusterau personoliaethol, grymusterau sy'n arglwyddiaethu a rheoli. Ond peth ar chwâl yw'r personoli hwn ar Natur yn 'Paradise Lost'; ni cheir dim sydd mor gryno uniongyrchol a phendant â'r llinellau a geir gan Oronwy. Y mae personoliad Goronwy yn fwy nerthol fyth o gofio mai sôn am ddarn penodol o dir y mae, nid sôn, megis Milton, am haniaeth y bu beirdd ar hyd yr oesoedd yn ei phersonoli mewn rhyw ffordd neu'i gilydd.

Creu brenhines bwerus o Fôn felly, a hynny mewn llinellau mawreddog sy'n atseinio gan rym argyhoeddiad y bardd. Mae Awgwstaeth yr ymdriniaeth eisoes ar chwâl, yng ngrym goddrychol y personoli; ond fe'i chwelir yn llwyr yn y cam nesaf, lle y mae ysbryd Môn yn mynd yn rhan o Goronwy Owen ei hun, ac uniaethu'n digwydd rhwng y bardd a'i Baradwys:

> Clywaf arial i'm calon
> A'm gwythi, grym ynni Môn…

Mae 'arial' a 'grym ynni' Môn yn gweithio yn y bardd a'i wneud yn 'graffrym… a'r fron yn frwd'; a than eu dylanwad y mae'n fwy na bardd, y mae'n 'ddewin': 'canys Dewin wyf'. Rhagfynegi sydd mewn syniad fel yna, rhagfynegi'r 'Rhamantiaeth gyfriniol', os caf fathu term, a gewch chi gan Wordsworth, a chan T. H. Parry-Williams mewn cyfnodau diweddarach. 'Nes mynd o'u hanfod i mewn i'm hanfod i' meddai ef am fynyddoedd Eryri, a sôn yn yr un modd yn union y mae Goronwy am hanfod ysbryd Môn yn mynd yn rhan ohono yntau.

Nid ceisio honni yr wyf nad bardd yn y traddodiad Awgwstaidd oedd Goronwy. Dweud yr wyf yn hytrach fod label fel yna weithiau'n annigonol, bryd arall yn gwbl gamarweiniol. Y mae'n gwneud y tro yn iawn ar gyfer 'Awdl y Gofuned' neu 'Cywydd y Gwahodd', lle y ceir portreadu gweddol syml ac uniongyrchol ar fywyd diddig sy'n ddaearol ac yn ddichonadwy. Y mae'n llai digonol ar gyfer 'Cywydd y Maen Gwerthfawr' neu 'Bonedd a Chyneddfau'r Awen', lle y mae unrhyw roddion a ddaw, i'r dyn mewnol y tro hwn, yn ddibynnol ar, ac yn is-wasanaethgar i, ddibenion Duw ei hun. Yma, yn 'Molawd Môn', mae Duw yn ymyrryd ym myd dynion, ac yr ydym yn cerdded at y ffin honno lle y mae trefn a rheolaidd-dra dyn a natur, sail y canu Awgwstaidd, yn cael eu llyncu gan rymusterau trosgynnol, boed y rheini'n hanfod o Dduw neu o ddychymyg a theimladau dyn ei hun. Y grymusterau hynny – ac yn achos Goronwy, rhai Cristnogol a chyn-Ramantaidd ydynt – sy'n rheoli 'Molawd Môn' a 'Cywydd y Farn Fawr', ei ddwy gerdd fawr.

---

[1] J. H. Davies, *The Letters of Goronwy Owen* (Caerdydd 1924), 12. Cyfeirir at y llyfr o hyn ymlaen fel LGO.

[2] LGO, 12.

[3] Gweler trafodaeth John T. Shawcross yn *Milton 1732-1801* (Llundain a Boston 1972), 26-9.

[4] Gweler, er enghraifft, eiriau Ifor Williams yn *Meddai Syr Ifor*, gol. Melville Richards (Caernarfon 1968), 75.

[5] LGO, 7.

[6] LGO, 110.

[7] Dyfynnir yn Jean Gillet, *'Le Paradis Perdu' dans la littérature française* (Paris 1975), 24 troednodyn.

[8] Dyfynnir yn John T. Shawcross, op.cit., 244.

[9] LGO, 39.

[10] LGO, 75-6.

[11] *Pope and Human Nature* (Rhydychen 1988), 115.

[12] LGO, 116.

[13] LGO, 7.

[14] LGO, 7

[15] LGO, 178.

[16] Wrth ddyfynnu o'r cywyddau, defnyddir y testun a geir yn Isaac Foulkes, *Barddoniaeth Goronwy Owen* (Lerpwl 1911). Cywirwyd yr orgraff yn ôl y galw.

[17] Thomas Parry, *Gwaith Dafydd ap Gwilym* (Caerdydd 1963), 362.

[18] John Spencer Hill, *John Milton: Poet, Priest and Prophet* (Llundain 1979), 109.

[19] op.cit., 74.

[20] LGO, 80.

[21] Gweler y drafodaeth yn Joseph E. Duncan, *Milton's Earthly Paradise* (Minneapolis 1972), 22.

[22] op.cit., 189.

[23] op.cit., 220.

[24] *Ruin and Recovery of Mankind*, (iii, 373-8), yn *Works* (Leeds 1800).

[25] 11, 2. Gweler Duncan, op.cit., 281.

MARY OWEN YR EMYNYDDES

UN o nodweddion amlycaf emynyddiaeth Saesneg y bedwaredd ganrif ar bymtheg yw'r nifer mawr o emynau poblogaidd a gyfansoddwyd gan ferched. Cyfieithwyd rhai ohonynt i'r Gymraeg, a gwelir nifer ohonynt yn ein llyfrau emynau. Yn y *Caniedydd* presennol, ceir cyfieithiadau o emynau gan Sarah Adams, Charlotte Elliott, Frances Ridley Havergal, Cecil Frances Alexander, a Catherine Winkworth, ymhlith eraill. Mewn ysgrif a gyhoeddwyd yn weddol ddiweddar,[1] mae Ms Catherine Porteous yn nodi arbenigrwydd y gwragedd hyn. Nid merched encilgar, cyfyng eu gorwelion, mohonynt o gwbl ond merched eithriadol o flaengar yn eu hoes. 'Well-educated, forceful, and energetic, they wrote, lectured, organised, and campaigned for social reform and higher education for women.' Yr oedd nifer ohonynt hefyd o dueddfryd ysgolheigaidd. Er enghraifft, dysgodd Mrs Alexander, gwraig Esgob Derry, Wyddeleg, a chyfieithu i'r Saesneg yr emyn hynafol a adwaenir dan yr enw 'St. Patrick's Breastplate'. Nodwedd arall arnynt oedd eu hegni a'u hymroddiad i'r gwaith o gyfansoddi emynau. Mae helaethrwydd eu cynnyrch yn drawiadol.

Nid oes amheuaeth na welid yng Nghymru yn y bedwaredd ganrif ar bymtheg egni ac ymroddiad tebyg mewn materion crefyddol a llenyddol. Mae swm cynnyrch y ganrif yn fawr, fel y gwyddys yn dda. Ond yng Nghymru, prin oedd y merched a oedd yn ymhél â chyfansoddi, boed ar bynciau crefyddol neu fel arall. Eithriad yn ei dydd oedd Mary Owen. Prin, chwaith, y gellir ei chymharu o ran ei chefndir a'i hamgylchiadau â'r gwragedd a enwyd uchod. Yr oedd hi serch hynny yn gyfrannog o'r un dygnwch, dewrder, a dyfalbarhad ag a welir ynddynt hwy.

Ganed Mary Rees yn Llansawel, Morgannwg, yn 1796, ugain mlynedd wedi geni Ann Thomas ym Maldwyn. Pan oedd Mary yn ifanc iawn, symudodd y teulu i dŷ o'r enw y Graig, yn Llansawel, ac yma y maged hi. Lle tawel a phrin ei boblogaeth oedd Llansawel ei phlentyndod, ond fe fu hi, yn ystod ei hoes, yn dyst i newid mawr ym mhatrwm cymdeithasol y fro. Nid oedd poblogaeth y plwyf i gyd yn 1782 ond 155; erbyn

1801 yr oedd yn 271; yn 1831, cyrhaeddodd 417, ac yn 1841, 612. Ond yn 1851, wedi dyfodiad y rheilffordd ac agor y gwaith haearn, yr oedd yn 1,737 ac yn 1871, rai blynyddoedd cyn marw'r emynydd, yr oedd yn 4,803 ac yn dal i gynyddu'n gyflym.[2]

Mae ei hanes crefyddol hi a'i theulu yn adlewyrchu'r newidiadau hyn. Yng nghyfnod plentyndod Mary, yr oeddid yn dal i gynnal achosion mewn tai annedd, a hynny yn aml yn wyneb gwrthwynebiad yr awdurdodau. Wedi hynny y daeth cyfnod y cynnydd mawr, a sefydlu capeli lluosog. Yn hanes teulu'r Graig, bu'n rhaid iddynt ymaelodi mewn eglwys a oedd rai milltiroedd o'u cartref i ddechrau, sef Maes-yr-haf, Castell Nedd; oddi yno symudasant i Soar, yn yr un dref. Yn ddiweddarach, bu'r teulu'n dal cysylltiad â'r Eglwys Annibynnol a sefydlwyd yn Llansawel, sef Bethesda. Soar, eglwys egnïol iawn, oedd mam eglwys Bethesda.

Yr oedd David Rees, tad Mary, yn un o arweinwyr crefyddol y gymdogaeth. Sefydlodd achos yn y Graig, gan fynnu trwyddedu'r cartref at y gwaith. Dyddiad y drwydded yw 1 Ebrill 1809, a cheir copi ohoni yn *Hanes Eglwysi Annibynol Cymru* (ii. 137). Hanai ei mam o deulu amlwg ym mhethau crefydd. Yr oedd ei mamgu, Catherine Dowle, yn berthynas agos i'r enwog Mathew Henry, a bu Henry Dowle ei mab yn bregethwr amlwg yng nghyffiniau Castell Nedd a Llansawel.[3]

Dysgodd Mary, yn blentyn, nifer mawr o emynau ar ei chof ar gyfer y gwasanaethau ar yr aelwyd. Yn ôl tystiolaeth ei merch, yr oedd ganddi gof nodedig o dda, a byddai'r gynulleidfa yn y Graig yn dibynnu llawer arni am emynau i'w canu. Lluniodd hefyd gasgliad bychan pwrpasol, yn ei llawysgrif ei hun. Cafodd Elfed weld y casgliad hwn, ond, hyd y gwn i, nid yw bellach ar gael. Dywed Elfed fod rhai o'r emynau a gynhwysir ynddo yn ddigon cyfarwydd, ond bod eraill bellach 'wedi cael eu hanghofio yn llwyr'. Y mae'n dyfynnu nifer o'r rhain yn ei erthygl, gan ychwanegu mai 'cymysglyd yw'r penhillion a ddyfynnwyd... (nid) oedd llawer o addurn ar bennill y cwrdd gweddi ddechrau'r 19fed ganrif'. Yn ei farn ef serch hynny yr oedd 'gwres' ynddynt.

Edrydd Elfed hefyd hanes tröedigaeth Mary, neu o leiaf, hanes ei hymddifrifoli crefyddol. Dyfynnaf ei ddisgrifiad byw ef o'r digwyddiad:

> Fel llawer geneth fywiog, o gyrhaeddiadau uwch na'r cyff-
> redin, yr oedd mwy o emynau yng nghof Mary Rees nag o

argyhoeddiadau yn ei chalon. Yr oedd ynddi gryn lawer o ddireidi diniwed, ac yr oedd hynny yn ei thueddu i fwynhau allanolion crefydd heb brofi grym duwioldeb. Ond daeth ei diwrnod iddi hithau. Yr oedd wedi mynd i Abertawe i wrando yr enwog Mathew Wilks yn pregethu yno bregeth flynyddol Cymdeithas Genhadol Llundain, a chymundeb ar ddiwedd y bregeth. Yr oedd y cymunwyr wedi gorlenwi'r adeilad, a'r gwrandawyr yn sefyll y tu allan, ac yn eu plith Mary Rees. Trefnwyd, fodd bynnag, i'r pregethwr sefyll yn y ffenestr, er mwyn cael ei glywed gan ddwy ran y gynulleidfa. Naill ai pregethai ar Raniad y Defaid a'r Geifr, neu ynte gwnaeth gyfeiriad at hynny yn ei bregeth: ac apeliodd yn ddifrifol at y gwrandawyr tu allan, gan ofyn ai ar law aswy y Barnwr y byddent yn y Farn? Methodd yr eneth ieuangc gael llonydd gan yr ymholiad: aeth adref â'r cwestiwn yn ei chalon: a rhoddodd ei hun yn fuan ar ol hynny yn llwyr i ofal y Gwr sydd yn Waredwr cyn bod yn Farnwr.

Awgrym Elfed yw mai atgof o'r profiad hwn a geir yn y pennill hwn o'i heiddo:

> Arglwydd, Crëwr nef a daear,
> Dywed i mi ar bwy law
> Bydda'i'n byw y maith ddiderfyn
> Oesoedd, yn y byd a ddaw!
> Rho amlygiad eglur imi,
> Tra bo'i yma ar y llawr,
> Fod fy meiau gwedi'u maddeu
> Gan fy Meichiau, Iesu Mawr.[4]

Yn 1825, symudodd y teulu o'r Graig i Gastell Nedd, ac yn yr un flwyddyn, priododd Mary Rees â chapten llong o'r dref, Thomas Davies. Ganwyd iddynt ddwy ferch, Mary Ann a Sarah. Eithr fe'i trawyd hi wedyn gan golledion, yn un gyfres. Collwyd ei phriod ar y môr, ac yna, yn fuan wedyn, bu farw ei thad, a fuasai'n gefn ac yn gynhaliaeth iddi. Yna bu farw ei chwaer, yn wraig ifanc. Fe'i cafodd ei hun yn fam i ddau o blant bach, ynghanol y storm. Ond nid dyna ddiwedd ei phrofedigaethau. Yn 1836, priododd yr eilwaith â'r Parchedig Robert Owen, gweinidog yng Nghwmafan gerllaw. Am ugain mlynedd wedyn, bu ganddi groes drom i'w chario, oherwydd aeth ei phriod i afael y ddiod. Yn ystod ei flynyddoedd olaf, crwydryn o alcoholiad ydoedd. Dychwelodd i'w gartref i farw yn 1857, a Mary Owen, yn raslon, a weinodd arno yn ei gystudd olaf.

93

Er mwyn ceisio deall y boen a'r loes a achosodd hyn i Mary Owen, a deall y pwysau cymdeithasol a oedd arni mewn oes na wyddai fod alcoholiaeth yn salwch, y mae'n werth sylwi ar yr agwedd meddwl a amlygir ym mywgraffiad Robert Owen yn *Hanes Eglwysi Annibynol Cymru*.[5] Dyry'r awduron gofnodion bywgraffyddol, canmoliaethus heb eithriad bron, wrth drafod hanes yr eglwysi. Ond wrth ymdrin â hanes Sion, Cwmafan, dyma a geir:

> Robert Owen. Yr oedd yn enedigol o Lanfyllin. Cafodd ei urddo yn Bwlchtocyn, Lleyn, sir Gaernarfon, Medi 12fed, 1820. Dywedir iddo fod yn barchus a thra defnyddiol yn sir Gaernarfon am rai blynyddau. Yn 1834 symudodd i Gwmafan, a bu yn lled dderbyniol yma nes i'r eglwys a'r ardal ẟael allan nad oedd yn bucheddu yn deilwng o gristion (sic). Wedi ymadael a Chwmafan bu am ychydig amser yn Carmel, Llansadwrn, ond er's rhai blynyddau cyn ei farwolaeth yr oedd wedi myned yn wrthodedig ym mhob man. Y mae wedi cael ei alw i roddi cyfrif o'i weithredoedd er's mwy nag ugain mlynedd bellach. Prin y mae cymeriad o'r fath yma yn haeddu sylw, ond gan ei fod ef a llawer eraill a grybwyllir gynym yn nglyn a gwahanol fanau, wedi bod mewn cysylltiad cyhoeddus a'r weinidogaeth, y mae cywirdeb hanesyddol yn galw arnom i wneyd rhyw gyfeiriad atynt.

Casglwyd ei hemynau ynghyd, a'u cyhoeddi, yn 1839. (Cafwyd argraffiadau wedyn yn 1840, 1841, a 1842.) Maent yn perthyn felly i'r blynyddoedd pan oedd hi'n ymdrechu i fagu'r plant, mewn hiraeth ar ôl Thomas Davies, ei thad, a'i chwaer, ac i flynyddoedd cynnar ei phriodas â Robert Owen. Yn sicr ddigon, gwelir ynddynt adlewyrchiad o erwinder ei bywyd yn ystod y cyfnod hwnnw.

William Williams, Caledfryn, a barodd eu casglu a'u cyhoeddi. Yr oedd ef yn gyfaill teuluol agos, fel y dengys yr hanesyn canlynol:

> Ymhlith ei chyfeillion yr oedd Gwilym Caledfryn. Ryw adeg yr oedd Caledfryn wedi bod yn llawdrwm ar Robyn Ddu Eryri: cymerai hithau ran Robyn. Pan alwodd y gwr miniog yn y ty ryw dro ar ol y ddadl, cododd un o'r ddwy eneth a enwyd ar ei lin, a gofynnodd iddi adrodd pennill iddo. Adroddodd hithau y rhigwm pen bys oedd wedi glywed ar dafod ei mham:
>
> Caiff Robyn Ddu Eryri
> Gan bob dyn call ei barchu;
> Ond Gwilym ffol o galed farn,
> Yn wir ni chaiff mo hynny! [6]

Nid oedd bywyd heb ei ysgafnder iddi, mae'n amlwg.

Mae copïau o *Hymnau* Mary Owen bellach yn brin iawn. Gwelodd Elfed gopi o'r argraffiad cyntaf, a argraffwyd gan P. Evans, Heol y Castell, Caernarfon, a hefyd gopi o'r pedwerydd argraffiad, a gyhoeddwyd gan Josiah Thomas Jones, Caerfyrddin. Copi o argraffiad 1840, a gyhoeddwyd gan Rees a Thomas, Llanelli, a welais i (Ll.G.C. B 1490). Yn argraffiad 1839, yr oedd 71 o emynau, a phennill anthem, ynghyd â rhagair gan Galedfryn; erbyn yr ail argraffiad, ceir 81 o emynau, yr anthem, a chyfres o benillion ar 'Ditlau Crist', ac ychwanegwyd at ragair Caledfryn gyflwyniadau gan W. Morris Glandwr a D. Rees Llanelli. Hyd y gallaf farnu, yn ôl tystiolaeth Elfed, yr un oedd cynnwys y ddau argraffiad a ddilynodd.

Mae Caledfryn yn ei ragair yn sylwi ar y ffaith mai prin yw'r merched a oedd yn mynd ati i gyfansoddi emynau:

> Hoff fyddai gweled ychwaneg o wragedd crefyddol yn efel-
> ychu mwy ar y Gristiones ostyngedig a hunan-ymwadol hon,
> drwy droi eu doniau a'u galluoedd at lesáu eu cydfforddolion tu
> a byd arall,

ac y mae'n ychwanegu y bydd 'darllen a chanu y rhai'n yn foddion i ddyddanu a chysuro y saint ar eu taith drwy yr anialwch'. Mae'r sylw hwn o'i eiddo yn crynhoi thema bwysicaf emynau Mary Owen, sef y cysur a'r diddanwch a geir yn Nuw ynghanol treialon byd. Mae'r emyn a ganlyn yn enghraifft o'i chanu ar y testun hwn (dau bennill yn unig, y cyntaf a'r trydydd, a geir yn y *Caniedydd*):

> Er fod y tonau'n aml
>   Yn curo arna'i'n awr,
> A'r gwyntoedd croes yn chwythu
>   Yn stormus ar y llawr;
> Er dyoddef blin gystuddiau
>   Peth dros ddeng niwrnod yw;
> Mae pob peth er daioni
>   I'r rhai sy'n caru Duw.
>
> Er cael ergydion trymion
>   A chroesau amyl ri',
> Nes bron a pheri weithiau,
>   Dy lwyr anghofio di;
> Ond etto, drwy drugaredd,
>   Ceir nerth yn ol y dydd,

A chymhorth fel bo'r achos,
  Ond i ni fyw drwy ffydd.

Am hyny byth, diolchaf,
  Fy mod hyd heddyw'n fyw,
Er gwaetha' grym y gwyntoedd,
  Fy nhad sydd wrth y llyw;
Af bellach drwy'r tymhestloedd,
  Yn dawel yn ei law,
Nes taflo'r don ddiweddaf
  Fi i'r porthladd dedwydd draw.

Yr Arglwydd sy'n teyrnasu,
  Gwnaf ynddo lawenhau;
Fe geidw byth ei eiddo,
  Yn nghanol byd o wae;
Effeithiau'n llygredigaeth,
  Yw'r chwerwder o bob rhyw,
Na fydded i mi'n ynfyd
  Roi dim yn erbyn Duw.[7]

Byrdwn cyson ei chanu yw'r addewid am fyd gwell. Gobaith am nefoedd
sy'n ei chynnal hi yn y byd hwn. Diwinyddiaeth dihangfa ei chyfnod sy'n
llywodraethu ei meddwl. Iddi hi, megis i Bantycelyn, 'teganau gwael y
llawr' yw pethau'r byd hwn; 'dianc' yw ei deisyfiad:

O Iesu mawr, pa bryd daw'r dydd
Y caf o'm rhwymau fyn'd yn rhydd,
A dianc i'r ardaloedd pell,
O fewn i furiau Salem well? [8]

Credai'n ddiysgog yn atgyfodiad y corff. Yn ei nefoedd hi, bydd 'y llyg-
radwy hwn yn gwisgo anllygredigaeth':

Tra fyddo 'nghorff i'n gorwedd
  O fewn i byrth y bedd,
Rho i mi yno orphwys
  Yn dawel yn dy hedd;
Ac yna pan ddihunwyf,
  Wrth swn yr udgorn clir,
Yn gyflawn fe'm digonir
  A'th ddelw di yn wir.

Er i fy nghnawd falurio
  Ac uno â llwch y llawr,
Caf godi'n anllygredig
  Pan gano'r Angel mawr,

> Mewn gwisg o anfarwoldeb,
> Sef haeddiant Adda'r ail,
> A chydag ef deyrnasu
> Rhyw oesedd rif y dail.[9]

Pan dry Mary Owen i fyfyrio ar berson Crist, cawn mai'r Crist croeshoeliedig sy'n mynd â'i bryd yn barhaus. Crist yn dioddef dan yr hoelion yw'r darlun a seriwyd ar ei meddwl a'i dychymyg:

> Mi ganaf byth tra byddwyf
> Am Iesu a'i farwol loes;
> Griddfanau Gethsemane
> Ac angau garw'r groes;
> Dyoddefodd dan yr hoelion
> Oen Duw yn llariaidd iawn,
> A gwerthfawr waed ei galon
> Dywalltodd un prydnawn.[10]

Mae hi'n ymglywed â'r paradocs bythol fod clwyfau Crist yn dwyn iachâd i ddynion, ond pwysicach na hynny iddi hi yw'r ymdeimlad personol dwys fod archollion Crist yn lloches i'r unigolyn. Ceir y syniad gan Bantycelyn:

> Yn dy glwyfau y mae bywyd
> Tyllau'r hoelion yw fy nyth,

ac fe'i ceir hefyd yn amlwg iawn yn emynau Robert ap Gwilym Ddu, a gorlannwyd gan Galedfryn yn *Gardd Eifion* ddwy flynedd wedi iddo ddwyn emynau Mary Owen drwy'r wasg. O gofio'r dystiolaeth a ddyfynnwyd uchod am gyfeillgarwch Caledfryn a Mary Owen, gellir awgrymu, er na ellir gwneud mwy na hynny, i emynau Robert fod yn destun trafod rhyngddynt. Bid a fo am hynny, y mae tebygrwydd trawiadol rhwng pennill fel hwn o waith Mary Owen a rhai o emynau gŵr y Betws Fawr:[11]

> O am lechu yn y clwyfau
> A agorwyd ar y pren;
> Unig noddfa f'enaid ydyw
> 'Rhwn ogwyddodd yno'i ben:
> Mentraf arno,
> Yna doed hi fel y del.[12]

O ddarllen drwy'r llyfrau emynau, fe welir fod 'rhyfedd' a 'rhyfeddodau' yn eiriau amlwg iawn gan emynwyr Cymraeg, a chan Ann Griffiths efallai yn fwy na neb. Maent yn eiriau pwysig gan Mary Owen hithau. Dyry fynegiant i ryfeddod bywyd yr Iesu ac arfaeth Duw, ac yn fwy

97

fyth, i ryfeddod y ffaith fod i bob unigolyn ei le yn yr arfaeth honno. Unwaith eto, gellir ymglywed â dyfnder yr argyhoeddiad personol: megis yr oedd clwyfau Crist yn cynnig noddfa iddi hi, fel unigolyn, felly y mae'r arfaeth hefyd yn beth unigol a phersonol yn ei phrofiad:

> Rhyfeddod pob rhyfeddod
> Fy mod i heddyw'n fyw,
> Er pechu fil o weithiau
> A thori deddfau Duw;
> Ond canmil mwy rhyfeddod
> Os gwelir un mor ddu
> O fewn Caersalem newydd
> Ym mhlith y dysglaer lu.[13]

Fel y ceisiais ei awgrymu, adleisiol yw canu Mary Owen i raddau helaeth. O ddarllen ei hemynau drwyddynt, mynych y clywir trawiadau emynwyr mawr y Diwygiad Methodistaidd. Eu hieithwedd a'u syniadaeth hwy sy'n cynnal ei hemynau hi. Eithr y mae ynddynt fwy na hynny hefyd. Cam mawr â Mary Owen fyddai dweud nad yw ei hemynau yn ddim ond eco o emynau eraill. Y mae didwylledd ei phrofiad hi ei hun, a grym ei hargyhoeddiad personol, yn codi ei hemynau gorau i dir uwch. Dyma, yn sicr, guddiad cryfder ei phenillion mwyaf cyfarwydd:

> Dyma gariad, pwy a'i traetha?
> Anchwiliadwy ydyw ef;
> Dyma gariad byth ni ellir
> Treiddio i'w ddyfnderoedd ef;
> Dyma gariad gwyd fy enaid
> Uwchlaw pethau gwael y llawr;
> Dyma gariad wna im' ganu
> Yn y tragwyddoldeb mawr.
>
> Ymddiriedaf yn ei glwyfau,
> Ymddiriedaf yn ei groes,
> Ymddiriedaf yn ei gariad,
> Cariad mwy nâ hwn nid oes;
> Cariad lletach yw nâ'r moroedd,
> Uwch nâ'r nefoedd hefyd yw;
> Mwy rhyfeddaf yn dragwyddol
> At anfeidrol gariad Duw.[14]

Cynhwyswyd emynau gan Mary Owen mewn nifer o gasgliadau yn ystod ail hanner y bedwaredd ganrif ar bymtheg a blynyddoedd cynnar y ganrif hon. Ceir rhestr ddefnyddiol gan Penllyn yn *Y Dysgedydd*, 1929, tud. 70. Erbyn heddiw, tri o'r prif gasgliadau sy'n cynnwys emynau o'i gwaith, sef *Y Caniedydd, Llawlyfr Moliant* y Bedyddwyr, ac *Emynau'r Eglwys.*

Yn llawysgrif rhif 4477 yn y Llyfrgell Genedlaethol, ceir nifer o bapurau yn ymwneud â Mary Owen, gan gynnwys nodyn Saesneg byr (diddyddiad) a ysgrifennwyd at ei merch Mary Ann. Cyfarch cyffredinol sydd ynddo: 'take care of yourself and keep up your spirits'. Arwyddwyd ef 'Your Affectionate Mother Mary Owen'. Ceir yma hefyd ffotograff o'r ddwy. Wynebau cryfion sydd ganddynt, nid wynebau heirdd, ac y mae'r ddwy yn drawiadol o debyg i'w gilydd.

Gwelir yma hefyd ddalen brintiedig yn cynnwys galarnad gan M. A. Davies ar ôl 'Miss Mary Jenkins, merch Mr a Mrs Jenkins, Llansawel, Sir Forganwg' a fu farw yn bedair ar bymtheg oed. Cân grefyddol, egwan ei dychymyg yw hi, yn mynegi'r sicrwydd 'y cawn etto gyd-gwrddyd/I ganu'n nghyfeillach yr Iesu o hyd'. Dywed nodyn ar waelod y ddalen mai hwn yw 'yr unig beth a gyfansoddodd' Mary Ann. Ceir ychwaneg o wybodaeth amdani mewn llythyr, dyddiedig 2 Mehefin 1943, a ysgrifennodd y Parchedig J. Luther Thomas, Cwmafan, at y Llyfrgell:

> Mary Ann a roddes y wybodaeth i Elfed ac eraill am ei mam. Bu yn gwerthu Beibl Peter Williams i helpu tipyn ar ei bywoliaeth yn Briton Ferry. Bu hefyd yn cadw Llyfrgell dros un o weithfeydd B. Ferry. Claddwyd hi yn yr un fynwent a'i mam – mynwent plwyf Llansawel.

Fel yr awgrymais yn barod, y mae tystiolaeth Mary Ann yn hynod werthfawr, ac yn taflu goleuni arbennig ar gymeriad ac argyhoeddiadau personol ei mam. Bu Mary Owen yn ddygn a ffyddlon ym mhethau crefydd tan y diwedd. Yn ystod saith mlynedd olaf ei hoes, bu'n gaeth i'w chartref, ond trefnwyd fod cyfarfod gweddi i'w gynnal yn ei hystafell bob pythefnos, a deuai gweinidog Bethesda yno i weini'r cymun iddi bron bob mis. Ymhlith yr hanesion a adroddir amdani, y mae hwn:

> Ychydig cyn ei mharwolaeth gofynnai un cyfaill iddi: 'Mae eich trallodion a'ch cystudd wedi bod yn chwerw ac yn faith: pa fodd yr ydych yn teimlo dan y fflangell?' Atebodd hithau: 'Ni ddarfu i mi ond teimlo'r *wialen*: fe gymerodd fy Mrawd Hynaf ergydion trymaf y *fflangell*.'[15]

Bu farw'r emynyddes ar y chweched ar hugain o Fai, 1875. Pennill Saesneg sydd ar ei charreg fedd yn Llansawel:

Religion had her heart, her care, her voice, –
'Twas her last refuge, as her earliest choice:
To holy Anna's spirit not more dear
The church of Israel and the house of pray'r.

---

[1] 'Singing the praises of Women', *The Guardian*, 22 Rhag. 1982.

[2] Gw. David Davies, *History of Briton Ferry*, (Port Talbot, s.d.).

[3] Daw nifer o'r ffeithiau personol am Mary Owen o ysgrif werthfawr Elfed, 'Mrs Mary Owen' yn *Y Geninen*, Gŵyl Dewi 1903,17-20. Seiliodd ef ei waith ar sgwrs a gafodd â merch Mary Owen, Mary Ann.

[4] Yr wyf yn dyfynnu'r pennill yn y ffurf y ceir ef ynddi gan Elfed.

[5] T. Rees a J. Thomas, Lerpwl 1872, ii. 128.

[6] Elfed, art. cit., 19.

[7] *Hymnau*, 10-12.

[8] *Hymnau*, 26.

[9] *Hymnau*, 30.

[10] *Hymnau*, 36-7.

[11] Ceir trafodaeth ar le'r thema hon yng nghanu Robert gan Stephen J. Williams, *Robert ap Gwilym Ddu* (Caerdydd 1959), 24-5.

[12] *Hymnau*, 27.

[13] *Hymnau*, 45-6.

[14] Fe wêl y cyfarwydd fod fersiwn *Y Caniedydd* beth yn wahanol. Mae'r penillion yn ymddangos ar wahân yn *Hymnau*, 25-6.

[15] Elfed, art. cit., 19.

CEIRIOG A CHYMRU

C EIRIOG oedd bardd Cymru, bardd y Gymraeg: fel yna y gwelai ei gyfoeswyr ef. Fel yna hefyd y'i gwelai Ceiriog ei hun. Gwladgarwch oedd sylfaen ei ganu; canodd fwy ar y pwnc nag ar unrhyw bwnc arall. Wrth sôn unwaith am ei gerddi, a'u disgrifio fel plant iddo, gosododd ei flaenoriaethau ger ein bron: 'Fy *mhlant fy hun* ydyw'r Caniadau... yn nesaf at ofni Duw ac anrhydeddu y brenin, cânt garu eu gwlad a meddwl yn dda am eu hiaith a'u cenedl'.[1] Aeth y cerddi hyn yn syth at galon ei gyd-Gymry. Gwelsant hwy ynddynt ddarlun o Gymru a oedd yn cyd-fynd â'u teimladau a'u syniadau eu hunain, ac ymatebasant trwy roi i'r bardd a'i gerddi fri a phoblogrwydd i'w rhyfeddu. 'Yr oedd Ceiriog yn deall ac yn adnabod ei genedl i drwch y blewyn' meddai ei gofiannydd, Llyfrbryf;[2] 'yn ei gân, adnebydd Cymru ei llais ei hun' meddai O. M. Edwards.[3]

Gan hynny, y mae ceisio disgrifio a diffinio gwladgarwch cerddi Ceiriog yn dysgu llawer inni am feddylfryd Cymreig ail hanner y bedwaredd ganrif ar bymtheg. Llefaru dros ei gydgenedl a wnaeth Ceiriog. Dywedodd Talhaiarn, bardd arall a bynciai ar destunau gwladgarol, na ddylai cerdd 'fod yn uwch nac yn is na chalon y genedl, neu byddis yn missio'r marc'.[4] Deallodd Ceiriog hynny i'r dim, a tharo'r 'marc' dro ar ôl tro yn ei gerddi. Ymhle yn union y ceid y 'marc' hwnnw?

O ddarllen rhai o'r cerddi yn unigol, gellid tybio mai amhosibl yw gweld unrhyw batrwm neu syniadaeth bendant ynddynt, amgen na'u bod yn 'wladgarol'. Niwlog ac anniffiniedig yw'r hyn a fynegir ynddynt. Yn aml iawn gellir gosod y bai am hynny ar natur sylfaenol y cerddi. Geiriau a luniwyd i gyd-fynd ag alawon yw llawer iawn ohonynt, a gofynion mydryddol yr alaw sy'n gosod siâp ar y gerdd, nid gofynion unrhyw syniad neu weledigaeth brydyddol. Pan ddywedodd Ceiriog, yn yr englyn beddargraff a luniodd iddo'i hun, 'carodd eiriau cerddorol', dywedodd galon y gwir: caru geiriau unigol a'u sŵn a wnaeth yn rhy aml, yn hytrach na charu geiriau yn eu cydberthynas â drychfeddwl arbennig. Y gair a welir amlaf, ond odid, yn ei ganeuon gwladgarol yw 'rhyddid'. Eithr unwaith y ceisir darganfod rhyddid i bwy, oddi wrth bwy, paham, ac i ba ddiben, y mae'r niwl yn cau amdanom. Dyna'r geiriau, er enghraifft, a luniodd i gyd-fynd â'r alaw 'Serch Hudol':

> Gwel, gwel, y gadarn Wyddfa wen
> Yn codi ei breninol ben
> I dd'weyd fod Cymru'n rhydd!
> O fryniau nawdd ein Rhyddid ni!
> Rwy'n edrych arnoch yn eich bri,
> "Rwy'n codi 'mreichiau atoch chwi!"
> Gan oian, 'Cymru Rydd!'
> Ar uchel gopa Idris Gawr,
> Ar Ferwyn a'r Plumlumon mawr,
> Ac ar y creigiau îs i lawr,
> Awelon Rhyddid sydd:
> Ac fel yr awel uchel gref,
> Sy'n rhodio trwy gymylau'r nef,
> Y Cymro hefyd, felly ef,
> Mae'n rhydd, yn rhydd, yn rhydd! [5]

Ond nid yw'r hyn sy'n wir am rai o'r cerddi unigol yn wir am y cerddi gyda'i gilydd, o'u hystyried yn gyfangorff. Doder at gorff y cerddi hefyd rai o'r sylwadau rhagarweiniol a beirniadol a geir yn ei lyfrau, ac at hynny wedyn, ystyrier gweithgarwch Ceiriog mewn meysydd eraill a gyffyrddai â'i farddoniaeth, a gwelwn batrwm yn ymffurfio, patrwm y mae modd i ni ei ddiffinio.

Yn y pwyslais a roddai ar garu'r genedl, plentyn ei oes oedd Ceiriog. I'r bedwaredd ganrif ar bymtheg y perthyn athroniaeth y 'bod cenhedlig', iddi hi y perthyn y syniad o genedl fel corff sy'n meddu nid yn unig ar nodweddion arbennig a gwahaniaethol, ond ar hawliau a dyletswyddau arbennig hefyd. Syniad a ddatblygodd yn yr Almaen yn ystod hanner cyntaf y ganrif oedd mai hanfod bodolaeth cenedl oedd y 'Volksgeist', ysbryd y bobl wedi'i fynegi yn ei diwylliant a'i harferion a'i thraddodiadau hi. O'r holl syniadau am natur gwlad a chenedl a gafodd sylw yn ystod y ganrif, ymddengys i mi mai yma y down agosaf at ddeall gweledigaeth Ceiriog. Lladmerydd 'Volksgeist' y Cymry ydoedd ef.

Yn *Cant o Ganeuon*, mae Ceiriog yn egluro gwerth alawon cenedlaethol Cymru. Maent yn werthfawr am eu bod yn fynegiant o ysbryd y genedl:

> y maent wedi eu cysegru yn ein calonau, gan fyrdd o adgofion
> mewn perthynas i'n gwlad a'n cenedl. Mae ein tadau er's can

cenedlaeth wedi eu canu mewn llawenydd a galar, ar ddyffryn-
oedd a mynyddoedd ein bro. Mae ein mamau wedi eu suo o oes
i oes i fabanod ar eu bronau; ac y mae helyntion gwladol,
buddugoliaethau dewrder, cwympiad cedyrn, a rhestr fawr o
hanes personau a phethau ganrifoedd yn ol, wedi eu cario i lawr
i ni, trwy yr alawon hyn.[6]

Gwelodd Ceiriog Gymru yn ei chyfanrwydd diwylliannol. Ymddiddor-
odd yn ei hiaith, ei hanes, ei chrefydd, ei cherddoriaeth, ei thraddodiadau,
ei harferion, ei thirwedd a'i golygfeydd, ie a'i hwiangerddi a'i chwaraeon
plant hyd yn oed, ac y mae ei weithgarwch yn ddrych o'r weledigaeth
hollgynhwysol hon. Yr oedd y cyfan hyn yn rhan o'r darlun, ac ni
fynnai ymwrthod â'r hanesyn neu'r hwiangerdd ddistatlaf, oherwydd yr
oedd Cymru yn fyw ynddynt hwy yn ogystal ag mewn pethau mawr-
eddog.

Ym marn Ceiriog, gallai'r pethau hyn, a oedd yn fynegiant o ysbryd
y genedl, fodoli ar wahân i'r iaith Gymraeg. Byddai gennym wlad i'w
charu wedi i'r iaith ddistewi a mynd yn fud:

> Pur wladgarwch, rhinwedd yw
> A roed yng nghalon dynolryw:
> Os aiff yr iaith Gymraeg yn fud,
> Caiff Saesneg ganu: Oes y Byd
> I bur Wladgarwch Cymru fyw.[7]

Credai y gallai'r mwyaf hanfodol Gymraeg o'n cynhyrchion diwyllian-
nol ni, y gynghanedd ei hun, barhau heb yr iaith:

> Barnwyf y bydd y gynghanedd byw pe bai y Gymraeg yn
> marw. Y bydd yn hawdd ei himpio mewn cyflwr anmherffaith
> ar ganghenau y Saesneg... Yr wyf yn gobeithio y bydd i bob
> Cymro o hyn i ddydd brawd, os bydd iddo ysgrifenu caneuon
> Saesneg o gwbl i'r dyben o gael eu canu ar ein prif alawon, y bydd
> iddo gadw ei olwg ar *gynghanedd*. Ystyriaf y tir hwn yn un
> anmhrisiadwy. Dyma fan lle geill caneuon Cymreig yn yr iaith
> Saesneg gadw i fyny eu cenedloldeb eu hunain er gwaethaf y
> cyfnewiad mawr sydd yn bygwth arnom.[8]

A phan ddaw bardd mawr y Cymry ryw ddydd, i 'ddangos ein syniadau
ar glawr gwlad, yng ngŵydd pobloedd ac ieithoedd eraill'[9] fe ddichon
mai yn Saesneg y bydd yn llunio'i gerddi. Ond bydd 'calon ei gydbobl'
yn dal i guro er hynny:

Fe allai hefyd, y bydd yr hen Gymraeg wedi myned i ffordd yr holl ddaear o henaint a musgrellni, cyn cyfyd ei seren ef ar Wyllt Walia, ond y mae yn neddf pethau iddo ddod ryw bryd, oblegid *rhaid* i genedl mor farddonol, a gwlad mor ramantus yru allan ei blaguryn mawr. Dyn fydd ef a *gynrychiola galon* ei gydbobl...[10]

Dywedodd un o gyfeillion a chyd-Fanceinwyr Ceiriog, y cenedlgarwr diwyro hwnnw, R. J. Derfel, beth digon tebyg. Mewn erthygl yn dadlau achos Prifysgol i Gymru, a honno'n Brifysgol Gymraeg, cawn ganddo'r geiriau hyn:

Os ydym, fel Cymry, yn ormod o Saeson i ddysgu pethau Cymreig yn Gymraeg, dysgwn bethau Cymreig yn Saesneg. Hyd yn oed â chaniatáu yr â'n gwlad rywbryd yn Seisnig, ni ddylem esgeuluso ei hanes a'i llenyddiaeth, yn hytrach dylem eu cadw yn loyw, a'u paratoi i ddod yn Saeson gyda ni pa bryd bynnag yr awn yn Saeson ein hunain.[11]

Nid prysuro tranc y Gymraeg oedd bwriad Ceiriog nac R. J. Derfel wrth siarad fel hyn, wrth reswm. I'r gwrthwyneb, y mae gwaith y ddau, drwodd a thro, yn ddrych o'u hewyllysgarwch tanbaid tuag ati. 'Pe gallwn, mi sicrhawn oes y byd i'r iaith Gymraeg. Mae llawer iawn o bethau eraill a wnawn, pe gallwn; ond nid enwaf ragor ohonynt yn awr: hwn a gaiff fod yn faen clo yn bresennol – Anfarwoldeb i'r iaith Gymraeg',[12] meddai R. J. Derfel. Yn hytrach, adlewyrchu y mae eu geiriau ddwy wedd ar syniadaeth y cyfnod. Y gyntaf yw'r hyn y buwyd yn ei drafod eisoes, sef bod i galon y Cymry, yr ysbryd neu'r Volksgeist a gâi fynegiant yn ei diwylliant cyfan hi, fodolaeth a oedd yn annibynnol ar yr iaith. Yr ail yw'r gred gyffredinol mai marw fyddai hanes y Gymraeg yn y pen draw, er gwaethaf ei ffyniant ymddangosiadol hi. Yr oedd bron filiwn o bobl, mwy nag erioed o'r blaen, yn ei siarad hi, fel y dywed Ceiriog ei hun wrthym; ond er i eiriau R. J. Derfel 'oes y byd i'r iaith Gymraeg' droi yn slogan poblogaidd, slogan gwag, diargyhoeddiad ydoedd i lawer yng Nghymru yn ail hanner y ganrif ddiwethaf. Tua diwedd ei oes, canodd Ceiriog gân sydd gyda'r dristaf yn ei waith i gyd. Yr oedd mewn pwl o ddigalondid ar y pryd wedi colli hen gyfaill iddo, Glan Alun. Eithr y mae mwy na hiraeth personol yn y gân goffa a ganodd iddo; gwelir ynddi hefyd anhapusrwydd dwfn un a wêl y gymdeithas a'i magodd yn dadfeilio o flaen ei lygaid. Cofia am Glan

Alun yn dod i bregethu 'i bentre'm genedigaeth', a myfyria ar y newid iaith a ddigwyddodd oddi ar hynny:

> Pan roddaist bregeth Seisnig i foddio'r mawrion wŷr,
> Fe gadwodd nain o'r oedfa rhag ofn y syrthiai'r mur!
> Ond dan y bregeth Saesneg fe safodd nhaid fel dur;
> Pa iaith sydd yno heddyw? er gofid ac er cur,
> Saesneg i gyd Glan Alun, Saesneg, Saesneg pur!

Y mae'r pennill nesaf yn ddadlennol. Yn sgîl diflaniad yr iaith, gwêl Ceiriog fod newid wedi digwydd hefyd yn ysbryd y bobl. Lladdwyd y peth byw gyda'r iaith:

> Beth bynag ydyw'r achos, does yno fawr o dân,.
> Yn yr hen areithfa heddyw; mae'r bobol ar wahân
> Oddiwrth eu hiaith naturiol – pob gweddi a phob cân
> Yn marw ar y wefus, mewn geiriau meinion mân;
> A marw ar ol eu gilydd y mae'r hen Gymry glân![13]

Yn ei ddigalondid, cafodd weledigaeth a oedd yn rhydd o'r optimistiaeth wag y byddai yn ei harddangos fel arfer gerbron y byd. Gwelodd mai rhyngweithiad cymdeithas arbennig, ei hiaith, ei harferion a'i syniadau oedd y 'galon' y soniai amdani, ac na fyddai'r galon honno byw pe tynnid oddi wrthi yr hyn oedd yn rhan hanfodol ohoni.

Cipdrem ar y gwirionedd sylfaenol a lechai yng ngwaelodion bodolaeth Ceiriog a gawn yma. Llwyddai, bron bob tro, i osgoi gwirioneddau anghysurus o'r fath. Yn wir, credai y dylid osgoi canu'r hyn a allai roi dolur i'w ddarllenwyr. Nid peth a godai'n naturiol, pan fyddai hynny'n addas, oedd optimistiaeth iddo, ond ffordd o edrych ar y byd y dylid ei choleddu'n ymwybodol. 'Hyd y gellir, creder fod pob peth yn hardd, pob peth yn anwyl, a phob dyn yn *dda*'.[14] Ac nid agwedd meddwl wedi ei gwreiddio yn optimistiaeth gyffredinol Oes Victoria mo hon chwaith mewn gwirionedd, er bod i hynny ei le yn y patrwm. Yn hytrach, codi a wnâi optimistiaeth canu gwladgarol Ceiriog o'r angen am gadw wyneb. Rhaid oedd gosod darlun arbennig o Gymru, darlun teg a gobeithiol, gerbron ei gydwladwyr a cherbron y byd – a'r 'byd', i bob pwrpas, oedd Lloegr. Corff o bropaganda yw canu gwladgarol Ceiriog, a luniwyd, yn gyntaf, i oleuo'r Cymry ynghylch mawredd eu gorffennol, i ddwyn perswâd arnynt i ymfalchïo ym mhresennol eu gwlad ac i obeithio am ei dyfodol; yn ail, i geisio argyhoeddi'r Saeson hwythau y dylid parchu'r Cymry yn hytrach na'u pardduo; ac yn drydydd, i osod rhaglen ddiwylliannol a syniadol gerbron y Cymry a fyddai'n eu galluogi i gyd-fyw'n ddedwydd â'r Saeson.

Sylwn yn gyntaf ar y peth olaf hwn. Hanfod y rhaglen a gynigiai yw cymathu ac ymdoddi. Cofleidio dwy iaith a dau ddiwylliant yw ei neges. Pan luniodd Elfed ei draethawd ar Ceiriog ar gyfer Eisteddfod Genedlaethol Wrecsam, 1888, canmolodd yn arbennig y wedd hon ar bropaganda Ceiriog. 'Pan ganodd ef ei gynghor dedwydd – "Siaradwch y ddwy" – oni ragflaenodd y symudiad sydd ar droed i wneud plant Cymru yn Saeson heb iddynt beidio bod yn Gymry?' Mynnai Ceiriog bwysleisio fod undod llwyr yn bodoli rhwng y Cymro a'r Sais, a hynny yng nghysgod ymerodraethol Prydain Fawr:

> ... croeso go boeth gaiff y gelyn
> A ddaw rhwng John Jones a John Bull
> Bethbynag a ddaw o'r hil ddynol,
> Fe fydd teyrnas Gwlad Prydain yn gre':
> John Jones a John Bull ydyw'r bobol
> Allant gadw'r hen fyd yn ei le.[15]

Drwy gymryd arno fantell Sais – ie, hyd yn oed y 'bugail bach' ar Fwlch Craig Ferwyn, sy'n mynnu ei fod yn 'Sais *a* Chymro, Syr',[16] gallai'r Cymro deimlo ei fod yn aelod o'r genedl a oedd yn arwain y byd mewn grym a chyfoeth. Mae geiriau'r bugail yn adlais o eiriau Talhaiarn yntau: 'I am an Englishman too'. A holl sylfaen meddwl Ceiriog yw bod modd cael undod heb i Gymru golli ei chymeriad. Eithr y mae'r undod hwnnw yn dibynnu ar gymathu o du'r Cymro, ar ei barodrwydd ef i beidio â bod yn uniaith Gymraeg:

> Wel dos i'r byd a llwydda
> I anrhydeddu Gwalia;
> Dysg iaith dy fam yn gyntaf un,
> Ac wedyn iaith Victoria.[17]

Yr oedd gwladgarwch Ceiriog felly yn cynnwys y syniad o gymathu â'r Saeson yn emosiynol, yn wleidyddol, ac yn rhannol yn ieithyddol. Prin bod angen pwysleisio poblogrwydd y syniad. Y mae barddoniaeth a rhyddiaith y cyfnod yn llawn o ymhyfrydu yn y berthynas Brydeinig, ac o ymfalchïo yn llwyddiant y Frenhiniaeth a'r Ymerodraeth. Anodd iawn wedi'r cyfan oedd gwrthsefyll, yn emosiynol ac yn ymarferol, y fath rym. Cyfeiria Talhaiarn at 'the great English nation whose flag waves in every sea'.[18] Onid gwell, meddai, yw i'r Cymry fod yn rhan ohoni? 'Perhaps it is better for us that Wales should now be an integral portion of the greatest nation in the world'.[19] Felly'n union y gwelai Ceiriog hi, a'i gydwladwyr gydag ef.

Ar un olwg, nid yw'n syn i Geiriog ymaflyd yn frwdfrydig yn yr athroniaeth unoliaethol hon. Yr oedd amgylchiadau ei fywyd yn ei dueddbennu at hynny. Ni allai llanc a faged yn Nyffryn Ceiriog beidio â bod yn ymwybodol iawn o ddwy wlad, a'r rheini'n bodoli yn agos iawn at ei gilydd. Gall amgylchiadau fel hyn roi min ar ddieithrwch weithiau, ond yn achos Ceiriog ei liniaru a wnaeth. Yr oedd ei fam, Phoebe Hughes, yn lled rugl ei Saesneg, meddir, yn sicr yn fwy rhugl na mwyafrif ei chymheiriaid yn Llanarmon. Aeth John Hughes i Loegr yn ifanc ac ymsefydlu yno yn y ddinas y gellir yn deg ei hystyried yn brifddinas y Lloegr ddiwydiannol, bwerus, ymerodrol. Mwy na hynny, wedi iddo fynd i weithio ar y rheilffordd, daeth ef ei hun yn was i un o'r datblygiadau newydd a oedd yn hanfodol i ffyniant diwydiannol a masnachol Prydain. Dysgodd John Ceiriog Hughes edrych ar Gymru, os nad fel Sais, yna fel Cymro alltud a oedd yn un o ddinasyddion gweithredol yr Ymerodraeth.

Un o fanteision y syniad unoliaethol hwn oedd osgoi anghysur a pheryglon y meddylfryd gwrthryfelgar. Mae'r syniad y gallai Cymry Oes Victoria godi mewn gwrthryfel milwrol yn erbyn Coron Lloegr yn un cwbl chwerthinllyd, ond rhaid cofio ar yr un pryd bod gwrthryfel cenedlaethol yn y gwynt yn Ewrop ar y pryd. Cyfeiria Ceiriog ei hun yn ei gerddi at Cavour a Garibaldi, dau o arweinwyr y mudiad i greu Eidal unedig. Trwy derfysg milwrol y crewyd yr Eidal. Gwyddai Ceiriog yn iawn hefyd am y terfysgoedd yn Hwngari, ac am y cenedlaetholwr alltud o arweinydd, Kossuth. Lluniasai R. J. Derfel bryddest i'r gwron hwnnw yn 1852, gan gipio gwobr Cymdeithas y Cymreigyddion ym Manceinion: un arwydd yn unig o ddylanwad yr Hwngariad ar dwf y meddwl cenedlaethol yng Nghymru. 'Yr oedd y gwladgarwr Hungaraidd bydenwog Kossuth fel seren oleu yn ffurfafen Ewrop wedi tanio llawer enaid a'r athrawiaeth anfarwol o "hawl pob cenedl i lywodraethu ei hunan"' meddai Michael D. Jones mewn ysgrif ar 'Ymreolaeth i Gymru' yn *Y Celt* ym Mawrth 1890. Ac os oedd gwrthryfel cenedlaethol yn ffaith yn Ewrop, peth byw yng Nghymru oedd terfysgoedd cymdeithasol canol y ganrif, helyntion Beca a'r Siartiaid. Nid oedd a wnelo'r rhain yn uniongyrchol â chenedlaetholdeb, ond ar yr un pryd yr oedd elfen o wrth-Seisnigrwydd ymosodol ynddynt. Gwrthwynebai dilynwyr Beca bod Saeson uniaith mewn swyddi yng Nghymru. Mynegodd un o'i meibion ei neges fel hyn:

> it is shamful thing for us welshmen to have the sons of Hengist have a Dominion over us, do you not remember the long knives, which Hengist hath invented to kill our forefathers and you may depend that you shall receive the same if you will not give up when I shall give you a visit.[20]

A theimlai Henry Richard yntau ryw orfodaeth i hanner ymddiheuro am fod y Cymry'n dal i gofio am Arthur, Myrddin, Brad y Cyllyll Hirion, 'er mwyn cynnal ei ddadl mai Cymru oedd y wlad dawelaf a theyrngaraf ym Mhrydain a'r Ymerodraeth Brydeinig', chwedl Gwenallt.[21] Nid anodd deall ei ymateb, o gofio y gallai Talhaiarn, hyd yn oed, gyfaddef ei fod unwaith yn coleddu teimladau ffyrnig o wrth-Seisnig: 'When a mere boy, I used to wish myself a warrior with a hundred thousand men at my command, that I might lick the Saxons into the sea, and regain possession of the fertile lands of our forefathers'.[22]

Y mae, weithiau, ryw sŵn bach hanner ofnus yng ngeiriau Ceiriog. Y gwir yw ei fod yn ymwybodol y gallai teimladau gwrthryfelgar fod yn llechu ym mron y Cymro, a bod yn rhaid osgoi megino'r tân. Gwrandewch, er enghraifft, arno'n cyfiawnhau'r ffordd yr ymdriniodd â chyflwyno mab Edward I i'r byd yn Dywysog Cymru yng Nghastell Caernarfon, yn 'Cantata Tywysog Cymru', (a luniwyd ar gyfer Eisteddfod Genedlaethol Caernarfon, 1862):

> Barnu yr oeddwn fod y cyfarfod a fu rhwng Iorwerth I a'r pendefigion Cymreig yn drylawn o ddyddordeb, ac y buasai dwyn plot i amgylchiad mor bwysig, pan ymadawodd y deyrnwïalen o ddwylaw ein tadau yn rhoi lliw y chwareudy ar un o'r darnau mwyaf cysegredig yn hanesyddiaeth ein hanwyl wlad. Hawdd iawn fuasai gwneyd plot; oblegyd fe addawyd tywysog Cymreig i ni – yn lle hyny cawsom fab y brenin Iorwerth. Yr oedd un boneddwr yn dywedyd wrthyf am wneud plot o'r twyll dichellddrwg hwn. Mae yn syn dweyd fod y Cymro hwnw yn un o ddeiliaid mwyaf teyrngarol Victoria, yn un o edmygwyr penaf y tywysog presenol, ac yn awyddus fel pob Cymro twymgalon arall am gadw yr Eisteddfod yn anrhydeddus. Eto nid oedd yn gweled dim allan o le yn y plot a gynygiai. Pe bai yr Eisteddfod

108

am godi y genedl i wrthryfel, y mae yn anhawdd meddwl am un cynllun mwy priodol i hyny na pherfformio y plot a gynygiai y boneddwr hwnw.[23]

Gwyddai Ceiriog yn iawn fod i gof cenedl rym a allai gyffroi ei phobl. Ei ddewis ymwybodol ef oedd osgoi'r perygl hwnnw. Yr oedd ef am gynnig dehongliad arall ar hanes i'w gyd-Gymry, dehongliad oedd â'i wraidd yn yr angen am 'gadw... yn anrhydeddus' gerbron y byd. Osgoi sôn am yr hyn oedd yn darfus neu'n anghysurus oedd un ffordd o wneud hyn, fel y gwelsom; ffordd arall oedd pwysleisio'r bendithion a ddeilliai o ymwrthod â'r ysbryd gwrthryfelgar. Dyna a wnaeth Talhaiarn yn ei awdl anfuddugol, 'Albert Dda', yn 1863:

> Mewn gwledydd tramor gwelir gororau
> Llawn o derfysg a'u llonaid o arfau...
>
> Mae Llan a Thref mewn tangnefedd
> Yn fannau clyd, heb ofn cledd.

Un o ddibenion Ceiriog wrth lunio 'Cantata Tywysog Cymru' oedd 'cydnabod y bendithion a dderbyniodd Gwalia trwy ei hundeb â choron Lloegr'.[24] Yr undeb hwn oedd i dra-arglwyddiaethu ar feddwl a dyheadau gwleidyddol y Cymro. Yr oedd pwysleisio hyn gerbron ei gyd-Gymry yn rhan o genhadaeth Ceiriog:

> Fel Cymry gonest gadewch i'n ddweyd,
> Mai ni ein hunain sydd yn gwneyd,
>   Ein gwlad i wrthryfela...
> Mae Iorwerth Lloegr am weinio'r cledd,
> Am wneyd cyfamod a sefydlu hedd...[25]

A chofier nad heddychwr mo Ceiriog. Gallai ganu llinellau fel 'Brydein-iaid! dysgwch roi /Eich bysedd wrth y gwn' pan welai'n dda.[26] Yng nghyd-destun *Cymru* y gwelai bethau'n wahanol. Yn y cyd-destun hwnnw, ufudd-dod a theyrngarwch i'r Goron oedd popeth. Fel Henry Richard, cynnal delwedd yr oedd: Cymru lân, Cymru lonydd. A phe llwyddai'r Cymry i fyw yn unol â'r ddelwedd, yna caent eu gwobr mewn byd di-boen a diberygl:

> Nid oes dim yn ein hanesiaeth ni, ar ôl amser Owain Glyndwr, i gyffroi y bobl i wrthryfel... Dïolch i drefn yr Hollddoeth, gallwn heddyw ganu faint a fynom o ryfelganau Cymreig... heb fawr o berygl angeu, na charchar, nac un math arall o gospedigaeth.[27]

Eithr llechai ambell hedyn o wrthryfel hyd yn oed ym mron Ceiriog ei hun. Yn awr ac yn y man, cawn gipolwg sydyn ar ryw wrth-Seisnigrwydd greddfol a oedd yn rhan o'i gyfansoddiad yntau:

> Er mwyn ein twyllo, fel erioed,
> Beth ddarfu'r Saeson croch...[28]

Mae'r 'fel erioed' bach yna'n dweud llawer, fel y gair 'gelyn' yn y brawddegau hyn, lle y mae'n sôn am lunio geiriau Saesneg i alawon Cymreig: 'Ond gyda chaneuon Saesneg... dyma ni y pryd hyny yn ymladd â'r gelyn ar *ei dir ei hun'*.[29] Gwyddai Ceiriog yn dda ddigon mai creadigaeth ddethol, fwriadus oedd ei olwg ef ar hanes Cymru, creadigaeth a oedd yn anwybyddu rhai ymatebiadau greddfol, ymatebiadau a oedd yn rhan ohono yntau hefyd, i ddigwyddiadau'r gorffennol a'r presennol fel ei gilydd.

Eithr fe ymatebodd ei gyfaill R. J. Derfel i ddigwyddiadau'r presennol hwnnw, a chanu i gyffroi a wnaeth ef. Nid oes dim sy'n dangos yn gliriach natur canu Ceiriog na chymharu ei gerddi ef â rhai o gerddi Derfel. Tua'r un adeg ag yr oedd Ceiriog yn cyfansoddi 'Cantata Tywysog Cymru', yr oedd ef yn llunio cân wrthryfelgar fel hon (o'i gasgliad Saesneg, *Songs for Welshmen*, 1865), dan y teitl 'Old Tollgates, I hate you':

> I wish I could make you
> A heap mountain high
> On the top of old Berwyn
> That I might apply
> A spark that would swiftly
> Reduce your bulk
> And send your spirits
> To Hades to sulk.
>
> But that I can never
> Accomplish, I know
> And yet I will tell you
> Be ready to go:
> For yon grows a spirit
> To be your foe
> And he will demolish
> You all with a blow.

A thra oedd Ceiriog yn llawenhau nad oedd 'dim yn ein hanesiaeth ni... i gyffroi y bobl i wrthryfel', wele R. J. Derfel yn ymwrthod, yn y gerdd 'Fy ngwlad, Fy ngwlad!' â'r hyn a ystyriai ef yn ganu celwydd am Gymru. Celwydd, medd ef, yw i'r beirdd honni mai gwlad ddedwydd yw Cymru, canys nid y Cymry biau hi o gwbl, ond y meistri tir:

> Tra byddo ein gwlad o gwr i gwr
> Yn eiddo arglwyddi tir
> Na chaned Cymro wladgarol gerdd
> Heb ynddi frawddeg o wir;
> Yn hytrach dadganer rhyfel gan
> I gasglu y Cymry yn nghyd
> I ymladd a'r gelyn am y tir
> Nes enill y wlad i gyd.[30]

Pwrpas canu'n wladgarol i R. J. Derfel felly yw 'dadganu rhyfel gan' a'r rhyfelgan honno yn ymwneud â'r presennol peryglus, nid â'r gorffennol pell. Yn sicr, bwriad gwahanol iawn oedd i'r rhyfelgan yng ngolwg Ceiriog, fel y gwelsom: yr unig deimlad y mynnai ef ei gyffroi oedd gwladgarwch niwlog – cynnes, bid siŵr, ond amhenodol ac anymosodol. Lleisiodd R. J. Derfel ei brotest ar faterion y dydd – helyntion Beca, gormes y meistri tir, rhyddfreiniad a Rhyfel y Degwm – ac y mae'r brotest gymdeithasol yn un â'r brotest genedlaethol yn ei ganu. Trwy'r cyfan, ei fwriad oedd ennyn fflam gwrthryfel yng nghalonnau ei gydgenedl:

> Gymry, lledwch eich llygaid
> A gwelwch eich sarhad
> Teimlwch y beichiau trymion
> A bwysant ar eich gwlad;
> Unwch i godi baner
> Baner y codi mawr –
> Drylliwch y llyffetheiriau,
> Taflwch bob baich i lawr.[31]

Ond ni fynnai R. J. Derfel hyd yn oed wrthryfela yn erbyn y Goron. 'Yr ydym yn falch fel Cymry o'n Tywysog' meddai.[32] '*Ein* Tywysog', sylwer. Deuwn yma at un o'r cysyniadau llywodraethol yn agwedd Cymry'r ganrif ddiwethaf at ein hanes, a phwnc y mae Ceiriog yn rhoi cryn sylw iddo. Os trown yn ôl am funud at ei ragymadrodd i'r *Cantata*, fe welwn sut y datblygodd y cysyniad. Y mae'n cydnabod mai 'twyll dichellddrwg' fu i Edward gyflwyno baban o Sais i'r Cymry yn dywysog. Ond ar yr un gwynt, y mae'n disgrifio'r digwyddiad fel un o'r rhai mwyaf cysegredig yn ein hanes. Gallai Ceiriog ddefnyddio'r gair 'cysegredig' am ei fod yn gweld gweithred Edward yn ddechreuad ar rywbeth tyngedfennol bwysig. Trwy'r weithred honno, sefydlwyd tywysogaeth 'Gymreig' a oedd yn dderbyniol i'r Saeson ac a allai, felly, dim ond i'r Cymry hefyd ei derbyn, arwain at ddau beth. Heddwch oedd un, y bywyd digynnwrf y rhoddai Ceiriog gymaint o bwys arno. Fel y dywed yn y gân 'Tywysog Cymru':

> Diddymer cofion câd
> Rhwng teyrn a theyrn, a gwlad a gwlad,
>   Yr hen amseroedd gynt;
> Llumanau 'Undeb' sydd
> Ar dyrau Cestyll Prydain rydd,
>   Yn chwareu yn y gwynt.[33]

Yr ail oedd bod sefydliad Cymreig yn cael ei greu, sefydliad a oedd yn cydnabod bodolaeth cenedl y Cymry. Nid oedd y ffaith mai Sais anghyfiaith oedd y tywysog yn bwysig, o'i chymharu â'r ffaith fod Cymru, drwyddo ef, yn cael ei chydnabod yng ngolwg y byd. Troes Tywysog Cymru, yng ngolwg Ceiriog a'i gyfoeswyr, yn symbol, nid o arwahanrwydd y Cymry mae'n wir – byddent yn ymgroesi rhag hynny – ond o'u harbenigrwydd a'u gwahanoldeb. Daeth y Tywysog yn ganolbwynt eu gwladgarwch Cymreig.

Peth digon naturiol, felly, oedd ceisio llunio Anthem Genedlaethol i Gymru, a'r Tywysog yn destun iddi. I'r diben hwn y lluniodd Ceiriog eiriau 'Tywysog Gwlad y Bryniau', oherwydd er bod 'Hen Wlad fy Nhadau' wedi ei chyhoeddi er 1858, ni ddaethpwyd i'w hystyried yn anthem genedlaethol am rai blynyddoedd, ac yn raddol, o ganol y saithdegau ymlaen, y digwyddodd hynny. Tybiaf hefyd nad 'Tywysog Gwlad y Bryniau' oedd ymgais gyntaf Ceiriog i lunio anthem. Yn ei ail gasgliad, *Oriau'r Bore*, a gyhoeddwyd yn 1862, ceir cân ganddo dan y teitl 'Hir Oes i'r Frenhines'. Lluniwyd hi ar yr alaw 'Hen Lan Meddwdod Mwyn', ac y mae'r hyn sydd gan Ceiriog i'w ddweud am yr alaw yn arwyddocaol: 'Mae hynafiaeth mawr, prydferthwch mawreddus a bythol-newydd a phoblogrwydd yr 'Hen Lan Meddwdod Mwyn' ar bob aelwyd Gymreig... wedi achlysuro er's rhai blynyddoedd bellach, iddi gael ei galw yn fynych yn Anthem Genedlaethol Gymreig'.[34] Cyfansoddodd yntau eiriau a fyddai'n gweddu i anthem o'r fath. Un peth sy'n arwyddocaol ynglŷn â'r geiriau yw iddo neilltuo un o'r penillion ar gyfer Tywysog

Cymru. Mae'r pennill yn adlewyrchu'r ymdeimlad o arbenigrwydd perthynas rhwng Cymru a'r Tywysog:

Mae calon Pumlumon yn adsain o bell,
A chreigiau'r Eryri yn d'weud, henffych well;
Maddeued cyfeillion os ydym ni am
Ro'i *Hir oes i'r T'wysog* yn anthem ei fam!
O bydded Brenines yr hen Ynys Wen
Yn fendith i'r ddaear tan fendith y nen,
Yn fendith i'r ddaear tan fendith y nen.

Ond ni ddaeth unrhyw boblogrwydd na sylw arbennig i ran y gân. Fel arall y bu hi yn hanes 'Tywysog Gwlad y Bryniau'. Daeth y fersiwn Saesneg, gan George Linley, yn eithriadol o boblogaidd yn Lloegr: 'Its success was stupendous and immediate. The new anthem became the musical feature of the London season' meddai'r *Kensington News* ym mis Ionawr 1870. Canlyniad cydweithio rhwng Ceiriog a'r cerddor Brinley Richards oedd yr anthem. Cawn hanes y cyfansoddi gan Ceiriog:

The National Eisteddvod held in Carnarvon Castle, August 26th to 30th 1862, was brought to a close by performing Owen Alaw's "Prince of Wales Cantata" (published by R. Hughes & Son). I had written this Cantata at the request of the General Council of '*Yr Eisteddfod*', to commemorate the birth of the first Prince in that castle, referring to the coming of age of His Gracious Majesty Albert Edward, our present illustrious Prince. On the morning following the Eisteddvod Mr Brinley Richards and myself happened to call at the same time at the office of the "Carnarvon and Denbigh Herald", to obtain that day's paper containing, full report of the National festival and the evening concerts. He congratulated me for having written the words of the cantata, which, he stated had given him some satisfaction. I replied that my share of honour could be but small, and attributed the immense success of its performance, firstly to the composer of the music, secondly to the enthusiasm then existing generally throughout the United Kingdom on the advent of the coming of age of his Royal Highness the Prince of Wales. The ability of the choir and the historical associations of the place where the Cantata was performed were also referred to. This led to further conversation, during which one of us said that His Royal Highness was not only coming of age, but was reported in the papers to be married shortly to the Princess Alexandra of Denmark. The Principality, since its union with England, had no appropriate

National Anthem, but the high tide of overwhelming enthus-
iasm was approaching, and we decided to have something to
launch, for there was a tide for songs as well as fortunes. I then
expressed a wish that Mr. Richards would kindly compose
music to suitable words for a national song, which I would
endeavour to furnish him. The words were forwarded in due
course, and were shortly returned to me with the music. Llew
Llwyfo and several friends of mine sang them in public concerts
for two months before the English version was written. In fact
the song was intended to be purely a Welsh one, and the idea of
obtaining an English version was an after-thought which
naturally suggested itself to the composer when he was about
arranging with the publishers to buy the copyright.[35]

Cyfranogai Ceiriog ei hun o'r 'high tide of overwhelming enthus-
iasm' o blaid y Tywysog, a defnyddiodd ei ganeuon yn bur helaeth i
hyrwyddo'r brwdfrydedd hwnnw. Yr hyn y dylid ei bwysleisio yw mai
brwdfrydedd o blaid Cymru ydoedd yn y bôn, yn ôl ei ffordd ef o
edrych ar ddatblygiad hanes.

Ystyriai Ceiriog felly fod y digwyddiad hwn yng Nghaernarfon yn un
o binaclau hanes Cymru, a'r lles a ddeilliodd ohono yn ddigon i wneud
iawn hyd yn oed am golli'r Llyw Olaf:

> Yn nghanol prudd-der mawr
> Llewelyn olaf aeth i lawr,
>   Fel machlud haul prydnawn;
> Ac i'r dyfodiant du,
> Am deyrn edrychai Cymru gu
>   Yn anobeithiol iawn.
>
> Ond ni bu'r dwyster hwnw'n hir;
>   Yn Arfon cododd un
> Rodd win i galon Gwalia dir,
>   Gan ddywed 'Eich dyn, Eich dyn'.[36]

Pinacl mawr arall Hanes Cymru oedd dyfodiad y Tuduriaid i'r Orsedd
– a sylwer, yn y dewis a wnaeth Ceiriog o ddigwyddiadau hanes, fod y
ddau yn y bôn yn ymwneud â'r un peth, sef uno Cymru a Lloegr dan y
Goron. Pwysleisio undeb y ddwy wlad y mae, eto fyth. Y tro hwn, wrth
gwrs, y mae un gwahaniaeth sylfaenol: gweld Cymru'n cael goruch-
afiaeth y mae Ceiriog yn awr, a hynny'n unol â'r ffordd y bu beirdd a
haneswyr Cymru'n edrych ar y digwyddiad hwn drwy'r cenedlaethau.
Neilltuodd ddwy o'i gerddi hir i drafod yr hanes (yn ogystal â'r gân fer,

'Maes Bosworth'). Yn y 'Rhiangerdd' 'Syr Owen Tudor a Chatrin o Ffrainc', pwysleisir mai arwyddocâd priodas y ddau yw bod y ffordd yn cael ei pharatoi at y fuddugoliaeth fawr oedd i ddod: 'y fath fendith i Gymru, y fath fendith ar deuluoedd York a Lancaster a'r byd, ydoedd terfyn y garwriaeth a goffeir yn y Rhiangerdd hon'.[37] Yn 'Syr Rhys ap Thomas' yr un yw'r byrdwn:

> Bosworth goronodd ein brenin ni
> Bosworth derfynodd Ryfelau'r Ddeuros:
> Bosworth ddechreuodd ein gwladol fri ...[38]

Ac yn yr Olysgrif i'r gerdd, fe gawn gip unwaith eto ar sylfaen ei athroniaeth hanesyddol: 'Yn nghoroniad Harri'r Seithfed ar y maes... y dechreuodd ein cyfnod dedwydd o dan y goron Brydeinig'.[39] Dedwyddwch yr uniad yw ei neges waelodol o hyd ac o hyd.

Ar ben hynny, yr oedd pob gronyn o gysur y gellid ei gynnig i Gymry'r bedwaredd ganrif ar bymtheg yn seicolegol bwysig. Cenedl wedi ei maeddu oedd hi, gan y sen a'r anghlod a fwrid arni yn gyson gan y Saeson. Y mae Hywel Teifi Edwards wedi ymdrin yn olau eisoes â rhai o gerddi Ceiriog, 'Myfanwy Fychan' ac 'Alun Mabon' yn arbennig, fel ymateb anuniongyrchol i'r beirniadu a fu ar safonau moesol a chymdeithasol Cymru yn y Llyfrau Gleision.[40] Ymatebodd Ceiriog yn uniongyrchol hefyd, yn 'Carnfradwyr ein Gwlad'. Pymtheg oed oedd Ceiriog pan ymddangosodd y Llyfrau yn 1847. Yn ail lyfr Ceiriog, *Oriau'r Bore*, 1862, yr ymddangosodd y gerdd. Nid ymateb ar y pryd ydyw felly, ond prawf o'r ffaith fod y Llyfrau Gleision yn dal i ddolurio'r Cymry flynyddoedd yn ddiweddarach. Pan gyfansoddodd Ceiriog 'Carnfradwyr ein Gwlad' ymateb yr oedd mewn gwirionedd i ddarn o hanes. Hanes diweddar, bid siŵr, ond hanes a oedd eisoes wedi magu peth o arwyddocâd myth, a hwnnw'n fyth a oedd yn gweithredu'n nerthol yn ymwybyddiaeth genedlaethol y Cymry. Oherwydd hyn, peth naturiol i Ceiriog (ac i R. J. Derfel o'i flaen) oedd gosod y Llyfrau Gleision yn llinach y mythau brad eraill a fodolai yn hanes Cymru. Ac am unwaith mewn cerdd gyfoes neu led-gyfoes ei chefndir, fe adawodd Ceiriog i deimladau gwrth-Seisnig gael mynegiant:

> Mae brâd a thwyll tan fantell gras,
> Yn epistolau'r Llyfrau Glas:
> Ac o'm rhan i, fe ro'wn goffad
> O'r 'tri ysbiwŷr' mewn Triad brad.

> Mae mil fel Medrawd, y dyddiau hyn
> Yn troi i ochri llu'r 'March Gwyn',
> Os na ryfelant, hwy wawdiant wlad
> Ac iaith fawreddus eu mam a'u tad.[41]

Eithr nid yn ymosodol fel hyn, ond yn ofnus ac yn hunan-amddiffynnol yr ymagwedda Ceiriog fel arfer tuag at y Saeson. Dôi pob agwedd ar fywyd y Cymry dan y lach yn y cyfnod: eu hanes, eu hiaith, eu crefydd, eu moesau, eu deallusrwydd, eu Heisteddfod. Dyma i chi gŵyn Rowland Williams o Fynydd Helygain, 'Goronva Camlann', er enghraifft, yn 1846 (cyn cyhoeddi'r Llyfrau Gleision, sylwer; nid yn y fan honno y cychwynnodd y peth):

> In whichever of the three kingdoms a poor Celt may have
> been born, he can scarcely take up an English newspaper, but
> he finds himself and his birth and kin either disparaged, or, by
> implication, annihilated.[42]

Dychanwyd gwrth-Gymreigrwydd y Saeson gan R. J. Derfel yn 'Peter Simple's Excursion to Wales'. Sais ar daith yng Nghymru yw Peter, yn arddangos ei ragfarn a'i dwpdra ym mhob gair a lefara. Dyma ei agwedd at yr iaith Gymraeg, er enghraifft:

> But I have my opinion yet,
> That Welshmen ought at once forget
>   Their ancient native language:
> Whoever use it in the church,
> Should be rewarded with the birch,
>   Which any one could manage.
> But not the slightest doubt have I
> The Welsh will very shortly die...[43]

Ond wyneb-yn-wyneb â barn y Saeson am Gymru a'r Gymraeg nid dychanu a gwrthymosod oedd ymateb greddfol Ceiriog, er iddo unwaith ddychanu gwaseidd-dra'r Cymry tuag at y Sais dwad yn eu plith yn 'Laurence Lowe'. Rhyw edrych dros ei ysgwydd ar y Saeson y mae o hyd. Y mae rhywbeth yn ymgreiniol drist, er enghraifft, yn y ffordd y cyflwynodd un o'i lyfrau: 'To Alfred Tennyson Esq., Poet Laureate, as a tribute of respect to his talent, and gratitude for the noble manner in which he has treated the Cymric Legends'.[44] Hyd yn oed wrth lunio geiriau Cymraeg i alawon Cymreig, rhaid gofalu na roddir lle o gwbl i'r Saeson wawdio. 'Os gellir hefyd bydded y llinell gyntaf yn hawdd ei chyfieithu i'r Saesneg... y mae papurau Saesneg a chyfieithwyr trwstan yn ein gwlad'.[45] Ac fel un o blant ysbrydol oes Victoria, gofidiai Ceiriog fod y Saeson yn difrïo Cymru oherwydd ei thlodi:

> … Eglwys fach dlawd
> Oedd i'r Saeson yn wawd…[46]

meddai mewn un man. Yn sicr, un o ddyheadau mawr Ceiriog oedd gweld Cymru yn cyfranogi o gynnydd materol a diwydiannol y cyfnod:

> O dowch â'r graig i'r ffwrnes dân
> Gwnawn Gymru fach yn llawn ei banciau,[47]

neu, yn amddiffynnol ei dôn eto fyth:

> A ddywedaist ti fod Cymru'n dlawd
>   Am fod ei Llanau'n llonydd?
> A thithau'th hun yn cloddio, frawd,
>   Ym mryniau aur Meirionydd!
> Mae mwy o gyfoeth tan dy droed,
>   Na ddaeth i galon dyn erioed,
> Anwiredd mwy erioed ni wnawd –
>   Na ddywed byth fod Cymru'n *dlawd*.[48]

Mewn llinellau fel y rhain y mae'r darlun o Gymru yn un gwahanol iawn i'r darlun a goleddir fel arfer o Gymru Ceiriog. Mewn gwirionedd canodd Ceiriog i ddwy Gymru. Cymru 'Nant y Mynydd' oedd un, y Gymru a drosglwyddwyd i'n hymwybyddiaeth ni gan delynegion fel hon, gan 'Alun Mabon', a chan ganeuon tebyg y genhedlaeth o delynegwyr poblogaidd a ddilynodd yn ôl traed Ceiriog. Cymru'r dychymyg yw hi i raddau helaeth, ffrwyth awydd oesol dynion am Arcadia, y baradwys wledig ddihalog:

> Yn ein hoes, byw'n hoew'n hir
> Allan o'r Wlad ni ellir

meddai Ceiriog.[49] Yn ei achos ef, porthwyd y dychymyg gan hiraeth am Gymru. Yng nghanol mwg a mwrllwch Manceinion, hawdd oedd i'r galon ehedeg yn ôl i harddwch a thawelwch Llanarmon. Fe'i porthwyd hefyd gan bethau eraill. Un ohonynt oedd y darlun rhamantaidd o Gymru oedd yn ffasiynol gan rai llenorion Saesneg. Daethant i Gymru ar ddiwedd y ddeunawfed ganrif a dechrau'r ganrif ddilynol fel gwŷr yn teithio i wlad bell, a rhyfeddu at ei harddwch dieithr, mynyddig hi. Yr oedd mynyddoedd yn ffasiynol yng ngolwg rhamantwyr yr oes. Gwyddai Ceiriog yn dda am draddodiadau'r teithlyfrau hyn. Ymhlith y rhai y bu'n eu darllen yr oedd *Tours of Wales* Thomas Pennant, *Beauties of*

England and Wales Thomas Rees, a'r *Vale of Clwyd Handbook*, Clarke. Mae i 'Wyllt Walia' le yn ei ganu yntau.

Bu beirniaid yn dueddol o amau diffuantrwydd Ceiriog pan ganai ei hiraeth am y Gymru wledig, fynyddig hon, ac yn wir, y mae digon o dystiolaeth iddo fwynhau ei fywyd ym Manceinion yn anghyffredin. Cwmnïaeth ddifyr lawen oedd bwysicaf iddo ef, ac ym Manceinion y cafodd honno. Fel y dywedodd yn *Y Bardd a'r Cerddor*, 'Nid oedd oesau bugeiliol ac amaethyddol mor ffafriol i ddigrifwch ag ydyw yr oes hon, sydd mor lawn (sic) o gyfarfodydd a chwmnïau dyddan'.[50] Ym mlynyddoedd olaf ei oes, wedi iddo ddychwelyd i Gymru, hiraethai am y bywyd hwnnw. Dywedodd yn 1882 fod Manceinion 'yn fath o baradwys boreu oes'. 'Pan oeddwn yn byw yn eich dinas ardderchog' meddai wrth aelodau Cymdeithas Lenyddol Moss Side, 'yr oeddwn bob nos yn breuddwydio am feusydd, dolydd, a mynyddoedd Cymru, ac am hen gymdeithion y dyffryn tawel lle'm magwyd. Ar ol dyfod yn ol i'r hyn a elwir gennych chwi yn Walia Wen ac yn Wlad y Gân, prin y bûm flwyddyn ar fin yr Hafren yng ngodreu gwyrddleision Pumlumon, nas dechreuais freuddwydio am Fanchester, a phrin y mae noswaith yn pasio er's pymtheg mlynedd na byddaf yn ymweled â chwi, ac â'ch heolydd godidog ar adenydd cwsg, ac yn ymddiddan â llawer un nad ydynt o gwbl ar dir y byw.'[51]

Yr oedd hiraeth am Fanceinion yn beth byw, oedd, ond peth digon byw hefyd oedd yr hiraeth am y Gymru wledig. Nid creadigaeth lenyddol yn unig ydoedd. Yr oedd Ceiriog yn canu teimladau'r galon ar y pryd. Yr hyn sy'n rhaid ei dderbyn yw mai calon gyfnewidiol oedd honno. Go brin y gellir amau bod argyhoeddiad gwirioneddol y tu ôl i 'Gywydd Llanidloes' dyweder: y mae hoen ac afiaith diamheuol yn y ffordd y cofleidiodd Ceiriog y Gymru wledig pan ddaeth yn ôl iddi.

A beth bynnag oedd cymhellion a theimladau Ceiriog y dyn, saif y greadigaeth farddonol, y darlun o Gymru fel Arcadia, yn ei hawl lenyddol ei hun. Mae hi'n rhan hanfodol, ac arhosol, o ganu Ceiriog. Ond y Gymru arall yn ei ganu fu prif bwnc y ddarlith hon. Nid Cymru'r dychymyg a'r hiraeth mo honno, ond y Gymru yn y byd, a rhaid oedd iddi ddysgu byw dan gysgod 'y pren mawr brenhinol, yr hwn sydd yn estyn ei gangenau hyd eithafoedd y ddaear'.[52]

[1] *Cant o Ganeuon*, 72. Daw'r dyfyniadau o waith Ceiriog o'r tair cyfrol omnibws a gyhoeddwyd gan Hughes a i Fab, Wrecsam, 1911.

[2] *John Ceiriog Hughes* (Wrecsam 1911), 60.

[3] Thomas Jones (gol.), *Tro Trwy'r Gogledd*, (Wrecsam 1958), 90.

[4] Dyfynnir gan J. Glyn Davies, *Burns ac Ingoldsby* (Wrecsam 1931), 13.

[5] *Oriau'r Hwyr*, 14.

[6] 43.

[7] *Oriau Eraill*, 83.

[8] *Y Bardd a'r Cerddor*, 11.

[9] *Cant o Ganeuon*, 44.

[10] ibid.

[11] D. Gwenallt Jones (gol.), *Detholiad o Ryddiaith Gymraeg R. J. Derfel*, (Dinbych 1945), 80.

[12] ibid., 133.

[13] *Oriau'r Haf*, 120.

[14] *Y Bardd a'r Cerddor*, 40.

[15] *Oriau Eraill*, 76.

[16] ibid., 74.

[17] *Oriau'r Bore*, 9.

[18] *Gwaith Talhaiarn* (Llundain 1855), 408. (Araith yn Eisteddfod y Fenni, 1853).

[19] ibid., 390. (Araith yn Eisteddfod Rhuddlan, 1850).

[20] Dyfynnir gan D. Gwenallt Jones, op.cit., 31.

[21] ibid., 31.

[22] loc.cit., 408.

[23] *Cant o Ganeuon*, 130-1.

[24] ibid., 170.

[25] ibid., 123.

[26] *Oriau'r Hwyr*, 103.

[27] *Y Bardd a'r Cerddor*, 35.

[28] *Yr Oriau Olaf*, 135.

[29] *Y Bardd a'r Cerddor*, 11.

[30] *Caneuon* (Manceinion 1891), 16.

[31] Ibid., 31.

[32] D. Gwenallt Jones, op.cit., 132.

[33] *Oriau'r Bore*, 99.

[34] 126.

[35] *Oriau'r Haf*, 14.

[36] *Oriau'r Bore*, 96.

[37] *Yr Oriau Olaf*, 2.

[38] *Oriau Eraill,* 34.

[39] ibid., 36.

[40] *'Myfanwy Fychan' ac 'Alun Mabon',* Darlith Flynyddol Asgell Addysg Bellach y Preseli, 1977 (Aberteifi, 1978).

[41] *Oriau'r Bore,* 124.

[42] Dyfynnir gan Roland Mathias, yn R. Gerallt Jones (gol.), *Dathlu,* Yr Academi Gymreig, 1985.

[43] *Songs for Welshmen* (Bangor 1865), 52.

[44] *Oriau'r Hwyr,* 3.

[45] *Y Bardd a'r Cerddor,* 7.

[46] *Yr Oriau Olaf,* 17.

[47] *Cant o Ganeuon,* 16.

[48] ibid., 23-4.

[49] *Oriau Eraill,* 57.

[50] *Y Bardd a'r Cerddor,* 20.

[51] Gw. Hywel Teifi Edwards, *Gŵyl Gwalia* (Llandysul 1980), 183.

[52] *Y Bardd a'r Cerddor,* 12.

ELFED: EMYNYDD YN EI OES

NID i'n Cymru ni y perthyn Elfed. Wrth i mi baratoi'r ddarlith hon, yr ymateb a gawn gan y canol oed yn ogystal â'r hen pan soniwn am y testun, oedd 'Fe gefais siglo llaw ag Elfed' neu 'Fe glywais Elfed yn pregethu sawl tro', a'r sôn wedyn, bron yn ddi-ffael, am y llais swynol i'w ryfeddu a oedd ganddo. Mae'r presenoldeb corfforol yma gyda ni o hyd rywsut, heb sôn am bresenoldeb gair a meddwl drwy'r emynau. Mae'r emynau hynny yn rhan o wead cof ac ymadrodd nifer fawr ohonom, yn arbennig felly y rheini a faged gyda'r Annibynwyr. Pa ryfedd hynny, o gofio bod dros bedwar ugain o'i gyfansoddiadau yn *Y Caniedydd* (1961) a mwy na hynny wedyn, dros gant, yn *Y Caniedydd Cynulleidfaol Newydd* (1921). Ond fe all yr agosrwydd hwn fod yn gam-arweiniol. Mae cant ac un ar ddeg o flynyddoedd wedi mynd heibio er pan sefydlwyd Elfed ym Mwcle.⁵ Yn 1880, yr oedd Elfed, nid yn blentyn ym Mlaen-y-coed, ond eisoes yn cychwyn ar ei ofalaeth gyntaf. Yn weinidog ifanc, prynodd 'fwy nag un pâr o ddillad' gan Daniel Owen, 'gydag ambell ymgom yn yr ystafell fechan yng nghefn y siop'.¹ Bywyd cyfnod Daniel Owen a ffurfiodd Elfed, a chariodd gydag ef, drwy ei oes faith, lawer iawn o nodau diwedd y bedwaredd ganrif ar bymtheg.

Cafodd Elfed bedair blynedd eithriadol o hapus yn gweinidogaethu ym Mwcle. Ymwelodd â'r eglwys am y tro cyntaf ym mis Mawrth 1880, ac aeth yno am yr eildro ym mis Mai. Mae'n disgrifio'r ymweliadau hyn yn ei atgofion mewn geiriau sy'n ei ddangos 'ar ei elfedeiddiaf', a def-nyddio ymadrodd Tegla:²

> Ym mis Mawrth yr oedd cuwch ar Foel Famau heb nemor wên haul: ond gwên oedd ar y moelydd a dyffryn Alun fis Mai. Gwelais bob gwedd a lliw ar y Foel Famau a'i thŵr, am rai blynyddoedd ar ôl hyn: clywais ambell hwyrnos sŵn dwfn mud

⁵ Darlith Flynyddol Cymdeithas Emynau Cymru am 1991, a draddodwyd ddydd Mercher, 7 Awst 1991, ym Mhabell y Cymdeithasau ar faes Eisteddfod Genedlaethol Bro Delyn.

o'r tu cefn iddo, y dywedid mai atsain ydoedd o ddrycin pell ar y Werydd. Ond bum hefyd ar ei gopa ynghanol mwynder haf a phêrarogl y grug a blodau'r uchelfeydd. Nid yw byth wedi mynd allan o'm bywyd.

Daeth yr alwad, a chredais mai dyna arweiniad cyfrin Ragluniaeth; ac nid oes gennyf le i amau tiriondeb ei llaw na diddosrwydd ei haden. [3]

Bu cyfnod Elfed ym Mwcle yn gyfnod o gynnydd a ffyniant yn hanes ei eglwys. Ymserchodd yr aelodau ynddo ef, ac yntau ynddynt hwythau.[4] Eu henw cynnes a chyfeillgar hwy arno oedd 'the lad', a daliodd i ymweld â'r eglwys am flynyddoedd hir wedyn. Cyfnod o ymffurfio ydoedd i Elfed, ac o ddilyn ei hanes yn ystod y blynyddoedd hyn gwelwn sefydlu patrwm, patrwm arwyddocaol iawn o ystyried ei lwybr i'r dyfodol.

Ym Mwcle y cyfansoddodd ei emyn cyhoeddedig cyntaf. Emyn diolchgarwch am y cynhaeaf ydyw, a luniwyd ar gyfer cystadleuaeth yn *Cyfaill yr Aelwyd,* yng ngwanwyn 1881. Elfed a enillodd, gydag emyn sy'n dechrau fel hyn:

O! Dywysog pob daioni,
  Yn dy law mae troion byd;
Yn dy gariad a'th haelioni,
  Treigla'm heinioes trwyddi gyd;
O gynhauaf i gynhauaf
  Llawn yw'r byd o'th ddoniau di;
Heulwen haf ac oerni'r gauaf
  A gydweithiant drosom ni. [5]

Prin bod yn yr emyn lawer o nodau'r Elfed aeddfed, ond y mae'n rhagredegydd i gyfangorff yr emynau mewn ffordd arall. Emyn achlysurol ydyw, un o'r lliaws a gyfansoddwyd gan Elfed i gyflawni dibenion ymarferol ym mywydau eglwysi ac unigolion. Fe ddywedodd Simon B. Jones mai 'meddwl cynulleidfaol' oedd gan Elfed.[6] Hynny yw, meddai, roedd yn meddu ar 'y ddawn ryfeddol honno... i dynnu cynulleidfa ato i gydfeddwl ag ef, yn ei bregethau a'i emynau'. Yn sicr, un o nodweddion amlycaf emynau Elfed yw eu gallu i gyfannu cynulleidfa drwy sôn am y profiad a'r dyhead amgyffredadwy. Emynau'r credadun cyffredin yw ei emynau ef, nid emynau'r enaid ysig ar wahân. Perygl rhai beirniaid fu dibrisio'r emynau oherwydd hynny. Mae'n wir na all emynau Elfed fyth gystadlu ag ysblander rhai o emynau Ann Griffiths, dyweder.

Chwilio'r profiad anghynefin a wnaeth hi, ceisio ymgyrraedd at yr anhraethol. Oherwydd natur y chwilio, ymestynnodd gortynnau mynegiant i'r eithaf a chawn feiddgarwch llachar, mewn meddwl a mynegiant. Mae'r beiddgarwch mynegiant hwnnw yn bwydo ar feiddgarwch y meddwl, ac fel arall; a phan ddown wyneb-yn-wyneb â'i gwaith hi, ni allwn ond dilyn o hirbell, a chydnabod arucheledd y wisg a'r cynnwys fel ei gilydd. Cydnabod, heb allu rhannu'r profiad na'i amgyffred.

I Elfed, yr oedd rhannu profiad yn un o ddibenion sylfaenol emyn. Nid beirniadu emyn, ond ei ganmol, oedd dweud ei fod yn ddefnyddiol. Iddo ef, yr oedd tynnu'r cyffredin yn nes at Dduw yn waith tra chymeradwy. Yr oedd cyffredinolrwydd profiad iddo yn un o'r meini prawf:

> Pan gyfyd dyn i ganu mewn cynulleidfa y mae i dywallt ei enaid i drysorfa gatholig o fawl. Y mae'n canu, nid yn unig *gydag* eraill, ond hefyd *dros* eraill; ac nid yn unig dros eraill o'i gylch yn y capel ond dros rai nad ydynt yno. Y mae yn aelod o'r Eglwys Lân Gatholig trwy'r holl fyd, a dylai fawrhau braint yr aelodaeth aruchel honno. Os na theimla ei fod ef ei hun yn 'oedi'n nychlyd' ar lan yr afon ddofn, gall feddwl yn dirion a gweddigar am rywrai sydd, a chanu drostynt – canu *dros* y rhai sy'n methu canu hwyrach – ac eiriol ar eu rhan wrth ganu... Nid unawd enaid yw emyn, ond rhan o gytgan côr nas gall neb ei rifo na'i weled gyda'i gilydd – ond Duw. [7]

Canu cân y côr a wnaeth Elfed, a gwneud hynny'n argyhoeddiadol urddasol; a gosododd ei batrwm yn gynnar.

Yn ail, pan ddaeth Elfed i Fwcle, fe'i gosododd ei hun ar lwybr a barodd iddo dreulio'i oes yn byw mewn dau ddiwylliant a dwy iaith. Eglwys Saesneg oedd ym Mwcle, ac ymhlith y gynulleidfa yr oedd y ferch ifanc o dras Albanaidd, Mary Taylor, a ddaeth ymhen ychydig flynyddoedd yn wraig iddo. Canlyniad hynny fu mai Saesneg oedd iaith ei aelwyd, a maged ei blant yn ddi-Gymraeg. Hyd yn oed ar ddiwedd ei oes, ac yntau erbyn hynny yn byw ym Mhenarth, ac yn briod â'i drydedd wraig, Mary Davies, merch un o'i aelodau yn King's Cross, Saesneg oedd iaith y defosiwn teuluol, a dôi'r darlleniadau fel arfer o gyfieithiad Moffatt.[8] O Fwcle fe aeth Elfed i Hull, a phan ddychwelodd i Gymru yn 1891, i Eglwys Saesneg y Park, Llanelli, yr aeth. Yr oedd wedi treulio pedair blynedd ar hugain yn y weinidogaeth cyn derbyn gofalaeth Gymraeg, ac yn Llundain, nid yng Nghymru, yr oedd honno.

Eithr, hyd y gellir barnu, nid oedd yn ymglywed ag unrhyw groes-dynnu. Ni phoenid ef gan hiraeth nac ychwaith gan unrhyw ymdeimlad mai yng Nghymru yr oedd ei le. Perthynai i genhedlaeth nad oedd yn cydnabod Cymru a Chymraeg yn ddyletswydd. Damwain oedd Cym-reictod i Elfed, ac i fwyafrif ei gyfoeswyr. Pan ddywedais ar y dechrau nad i'n cyfnod ni y perthyn Elfed, yr oedd hyn yn un o'r pethau oedd gennyf mewn golwg: rhyngom ni ac ef y mae chwyldro meddwl y mudiad cenedlaethol gwleidyddol. Hyd yn oed yn nhermau ei oes ei hun, dilynwr i'r Dr Lewis Edwards oedd Elfed, nid i Emrys ap Iwan neu R. J. Derfel.

Y gwir yw, wrth gwrs, na welodd unrhyw angen am ymboeni ynghylch pethau o'r fath. Yr oedd y Gymraeg yn ddiogel, ac Anghyd-ffurfiaeth Gymraeg ar ei gorsedd, pan oedd Elfed yn ŵr ifanc a chanol oed. Pan gynhaliwyd ei wasanaeth sefydlu ym Mwcle, daeth ei dad yno o Flaen-y-coed, ynghyd â thri neu bedwar o ddiaconiaid yr eglwys gartref. Ni ddeallodd tad Elfed ond ychydig eiriau o'r bregeth.[9] Ni sy'n gweld chwithdod y sefyllfa honno, nid cenhedlaeth Elfed; gweld yr angen am hyrwyddo'r Saesneg a wnaent hwy ynddi, nid gweld troi cefn ar y Gymraeg.

Nid troi ei gefn yn fwriadol ar Gymru a wnaeth Elfed, serch hynny. Digwyddiad oedd hi mai o Fwcle y daeth galwad bendant iddo ar derfyn ei gyfnod yng Ngholeg Caerfyrddin. Yr oedd un neu ddwy o eglwysi Cymraeg wedi dangos peth diddordeb ynddo, ond ni ddaeth galwad, a phenderfynodd Elfed felly dderbyn cynnig yr eglwys Saesneg. O hynny ymlaen, llywiwyd ei ddyfodol gan ei amgylchiadau teuluol, i raddau helaeth, a pharodd yr amgylchiadau hynny i'r alwad o King's Cross, pan ddaeth, fod yn un anodd penderfynu yn ei chylch.[10] Camgymeriad hefyd fuasai tybio mai alltud dieithr i Gymru oedd Elfed. Yr oedd y galwadau arno o Gymru, i bregethu ac i bwyllgora, yn ddiar-hebol fynych, a threuliai lawer iawn o'i amser felly yn gwasanaethu yn Gymraeg, yng Nghymru. Er byw yn Llundain, yr oedd Elfed yn dywysog yn ei wlad ei hun, ac fel y dywedodd R. T. Jenkins am yr Eisteddfod Genedlaethol, ac ethol D. R. Hughes, Llundain, yn Ysgrifennydd ar ei

Chymdeithas, a hynny mor hwyr â 1934: 'yn y cyfnod hwnnw, ni ddychmygodd neb nad o Lundain y *dylid* ei llywio!'[11]

Plethu'r ddau ddiwylliant a'r ddwy iaith i'w gilydd, yn ei fywyd personol, yn ei weinidogaeth, yn ei fywyd cyhoeddus ac yn ei ysgrifeniadau a wnaeth Elfed. Yr oedd y plethu hwn yn beth bwriadol ganddo; yn sicr ddigon, nid gwadu'r Gymraeg oedd ei amcan:

> Dante, dos i'w ddilyn,
>   Shakespeare, tro i'w fyd,
> Cofia Bantycelyn
>   Yr un pryd.

Perthyn y mae Elfed i'r un ysgol o feddwl â Cheiriog yn hyn o beth. Yn Eisteddfod Wrecsam 1888, eisteddfod lwyddiannus iawn iddo, enillodd Elfed ar draethawd beirniadol ar waith Ceiriog, a fuasai farw flwyddyn ynghynt. Mae'n terfynu'r traethawd drwy sôn am Geiriog fel bardd gwladgarol: 'yr oedd yn nofio ar dònau y llanw gwladgarol sydd yn cryfhau yn Nghymru bob dydd.'[12] Gwelodd beth o'r proffwyd yn Ceiriog:

> Os cododd Ceiriog y llen lwydoer oddiar Gymru Fu, safodd hefyd yn y ffenestr`ddeheuol i weled gobeithion Cymru Fydd. Pa faint o'r cyffröad presenol sydd wedi ei rag-lewyrchu yn ei farddoniaeth ef? Pan ganodd ef ei gynghor dedwydd – 'Siaradwch y ddwy' – oni ragflaenodd y symudiad sydd ar droed i wneud plant Cymru yn Saeson heb iddynt beidio bod yn Gymry?[13]

'Llanw gwladgarol', 'gobeithion', 'cyffröad' a welai Elfed yng Nghymru yn 1888, a gwelodd ddysgu Saesneg yn rhan o'r patrwm gobeithiol hwnnw. Mewn gwirionedd, yr oedd gobaith i'r dyfodol yn gyweirnod i'w waith i gyd. Yn ei bregeth 'Planu Coed', y dewiswyd ei theitl ar gyfer ei gasgliad o bregethau, pwysleisir i Abraham weithredu mewn ffydd a gobaith drwy blannu coed: '*Abraham, yn ei hen ddyddiau, yn planu coed, ac yntau yn ddim ond pererin yn y tir... Abraham yn ei hen ddyddiau, yn planu coed – nid blodau... Abraham yn planu coed, ac yn eu gadael i ofal Duw.*' Dyna rai o bennau'r bregeth: pregeth haws ei llunio yn awyrgylch nawdegau'r ganrif ddiwethaf nag yn nawdegau'r ganrif hon. Peth ystyriol, ymwybodol oedd y gobaith hwn i Elfed, nod amgen ei gyfnod. Credai y dylid gorseddu gobaith mewn emynau, er mwyn eu gwneud yn llais gwirioneddol i brofiad eu hoes:

Y mae yr Eglwys Gymreig heddyw yn byw yn helaeth ar emynyddiaeth y gorphenol. Y mae emynau diweddar yn brin ac yn deneu... Adlais ddiflanol o emynyddiaeth y ddeunawfed ganrif yw y nifer ddibwys o emynau cynyrchwyd yn ddiweddar, yn lle llais byw, penderfynol, y bedwaredd ganrif ar bymtheg. Nid ydym wedi cael un Binney i'n dysgu i blygu yn wylaidd syn yn yr olwg ar y 'Goleuni Tragwyddol'; nac un Alford i'n galw gyda 'Forward be our watchword' i adael ofn y diffydd, a gweled goreu Duw a dyn yn y dyfodol; ac ni chawsom un Newman i weddio gyda ni am arweiniad yr 'hawddgar oleuni.' Y mae Eglwys Crist yng Nghymru yn disgwyl. [14]

Yn yr un ffordd ffyddiog, obeithiol, yr edrychodd Elfed ar le'r Gymraeg a'r Saesneg yng Nghymru.

Pan edrychir ar restr gyflawn o weithiau Elfed,[15] un peth sy'n taro dyn ar unwaith yw pa mor gyfartal, yn ieithyddol, ydoedd swm ei gynnyrch. Mae ei gynnyrch yn gyfartal hefyd o ran natur y gwaith a gyhoeddodd yn y ddwy iaith: ceir barddoniaeth, emynau, pregethau, ysgrifau, cofiannau, trafodaethau hanesyddol, gweithiau defosiynol, gwaith golygu, oll yn y Gymraeg a'r Saesneg. Ni ddewisodd neilltuo'r naill iaith na'r llall i feysydd arbennig yn unig. Mae'r hyn sy'n wir am ei waith yn ei gyfanrwydd yn wir hefyd am ei waith yn y maes emynyddol, ac yma, gwelir y cydblethu'n digwydd amlycaf yn y pwyslais a roddodd Elfed ar gyfieithu a chyfaddasu emynau.

Cyfieithodd lawer, o'r Saesneg i'r Gymraeg ac o'r Gymraeg i'r Saesneg. Yr oedd cyflwyno emynau ac emynwyr Cymraeg i'r Saeson yn genhadaeth ganddo: lluniodd, ymhlith pethau eraill, gyfres o ysgrifau ar emynwyr Cymru i *Sunday at Home*, a'u cyhoeddi wedyn dan y teitl *Sweet Singers of Wales*. Mae'r llyfr bach hwn yn cynnwys nifer o enghreifftiau o'i waith fel cyfieithydd emynau, yn eu plith gyfieithiad nodedig o dda o 'Dyfroedd Bethesda' Thomas William. Nid cyfieithu syml sydd yma, ond ail-greu gwir awenyddol, a hynny gan gadw'n bur glòs at y gwreiddiol. Mae hi'n werth dyfynnu enghraifft o'i waith cyfieithu, o'r Saesneg i'r Gymraeg y tro hwn, er mwyn cael cymharu'r fersiwn gwreiddiol a'r cyfieithiad ochr-yn-ochr.[16] Mae'r ddau fersiwn, ar wahân, yn bur gyfarwydd i'r rhan fwyaf ohonom:

There is a green hill far away,
Without a city wall,

Where the dear Lord was crucified,
　Who died to save us all.

We may not know, we cannot tell,
　What pains He had to bear;
But we believe it was for us
　He hung and suffered there.

He died that we might be forgiven,
　He died to make us good,
That we might go at last to heaven,
　Saved by His precious blood.

There was no other good enough
　To pay the price of sin;
He only could unlock the gate
　Of heaven and let us in.

O dearly, dearly has He loved,
　And we must love Him too,
And trust in His redeeming blood
　And try His works to do.

Mrs C.F. Alexander

Draw, draw ymhell mae gwyrddlas fryn
　Tu faes i fur y dref,
Lle'r hoeliwyd Iesu annwyl gynt,
　O'i fodd, i'n dwyn i'r nef.

Ni wyddom ni, ni allwn ddweud
　Faint oedd ei ddwyfol loes;
Ond credu wnawn mai trosom ni
　Yr aeth Efe i'r groes.

Bu farw er mwyn maddau bai,
　A'n gwneud bob un yn dda;
I ni o'r diwedd gael y nef,
　Trwy'r gwaed a'n llwyr lanha.

Nid oedd ond Un yn ddigon da
　I dalu pridwerth dyn:
Ni allai neb ddatgloi y drws
　I'r nef ond Ef ei Hun.

Fe'n carodd, do, yn annwyl iawn –
　O! carwn ninnau Ef;
Gan gredu yn rhinweddau'r gwaed
　A gweithio gwaith y nef.

Fe welir pa mor agos y glynodd Elfed at y gwreiddiol. Eithr nid cyf-
ieithiad prennaidd sydd ganddo o gwbl, ond emyn Cymraeg llyfn ei
rediad a hyfryd i'r glust. Yn ei gyfieithiadau gorau megis yn ei emynau
gwreiddiol gorau, nid anghofia Elfed ddisgyblaeth y bardd telynegol da
ar fydr na'i feistrolaeth ar ymadroddi cynnil. Weithiau, wrth gwrs,
cyfaddasiad a geir yn hytrach na chyfieithiad, ac y mae emyn mwyaf
cyfarwydd Elfed, ond odid, 'Cofia'n gwlad, Benllywydd tirion', yn
cynnwys adleisiau pendant o emyn Saesneg gan J. Reynell Wreford.[17]
Pa gydblethu mwy sy'n bosibl rhwng dau ddiwylliant na bod emyn sy'n
weddi dros y genedl yn seiliedig ar emyn Saesneg?

Yr oedd cyfieithu yn un o bynciau canolog emynyddiaeth i Elfed.
Ynghadw yn y Llyfrgell Genedlaethol ceir casgliad helaeth o nodiadau a
wnaed gan Elfed ar gyfer y cyfeirlyfr mawr ar yr emyn Cymraeg y
bwriadai ei gyhoeddi ryw ddydd.[18] Mae'r lle a roir i gyfieithiadau, ac i
gymharu fersiynau gwahanol weithiau hefyd, yn drawiadol. Mae'n
bwysig pwysleisio yn ogystal nad cyfieithu Cymraeg/Saesneg yn unig
oedd o ddiddordeb i Elfed. Neilltuir adran gyfan i drafod emynau'r
Almaen, ac i fanylu ar gyfieithiadau i'r Gymraeg o'r Almaeneg. Mae
dylanwad Goethe, Heine, Schiller ar Elfed y bardd yn hysbys; nid mor
hysbys yw diddordeb mawr Elfed yn y traddodiad emynyddol Almaenig.

Diddordeb cynnar yn ei hanes oedd hwn, yn cydredeg â'i ddidd-
ordeb mewn barddoniaeth ramantaidd Almaeneg. Nid yw'n hawdd
dyddio'r nodiadau yn y casgliad, a bu Elfed wrth y gwaith dros gyfnod
maith o flynyddoedd, ond ceir help o un cyfeiriad. Gweithiwr darbodus
ydoedd, ac ysgrifennai ei nodiadau ar gefn llythyrau a dderbyniasai, gan
dorri'r papur i ffitio'r droriau bychain yn y cistiau a ddefnyddiai i gadw'r
gwaith. Ceir dyddiadau llythyrau ar gefn y nodiadau weithiau felly, ac
mae'n amlwg mai i'r ugeiniau y perthyn y mwyafrif ohonynt. Mae'r
adran ar emynau'r Almaen, ar y llaw arall, yn perthyn i'r cyfnod 1907-8.
Lluniodd hon yn adran annibynnol ar wahân, a'i llunio'n gynnar yn
hanes y gwaith. Yr oedd hi, mae'n amlwg, yn bwysig ganddo.

Yn yr adran, ceir dyfynnu o erthygl Morris Davies ar emynyddiaeth
y Diwygiad Protestannaidd yn *Y Traethodydd* 1869, ac yn ogystal sylwad-
au gan Elfed ei hun:

> Teimlwn mai colled i ni yw na fuasai'r dylanwad wedi bod yn
> fwy uniongyrchol a threiddgar, gan mor groyw yw'r sain folian-

nus yng nghaniadau Seion yn yr Almaen... Nid oes gan emynwyr yr Almaen ddim i'w ddysgu mewn awenyddiaeth a swyn cyfriniol i emynwyr Cymru, ond y mae ganddynt genadwri atynt mewn amrywiaeth testynau a mesurau, ac yn y syniad o addoliad ar wahân i deimlad personol – addoliad yn ystyr yr hyn glywodd Esaiah ar wefusau'r seraphiaid pan welodd nad oedd ganddynt ond dwy aden i ehedeg, pan oedd ganddynt bedair i ymguddio mewn addolgarwch.

Mae'r hyn a bwysleisir yma – amrywiaeth testunau a mesurau ar y naill law, addolgarwch ar y llall – yn dweud cymaint wrthym am emynau Elfed ei hun ag am emynau'r Almaen. Yn sicr, dysgodd ganddynt; neu o leiaf, gwelodd yn yr emynau hynny nodweddion a oedd yn adlewyrchu ei farn ei hun ynghylch natur emyn. O blith y cyfieithiadau o'i eiddo ef ei hun a geir yma, mae'r mwyaf cyfarwydd, 'Nef a daear, tir a môr', sy'n gyfieithiad o waith Joachim Neander, yn dangos yn eglur iawn yr elfen addolgar, foliannus a edmygai Elfed.

Mae'r llawysgrif ar emynyddiaeth yn dangos cystal â dim, gredaf i, un o'r gweddau hynny ar gyfraniad Elfed y gellir gweld ei hedyn yn y dyddiau cynnar ym Mwcle. Gwaith gofalus, trefnus, ysgolheigaidd ei natur ydyw, a gwaith llafurfawr hefyd. Ym mlynyddoedd cyntaf ei weinidogaeth, gosododd Elfed batrwm oes o lafurio'n ddiarbed. Mewn teyrnged goffa iddo, disgrifiodd Crwys yn gofiadwy yr ymroi hwn i waith:

> Cofiaf ofyn i Elfed rywdro sut yn y byd mawr y gallai wneud cymaint o waith o bob math a theithio fel y gwnâi. Ei ateb oedd mai'r gweithio caled a wnaeth yn ystod saith mlynedd cyntaf ei weinidogaeth oedd yn cyfrif am y cyfan. Hawdd iawn credu hyn. Pan feddylier am orchest fawr Eisteddfod Gwrecsam a'r cynhaeaf o wobrau a ddaeth i'w ran yno, ynghyd â llawer camp arall, rhaid iddo'i ddisgyblu'i hun fel na allai llawer wneud. Felly dyma'r Elfed a adwaenem drwy'i oes faith: Elfed â rhyw gymaint o'r Stoic ynddo, yn feistr arno'i hun, yn cadw'i gyfrinach, yn bwrw ymaith bob pwys a'r gwendid a oedd yn barod i'w amgylchu, ac yn cyrchu at y nod a osodasai iddo'i hun, heb adael dim i'w luddias rhag ei sylweddoli. [19]

'Elfed â rhyw gymaint o'r Stoic ynddo': Elfed â rhyw gymaint o ysbryd arwrol y bedwaredd ganrif ar bymtheg ynddo hefyd. Wedi'r cyfan, mae modd gweld arwriaeth yn llafur ac uchelgais dechrau a chanol y ganrif ddiwethaf, yn ymdrech ddiflino dynion yr oedd eu harfau addysgol a chefndirol yn gwbl annigonol i gyflawni'r tasgau epigol a osodasant iddynt eu hunain. Mae'n wir nad yw Elfed yn perthyn i'r union ddosbarth hwn: y mae'n perthyn i genhedlaeth iau, ac fe gafodd fesur o addysg ffurfiol. Ond y mae llawer o'r un nodweddion yn parhau yn ei hanes ef – y cefndir tlodaidd, yr ymdrech barhaus, yr egni a'r penderfyniad. Uwchlaw popeth efallai, gwelwn yn Elfed uchelgais ffyddiog y ganrif ddiwethaf: y gred y gellid, ac y dylid, anelu at gyflawni pethau mawr. Rhaid cofio hefyd mai digon prin oedd arfau addysgol Elfed ar ddechrau ei yrfa. Gŵr hunanaddysgedig oedd Elfed i raddau helaeth iawn. Bu'n ddisgybl yn Ysgol Castellnewydd Emlyn ac yn y Coleg Presbyteraidd yng Nghaerfyrddin, ond daeth cyfnod ei addysg ffurfiol i ben cyn iddo gyrraedd ei ugain oed. Ni fu Elfed mewn prifysgol, ac nid oedd lle i iaith a llenyddiaeth Cymru ar raglen waith Caerfyrddin. Eto i gyd, yn ŵr ifanc iawn, dechreuodd gyfrannu erthyglau craff ar lenyddiaeth gynnar Gymraeg i'r *Geninen*. O'r dechrau, gellir gweld anian a dulliau'r gwir ysgolhaig yng ngwaith Elfed, er na chawsai erioed hyfforddiant ffurfiol yn y dulliau hynny. Gwaith ysgolhaig gofalus a thrylwyr yn sicr yw 'Emynyddiaeth'. Gellir gweld greddf yr ysgolhaig ar waith hefyd pan fo Elfed yn trafod egwyddorion golygu emynau ar gyfer eu canu gan gynulleidfa. Ei gred ef yw mai yn ochelgar y dylid golygu emynau, heb newid mwy nag sydd raid:

> Fel pob peth mawr yn ein byd ni – ac felly yng Nghymru fel rhan o fyd sy'n debig iddo'i hunan ymhob man – ni ddihangodd yr Emyn Cymreig heb ei gamdrin lawer gwaith a llawer modd. Y 'saethyddion fuant chwerw wrtho,' fel wrth Joseff, ac am gyn lleied o achos... nid anfuddiol fydd rhybuddio'r dibrofiad rhag rhuthro ohonynt i feirniadu emynau. Ymddengys yn grefft hawdd a del iawn: ond nid yw anwybodaeth, na hanner gwybodaeth, yn gymhwyster arbennig i ddilyn y grefft. Y mae eisiau gwybod rhywbeth am y maes i gyd – am emynyddiaeth y canrifoedd a'r gwledydd – cyn rhoddi barn gall ar un ran neilltuol o'r maes. Wedi deugain mlynedd o ymdroi yn y maes, yr unig beth sicr gennyf yw mor brin yw fy ngwybodaeth ohono.[20]

Hanesydd ac ysgolhaig sy'n llefaru yn y fan honno. Ond na'n twyller. Pregethwr oedd Elfed wrth ei broffes, nid ysgolhaig; ac nid trafod barddoniaeth yn gyffredinol y mae, ond trafod emynau. Y mae i bregethau ac i emynau eu bwriad penodol eu hunain. Pethau tueddfrydig ydynt, pethau propagandeiddiol; fe'u seiliwyd ar gredoau a rhagdybiaethau penodol. Mae iddynt eu natur hanfodol eu hunain ac fe all y natur honno fod yn wrthnysig i ofynion dulliau gwyddonol ac ysgolheigaidd o'u trin. Nodais ddwy enghraifft o natur ysgolheigaidd Elfed ar waith ym myd yr emyn, sef manylder a thrylwyredd 'Emynyddiaeth' a'i sylwadau ar newid a golygu yn ei ddarlith ar 'Yr Emyn Cymreig', ond yn y gweithiau hyn, mae llais y pregethwr hefyd i'w glywed yn glir ac yn groyw, a'r llais hwnnw, yn aml iawn, sy'n ennill yr oruchafiaeth.

Ni allaf ddychmygu y buasai golygyddion Gwasg Prifysgol Cymru, dyweder, yn yr oes hon, yn gallu derbyn llawysgrif 'Emynyddiaeth' i'w chyhoeddi, oherwydd y mae pregethu yn rhan hanfodol o fethod y gwaith. Wedi trafod cefndir a hanes emyn arbennig, yn ysgolheigaidd wrthrychol, arfer Elfed wedyn, yn hanes yr emynau mwyaf cyfarwydd, yw troi i adrodd am effaith yr emyn arbennig a drafodir ar bobl mewn cyfyngder. Yr hyn a geir yw casgliad o anecdotau, a'r rheini, yn aml iawn, yn anecdotau gwely angau; a merch neu wraig ifanc, neu blentyn hyd yn oed, yw gwrthrych y stori yn amlach na pheidio. Defnyddio dulliau a chonfensiynau'r bregeth y mae Elfed, a'r bregeth honno ym mowld sentimental ei gyfnod. Mae cysgod crefydd cysur diwedd y ganrif ddiwethaf a dechrau'r ganrif hon yn drwm ar 'Emynyddiaeth'. Beth bynnag am le a gwerth anecdotau felly yng nghrefydd eu cyfnod, maent yn taro'n ddieithr iawn erbyn heddiw mewn gwaith ysgolheigaidd o'r fath.

Yn yr un modd, wrth olygu, llawforwyn yw gwybodaeth am dras a hanes emyn i ystyriaeth bwysicach. Gellir cyfiawnhau newid a thorri os gwneir yr emyn, drwy hynny, yn offeryn gwasanaeth defnyddiol i'r Eglwys:

> Gwell i emyn, fel i ddisgyblion yr Oen, fyned i mewn i'r bywyd yn anafus neu yn gloff, na bod yn gyfan a'u taflu i'r tân. Ac yn wir nid colli braich neu droed sy'n digwydd mewn achos fel hwn, ond torri er mwyn gwella, fel y gwna'r llawfeddyg medrus a gofalus... Budd pennaf yr Eglwys yw amcan yr holl ordinhadau a'r holl gyfryngau sydd ynddi. Nid yw emyn na phregeth ynddi er eu mwyn eu hunain, ond er mwyn elw iddi hi, a thrwyddi hi i lwyddiant a chyfoeth teyrnas nefoedd... dywedaf yn ddibetrus fod newid ambell emyn wedi ei achub i wasanaeth. [21]

I Elfed, rhaid yw i emyn fod o 'wasanaeth', uwchlaw popeth arall. Mae sawl ystyriaeth yn dilyn ar hynny. Un ohonynt yw chwaeth. I fod yn ddefnyddiol, rhaid i emyn beidio â bod yn dramgwyddus mewn unrhyw fodd, ond y gwir yw bod syniad pobl am yr hyn sy'n peri tramgwydd yn newid o genhedlaeth i genhedlaeth. Unwaith eto, clywir sawr safonau ei gyfnod yn drwm ar Elfed yn hyn o beth. Yn 'Yr Emyn Cymreig' y mae'n trafod y llinell 'Beth yw'r drwm a glywai'n seinio?' ac yn ei gwrthod yn llwyr. Gwell ganddo sain yr 'udgorn':

> Pwy all roddi pris ar bennill fel
>> Beth yw'r udgorn glywai'n seinio?

Y mae ynddo sŵn diwygiad pan fo wannaf y canu arno: a phan yn ymdaith yn ei rym, y mae'n orchfygol. Pwy ŵyr pa sawl calon ar hyd mwy na chanrif o'i hanes sydd wedi ateb i'r alwad sy'n crynu gan lef calon tad:

>> Adre, adre, blant afradlon.

Ond y ffurf y cyhoeddwyd y pennill gyntaf ynddi oedd

>> Beth yw'r *drwm* a glywai'n seinio?

Pe daethai y gwrth-gyfnewidiwr haearnaidd ymlaen ar y dechrau a chyhoeddi'n groch uwch ben y pennill: 'Ni chewch newid gair' – dyna un o gyfryngau Duw i gynorthwyo miloedd o'i blant i ddod adref wedi ei gondemnio i farw wrth ddechreu byw. A phwy sydd â chymaint o olwg ar y drwm nes aberthu cyfrwng achub eneidiau i'w dwndwr? [22]

Pa mor addas bynnag ydoedd y gair 'drwm' i'r awdur gwreiddiol, a pha mor briodol gyffrous bynnag yr ymddengys i ni, yr oedd yn annerbyniol gan Elfed, ac, yn ei farn ef, gan gynulleidfaoedd. Meddylfryd Fictoraidd y llenni i guddio coesau'r piano sydd yma. 'Lledneisrwydd', a defnyddio un o eiriau pwysig Elfed, biau hi bob tro ac y mae'n anodd i ni bellach ddeall y safbwynt, chwaethach ei dderbyn. Mae'r enghraifft arall a ddyry Elfed yn fwy dyrys ac yn fwy diddorol:

> Ni fedrai cynulleidfaoedd llednais byth ddal i ganu peth mor erchyll a
>> When mine eye-*strings break* in death.

Ac os nad oes hawl byth i newid gair, buasai

>> Rock of Ages, cleft for me,

oherwydd y ddeuair hynny, wedi ei ysbeilio o'r fraint o wasanaethu eglwysi llawer gwlad mewn llawer iaith am ganrif a hanner eisoes, a'r fendith ynddo heddyw mor raslawn ag erioed.[23]

Rwy'n credu y byddai'r rhan fwyaf ohonom yn fodlon cydnabod bod problem yma. O ran chwaeth lenyddol bur, rhaid cydnabod gwerth grym arswydlon y darlun; o ran canu emyn yn y gynulleidfa, diau y byddai natur ddigyfaddawd a chwbl lythrennol y geiriau yn rhy dramgwyddus gan rai. Oherwydd natur gyhoeddus emyn, a oes rhaid gweithredu safon wahanol? I Elfed, nid oedd amheuaeth ynghylch yr ateb; a chredaf mai anghytundeb ynghylch y mater sylfaenol hwn sydd wrth wraidd llawer o'r beirniadu a fu arno yn ystod y blynyddoedd diwethaf hyn. Y gwir yw ei bod yn haws gan lawer ohonom ni, erbyn hyn, dderbyn safonau'r ddeunawfed ganrif a dechrau'r bedwaredd ganrif ar bymtheg na derbyn safonau cyfnod Elfed, er ei fod cymaint yn nes atom o ran amser.

Mae'n arwyddocaol nad oedd Elfed yn gwbl gysurus yng nghwmni Pantycelyn ac Ann Griffiths. Gwelodd eu mawredd a chanodd eu clodydd, ond gofalus a mesuredig yw'r clod hwnnw. Mwy na hynny, dewisol iawn ydyw yn y modd y mae'n ymdrin â hwy. Wrth drafod Pantycelyn, pwysleisio'r elfen delynegol yn ei waith a wna, a'i weld yn fardd Natur. Defnyddiodd Elfed y gair 'picturesque' i ddisgrifio traddodiad emynyddol Cymru:

> They are hymns of the heart, everywhere touched by a light and pleasant fancy. From first to last they preserve a general feature of picturesqueness. Almost every verse is a transcript from Nature – spiritualized and illuminated. We live in a song-land of rocks and mountains…[24]

Mae'n wir mai'r Elfed ifanc sy'n llefaru yma, ond dros ddeng mlynedd ar hugain yn ddiweddarach, y mae'n dal i weld Pantycelyn yn rhan o'r traddodiad hwn:

> Y mae darlun bron yn ddieithriad yn y prif emynau – yn arbennig emynau y ddeunawfed ganrif… Y mae Pantycelyn ei hun wedi trethu Natur yn drwm – dydd a nos, holl dymhorau'r flwyddyn, niwl a chymylau a heulwen, gwlith a glaw a mellt a sêr, blodau a choed, dolydd a rhiwiau a bryniau, afon a môr, rhôs a cheunant a gardd.[25]

Eir ymlaen wedyn i ddyfynnu'n helaeth o'r emynau, gan ddisgrifio'r defnydd a wna Pantycelyn o ddelwedd y gwynt gydag ymadroddion fel 'Ie, gwynt y gogledd oedd dychryn mwyaf Williams... Daw iddo liniaru ofn pan genfydd fod y gogledd-wynt ar droi... Y mae wedi bod arno'n hirddydd y gogledd-wynt, ond a hi bellach yn hwyrhau dengys y nen ei thirion lesni.' Yr oedd Elfed yn gallu ymddigrifhau yng nghwmni'r Pantycelyn telynegol delweddol. Eithr nid yw mor esmwyth arno pan ddaw at natur y profiad ysbrydol sy'n cael ei chwilio yn ei emynau. Gwêl fawredd a gwerth y profiad hwnnw, ond rhaid yw galw ar gynull-eidfaoedd i ymdrechu i'w ddeall, oherwydd y dieithrwch hanfodol a genfydd Elfed ynddo. Y mae'r pellter profiad rhwng Elfed a Phant-ycelyn yn fawr:

> Teimlai llawer yn oes Pantycelyn, yn hinsawdd gynnes y Diwygiad, ei fod ar adegau yn canu profiad rhy uchel, rhy uwch-ddaearol. Erbyn i'r awyr oeri, teimlir hyn yn fwy... y mae meddwl crefyddol Cymru ein hoes ni yn wahanol iawn i feddwl crefyddol Cymru y ddeunawfed ganrif. Y mae termau, oedd yn fywyd iddynt hwy, bron yn farw i ni.[26]

A phan fo profiad Pantycelyn yn cyrraedd ffin cyfriniaeth, yna mae Elfed yn fwy nag amheus: y mae'n ymwrthod ag ef. Yn y dyfyniad hwn (a drafodir ymhellach yn yr ysgrif ddilynol), y mae Elfed yn dal mai ar dir afledneisrwydd y geiriau y mae'n ymwrthod â rhai o linellau Pant-ycelyn, ond ymddengys i mi mai'r realiti dychrynllyd a fynegir drwy'r geiriau sy'n wrthodedig mewn gwirionedd:

> Anodd i neb ddygymod ag iaith Williams yn yr ail o'r llinellau hyn:
>
> Yn Dy glwyfau y mae bywyd,
> Tyllau'r hoelion yw fy nyth.
>
> Wrth gwrs, ni ddylid anghofio ei fod yn siarad yn nhafodiaith gynhefin dosbarth o Gyfrinwyr, a rhai ohonynt lawn mor faterol a hyn. Dylid cadw ystyriaeth fel hon mewn cof wrth feirniadu ein peraidd ganiedydd, rhag i neb dybied mai efe ddyfeisiodd ffurf mor anhawddgar. [27]

Mae Elfed yn cydnabod cyfriniaeth Ann Griffiths hithau, ond cyfriniaeth dan reolaeth ydyw, ac y mae felly'n dderbyniol. Mae ei dwys-ter cyfriniol hi 'dan lywodraeth gwyleidd-dra a chyfartaledd meddwl';

nid yw hi'n euog o'r dwyster eithafol sydd 'wedi gyrru rhai o'r ysgol i eithafion, nes yw eu syniadau yn ffinio ar gabledd'.[28]

Yn hyn i gyd, y mae pwyslais Elfed yn glir. Rhaid osgoi'r dieithr, y pell, yr anghysurus. Os gwelodd yn Ann Griffiths yr ymdrech ysbrydol aruchel: 'Oni theimlwn yn aml yn ei chwmni fel ar fin amgyffred yr anamgyffredadwy?',[29] gwelodd ynddi hefyd symlrwydd a chynefindra: 'Her hymns... are the simple and fresh outpourings of her soul... They are Divine breathings rising out of the quiet stir of country life, like a lark out of the wind-swept heather'.[30] Mae'n debyg na allai'r rhan fwyaf ohonom gytuno â'r gair 'simple' i ddisgrifio emynau Ann. Dyna'r gair, serch hynny, a ddewisodd Elfed. Ym mhopeth, mynnai Elfed gofio amgyffred a chyraeddiadau ysbrydol y gynulleidfa. Yn ei emynau, yn ei bregethau a'i weddïau, yn ei ysgrifeniadau beirniadol, mae natur y gynulleidfa yn rhan o wead ei feddwl.

Mewn erthygl yn *The British Weekly* yn 1905 y mae Elfed yn disgrifio'r 'Pilgrim Prayer Meeting':

> The little congregation gathers probably in the kitchen; everything is warm and homely; young disciples learn to pray for the first time on a genial hearth. I speak personally when I say that I owe more to these than even to the chapel services, as far as preparation for public ministry was concerned. [31]

O'r fan honno, yn y pen draw, y mae Elfed yn cyfansoddi emynau ac yn sylwi ar emynau awduron eraill. Yn yr un erthygl y mae'n sôn am 'the universality of the gift of song, of prayer, of testimony'. 'Universality' amodol oedd hwnnw yn hanes Elfed, fel y ceisiais ei ddangos. Mae cysgod cyfnod ar ei gynnyrch a'i syniadau. Eithr y mae ehangder a chyffredinolrwydd ei apêl yn ddiamheuol. Gallodd dynnu ar y tannau hynny sy'n rhan, nid yn unig o brofiad y mwyafrif, ond o ddyhead y mwyafrif hefyd. Adnabu galon ei gynulleidfa, a mynegodd yr adnabyddiaeth honno yn loyw lân.

[1] Dyfynnir gan Emlyn G. Jenkins, *Cofiant Elfed* (Aberystwyth 1957), 89.

[2] Mewn adolygiad ar *Cyfrol Omnibus y Dryw* yn *Baner ac Amserau Cymru*, 21 Tachwedd 1956.

[3] 'Atgofion a Lledgofion', *Y Dysgedydd*, Rhagfyr 1930, 364.

[4] Gweler Emlyn G. Jenkins, *Cofiant*, pennod VI.

[5] Dyfynnir gan Dafydd Owen, *Elfed a'i Waith* (Abertawe, s.d.), 105.

[6] 'Elfed y Bardd a'r Emynydd', yn Emlyn G. Jenkins, *Cofiant*, 179.

[7] 'Yr Emyn Cymreig': anerchiad o gadair Undeb yr Annibynwyr, Llangefni, 1923. Gweler *Adroddiad Cyfarfodydd yr Undeb a Gynhaliwyd yn Llangefni* (Abertawe 1923), 94-5.

[8] Emlyn G. Jenkins, *Cofiant*, 214.

[9] 'Atgofion a Lledgofion', *Y Dysgedydd*, Rhagfyr 1930, 365.

[10] Emlyn G. Jenkins, *Cofiant*, 119.

[11] 'Yng Nghwmni D. R. Hughes', *Y Genhinen*, Haf 1954, 137.

[12] *Cofnodion a Chyfansoddiadau Eisteddfod Gwrecsam, 1888*, 303.

[13] ibid., 303.

[14] 'Barddoniaeth Gymreig: Hanesyddol a Beirniadol', *Y Geninen*, 1889, 88.

[15] E. D. Jones, 'Llyfrau Elfed', *Y Dysgedydd*, Mawrth 1954, 66-7. Ceir rhestr helaethach o'i gyhoeddiadau yn *Cylchgrawn y Gymdeithas Lyfryddol Gymreig*, Gorffennaf 1954, gyda atodiad yn rhifyn Gorffennaf 1955.

[16] Dyfynnir fersiynau *Caniedydd* yr Annibynwyr, 1961.

[17] John Thickens a Gomer M. Roberts, *Emynau a'u Hawduriaid* (Caernarfon 1961), 77.

[18] Nid oes teitl swyddogol i'r casgliad. Cyfeirir ato o hyn ymlaen dan y teitl 'Emynyddiaeth'. Nid yw'r tudalennau wedi eu rhifo.

[19] *Y Genhinen*, Haf 1954, 129.

[20] *Adroddiad* Undeb Llangefni, 87, 89.

[21] ibid., 88-9.

[22] ibid., 88.

[23] ibid., 87-8.

[24] *Sweet Singers of Wales* (Llundain 1889), 12.

[25] *Adroddiad* Undeb Llangefni, 89

[26] ibid., 95.

[27] ibid., 96.

[28] *Ann Griffiths: Ei Hanes a'i Hemynau* (Caernarfon 1903), 89.

[29] ibid., 91.

[30] *Sweet Singers of Wales*, 63, 68.

[31] Rhifyn arbennig, 'The Revival in Wales', 7 Rhagfyr 1905.

'GAREDIG YSBRYD': GOLWG AR GANU ELFED

BU 1888 yn flwyddyn ryfeddol o gynhyrchiol yn hanes Elfed. Enillodd ei bryddest 'Gorsedd Gras' yn Eisteddfod Gadeiriol y Bermo; yn yr Eisteddfod Genedlaethol yn Wrecsam daeth ei bryddest 'Y Saboth yn Nghymru' i'r brig, ac enillodd ar y rhieingerdd hefyd, gan ganu ar y testun 'Llyn y Morwynion'. Enillodd y wobr hefyd am draethawd beirniadol ar waith Ceiriog, ymdriniaeth arwyddocaol iawn yn ei chyfnod. Yn yr un flwyddyn, cyhoeddodd erthygl feirniadol bwysig arall, ar Islwyn y tro hwn, yn y *Transactions of the Liverpool Welsh National Society*. Bu'r flwyddyn ganlynol, 1889, hefyd yn un ffrwythlon, gan iddo ennill ar y testun 'Glyn Cysgod Angeu' ym Mhwllheli, ac ar yr arwrgerdd, 'Llewelyn ein Llyw Olaf', yn Eisteddfod Genedlaethol Aberhonddu. Hon hefyd oedd blwyddyn cyhoeddi ei gasgliad o ysgrifau Saesneg ar emynwyr Cymru, *Sweet Singers of Wales*.

Mae'n arwyddocaol, efallai, iddo roi amser hefyd, ac yntau ynghanol berw'r holl gynhyrchu prydyddol hwn, i astudio gwaith rhai o'r emynwyr ac i fyfyrio ar waith Islwyn a Cheiriog. Mewn ffordd, cydnabod rhai o'i ddyledion ei hun fel bardd y mae, rhoi arwydd go glir i ba gyfeiriad yr oedd ei ddarllen a'i fyfyrdodau beirniadol yn ei arwain. Bu Islwyn a Cheiriog, yn eu ffyrdd eu hunain, yn ddylanwadau o bwys ar Elfed.

Dylanwad technegol oedd Ceiriog. Sylfaen techneg ei delynegion ef oedd cerddoriaeth, i'r graddau mai'r alaw oedd man cychwyn cyfansoddi'r brydyddiaeth. Llunio geiriau i'w canu yr oedd, yn amlach na pheidio, a hyd yn oed lle nad oes ganddo alaw yn sylfaen fydryddol i'w gerdd y mae'r ddisgyblaeth alawol yn y cefndir, yn rhoi i'w eiriau rediad rhwydd a llyfn, o ran ystyr yn ogystal â sŵn. Geiriau clir, uniongyrchol eu neges, yw'r angen wrth ganu. Yn y traddodiad hwn y mae deall llawer o gynnyrch Elfed, y telynegion yn sicr, ond yr emynau yn ogystal. Etifeddion yw emynau clir, canadwy Elfed i draddodiad telynegol seciwlar y bedwaredd ganrif ar bymtheg.

Mae perthynas Elfed ag Islwyn yn gwbl wahanol. Cysylltiad ysbryd, nid cysylltiad crefft, sydd rhyngddynt. Dau enaid cytûn mewn llawer

137

peth oeddynt. Serch y 'storm' sy'n gywair i ganu'r naill a'r 'hedd' sy'n gywair i ganu'r llall, edrychai'r ddau ar fyd a bywyd o'u cwmpas mewn ffordd a oedd yn sylfaenol debyg.

Yma, fe sylwn ni yn arbennig ar yr erthygl ar Islwyn. Mae Elfed yn ei dechrau hi yn ffansïol ramantaidd, â'r syniad fod natur golygfeydd mewn gwahanol rannau o'r wlad yn cynhyrchu beirdd o anian debyg i'w gilydd. Gwêl 'gymundeb ysbryd' rhwng rhai beirdd a'i gilydd, 'a'r cymundeb hwnw wedi ei feithrin gan gymdeithas yr unrhyw olygfeydd naturiol'.[1] Dyna paham y mae Elfed, cyn troi at Islwyn, yn rhoi sylw i'r bardd Saesneg o ganol Dyffryn Wysg, Henry Vaughan: 'dau fardd, a dwy ganrif yn gwahanu rhyngddynt, yn byw mewn ardaloedd digon agos at eu gilydd i weled y wawr yn goleuo dros yr un bryniau, ac i fod yn gyfarwydd â glanau yr un afonydd'. Beth bynnag am syniad Elfed ynglŷn â tharddiad y 'cymundeb ysbrydol' rhwng Henry Vaughan ac Islwyn – ac efallai nad yw'n gyfeiliornad llwyr – y mae yn llygad ei le pan ddywed fod tebygrwydd rhyngddynt o ran anian a natur y dychymyg.

Mae Elfed yn nodi dwy enghraifft:

Gwrandawer ar Vaughan yn sôn am weled tragwyddoldeb un noswaith, 'fel modrwy fawr o oleuni':

> I saw Eternity the other night,
> Like a great ring of pure and endless light,
> All calm as it was bright:
> And round beneath it Time, in hours, days, years,
> Driv'n by the spheres,
> Like a vast shadow mov'd in which the world
> And all her train were hurl'd.

Tragwyddoldeb fel modrwy fawr, ac Amser odditanodd yn symud mewn cysgod llydan – onid yw'n debyg i un o ddychmygion Islwyn?

Try Elfed wedyn i sôn am debygrwydd y drychfeddyliau sy'n crynhoi o gwmpas y gair 'nos' i'r ddau fardd. Mae'n dechrau drwy ddyfynnu cerdd Vaughan ar y testun; wele yma'r pennill cyntaf yn unig:

> Dear Night! this world's defeat;
> The stop to busy fools; care's check and curb;
> The day of spirits; my soul's calm retreat
> Which none disturb!
> Christ's progress and his prayer time;
> The hours to which high Heaven doth chime.

Ac wele grynodeb Elfed:

> Y nos yn ddydd ysbrydion – tramwyfa ac awr weddi'r Arglwydd
> Iesu – ei horiau yn ateb i swn clychau'r nefoedd – Duw yn hedfan
> yn ddidwrf trwy y nef – y gwlith ar wallt yr Hwn sydd yn curo
> wrth y drws pan yw'r enaid yn cadw ei wyliadwriaeth fud – dim
> swn yn y babell lwydlas ond aden a llais ambell angel: – dyna nos
> Henry Vaughan.

Honno hefyd, medd Elfed, yw nos Islwyn, gan ddyfynnu rhai o'i linell-
au yntau, a'r rhain yn eu plith:

> O croesaw Nos! sy'n gwneud i'r byd ostegu,
> I dragwyddoldeb drwy y sêr lefaru
>
> O tyrd y falmaidd Nos! yr adeg dawel,
> Pan gwsg y ddiwyd olwyn ar ei hechel,
> Pan nad yw twrf y byd yn daearoli'r awel!

Wrth gymharu Islwyn fel hyn â Henry Vaughan, rhaid i Elfed ych-
wanegu rhybudd: 'Nis gwn a ddarllenodd Islwyn linell o eiddo Henry
Vaughan erioed.' Naddo, mae'n debyg; yr hyn a brofir yn hytrach gan y
gymhariaeth rhwng y ddau fardd yw bod Elfed ei hun wedi darllen
gwaith Vaughan. Ail hanner y ganrif ddiwethaf oedd cyfnod 'darganfod'
Vaughan. Fel y dywed Elfed, 'Rhaid cofio mai bardd anadnabyddus
oedd y *Silurist* hyd yn ddiwedddar iawn'. Ac os gwelodd Elfed debyg-
rwydd rhwng Islwyn a Henry Vaughan, yna mae'r un anian debyg i'w
gweld yn ogystal yng ngwaith Elfed ei hun. Mae'r 'cymundeb ysbryd' a
welodd Elfed yn ei gynnwys ef yn ogystal. Gwrandewch ar Elfed ei
hun, er enghraifft, yn canu i'r nos:

> Pan ddaw'r nos â'i bysedd tawel
> I ddadwneud cylymau'r dydd,
> Bydd yr hwyliau yn yr awel,
> A meddyliau'n myn'd yn rhydd.
>
> Ni gawn ado'r glannau llwydion,
> A phryderon dynion byw;
> A bydd gofal ein breuddwydion
> Ar yr angel wrth y llyw.
>
> Yn ddi dwrf, mewn myrdd o fydoedd,
> Nofia'r nefoedd heibio i ni;
> A darlunir i'n hysprydoedd
> Nefoedd arall yn y lli.

O! mor esmwyth, O! mor dawel
Fydd mordwyo gyda'r nos!
Myn'd o flaen rhyw ddwyfol awel,
Adref at y wawrddydd dlos! [2]

Cerdd nodweddiadol o Elfed yw hi, telyneg esmwyth a gorffenedig. Ni cheir ynddi ehediadau meddwl aruchel Islwyn na'r dychymyg metaffisegol disglair ac amlweddog a gawn ni yng ngwaith Vaughan. Ond yr un yw sylfaen y meddwl; y nos dangnefeddus dawel yn dod â Duw a dyn at ei gilydd, ac yn borth i nefoedd a thragwyddoldeb.

Mae'r tebygrwydd ysbryd rhwng Elfed a Henry Vaughan yn ddigon trawiadol, ac yn codi, yn ôl a welaf i, o ddau beth yn arbennig. Y cyntaf yw'r ysbryd defosiynol sy'n nodweddu cymaint o waith y ddau, eu gweithiau rhyddiaith yn ogystal â'u hemynau. Cyhoeddodd Vaughan gyfrol o fyfyrdodau rhyddiaith o'r enw *Mount of Olives*. Nid oes cofnod i Elfed ddarllen hon erioed, ond yr unrhyw ysbryd sy'n sylfaen i nifer o'i weithiau ef: ei gyfrol o bregethau, *Planu Coed* (1898), *The Gates of Life* (1902), sef casgliad o fyfyrdodau ar brif deithi'r ffydd, *Boreuau gyda'r Iesu* (1916), myfyrdodau a gweddïau i ddechrau'r dydd, a *Hwyrnosau gyda'r Iesu* (1928). Roedd myfyrdod dyddiol, meddir, yn rhan o batrwm byw Henry Vaughan hefyd. Megis Isaac yn Llyfr Genesis yn mynd allan i'r caeau i fyfyrio gyda'r hwyr, âi Vaughan yntau i dreulio awr fyfyrdodus yn y meysydd:

> I walked the other day (to spend my hour)
> Into a field...[3]

Mae myfyrdod fel hyn yn rhan o'r hyn y gellir ei alw'n gyffredinol yn ddefosiwn. Mae defosiwn yn cynnwys yn ogystal addoliad a gweddi. I Elfed, codi o'r galon y mae defosiwn, a gall pethau'r meddwl, y meddwl beirniadol yn arbennig, fod yn wrthnysig iddo:

> Oblegid os oes eisiau y feirniadaeth ddiweddaraf ar y darllenwr ffyddlon, i oleuo'r meddwl, sicr yw fod eisieu llenyddiaeth ddefosiynol i gadw'r galon rhag sychu. Tuedd beirniadaeth, wrth flaen-llymu'r meddwl yn ormodol, yw ei wneud yn anniddig gerllaw y 'dyfroedd tawel'. [4]

Mae gwirionedd y galon yn elfen sylfaenol yng ngwead canu Elfed. Fe ddiffiniodd yn groyw yn y gerdd 'Rhagfarnau'r Cof' beth yw ystyr hynny iddo. Sôn y mae'r gerdd am geubren a ddifawyd gan fellten, a phawb wrth weld y pren marw yn cofio am y storm a'i gwaith; neb yn gweld y borfa ir o gwmpas y goeden sy'n dal i dyfu'n dawel dan y gwlith bendithiol:

> Mae y fendith mor daweled
> Duw yn unig sy'n ei gweled.
>
> Rhaid yw cael meddylfryd angel
> I allu gwel'd yr adnod dawel;
>
> Rhaid, rhaid wrth galonau sanctaidd
> I wel'd a chofio'r fendith hafaidd.

'Meddylfryd angel', 'y galon sanctaidd': ceisio edrych ar fyd natur ac ar brofiadau dynol dan wisgo'r arfogaeth hon y mae Elfed mewn nifer helaeth o'i gerddi a'i emynau. Y llwybr i'w droedio, yn gwisgo'r arfogaeth, yw llwybr gweddi. Prin bod angen pwysleisio'r lle a roir i weddi yn emynau Elfed. Fel y dywed Gwenallt, 'yr hyn a wnaeth Elfed oedd llunio gweddïau ar ffurf emyn. Dyna yw llawer iawn o'i emynau'.[5] 'I dawel lwybrau gweddi/O Arglwydd arwain fi' yw ei ddymuniad yn barhaus. Ond y mae i weddi le pwysig yn ei ganu anemynyddol yn ogystal. Digwydd y gair, a'r syniad, dro ar ôl tro yng nghanu Elfed, megis yng nghanu Vaughan.[6] Nodaf un enghraifft yn unig, y bwysicaf o ymdriniaethau prydyddol Elfed â'r pwnc. Wrth ymateb i'r testun 'Gorsedd Gras' ar gyfer Eisteddfod y Bermo yn 1888, dewisodd bwysleisio'r ffordd at yr orsedd honno. Ffordd gweddi yw hi:

> Weddi fechan, ofnus, beth yw dy feiddgarwch rhyfedd di?
> Beth yw'r reddf ysbrydol sydd yn creu'r fath ynni ynom ni?...
> Mae gan weddi ddeddf, a'i hurddas yn ddilychwin gerbron Duw;
> Mae yn troi ar gant soniarus ymysg yr olwynion byw.
>
> Onibai fod deddf i weddi, a braint ddwyfol ddi nacâd,
> Byth ni ddysgai'r Iesu i ddynion ar eu deulin ddweyd – 'Ein Tad':
> Onibai fod gweddi gywir yn ei gwisg o lian main
> Yn cael drws y nef yn agor, ofer loes y goron ddrain!

Gwelsom yn barod fod Elfed yn gwrthgyferbynnu'r ysbryd defosiynol â'r meddwl a'r deall ac yn rhoi'r oruchafiaeth iddo. Yn yr un modd, dyry i'r ysbrydol oruchafiaeth ar y byd materol. Mae'r croesdynnu rhwng y ddeufyd yn amlwg iddo ac y mae'n dewis y naill rhagor y llall yn gwbl ystyriol ac ymwybodol:

> Pan y mae gwyddoniaeth mor fywiog, mor feiddgar, ac mor boblogaidd, ac yn cyhoeddi hollalluogrwydd mater dan ei hanadl,

141

y mae ar yr oes eisiau llais arall, mwy tawel a dyfnach, i ddweyd fod dwyfoldeb heb fyned yn rhy hen i fyw – fod ardaloedd anweledig y tuhwnt i'r haul pellaf a'r wybren fwyaf glâs – fod rhywbeth mewn blodeuyn bychan ar y maes, ac yn nhwrf y dòn ar fin y traeth, rhywbeth sydd yn taflu'r meddwl yn ol dros ffin gyntaf amser i'r tragwyddol a'r dwyfol.[7]

Oes y meddwl Darwinaidd oedd hon ac oes y meddwl Newtonaidd oedd oes Henry Vaughan. Gwelodd Vaughan yn ystod ei oes dwf y meddwl arbrofol, 'experimental philosophy' fel y'i gelwir, sefydlu'r Gymdeithas Frenhinol yn 1645 a chyhoeddi *Principia* Newton yn 1687. Gwrthododd yntau hefyd dderbyn goruchafiaeth y meddwl materol. Ni dderbyniai ef, yn yr ail ganrif ar bymtheg, fwy nag Elfed, ar ddiwedd y bedwaredd ganrif ar bymtheg, mai byd mecanistig yw hwn. Y nodwedd hon ar feddwl y ddau yw'r ail beth sy'n eu clymu.

Sut fyd yw hwn felly, o gredu nad deddfau ffisegol yw'r unig bethau, chwaethach y pethau pwysicaf, sy'n ei reoli? I Elfed, megis i Vaughan ac megis i Islwyn, byd cyfunol yw'r byd naturiol, byd sy'n uno, mewn ffordd greiddiol, fyd mater a byd yr ysbryd. 'Mewn blodeuyn bychan [mae]... rhywbeth sydd yn taflu'r meddwl... i'r tragwyddol a'r dwyfol', meddai yn y dyfyniad uchod. Rhaid holi wedyn beth yw natur perthynas y ddeufyd i Elfed. Mae'n sicr yn ddyfnach peth na defnyddio natur fel rhyw storfa o ddelweddau a symbolau. Mae defnyddio natur yn drosiadol neu'n arwyddluniol yn rhan o feddwl a method bron pob bardd a ganodd erioed: wedi'r cyfan, y byd naturiol o'n cwmpas, y byd sy'n brofiad corfforol tebyg i bob un ohonom, yw'r lle naturiol i fynd i chwilio am ddarluniau o bob math. Yn hyn o beth, nid yw Elfed yn eithriad. Dyma fe yn dirwyn ei bryddest 'Glyn Cysgod Angeu' i ben:

Ar Bren y Bywyd y mae gwyrddion ddail
Hynach nag Eden Ardd, heb fyn'd yn wyw...
...Pan aeth Adda'r Ail
Trwy'r Glyn, fe blanodd lili dan yr yw:
Mae'r yw yn crino, a'r lili'n wyn o Dduw.

Thema grefyddol sydd i'r gerdd, mae'n wir, ond perthynas drosiadol a geir yn y llinellau hyn rhwng y ddau fyd, a dim mwy na hynny – er bod awgrym o fwy, efallai, yn yr ymadrodd 'a'r lili'n wyn o Dduw'.

Ond y mae Elfed yn gwneud llawer mwy na defnyddio byd natur yn drosiadol. Fe ddywedodd Thomas Parry unwaith nad oedd Elfed mewn gwirionedd yn fardd natur, am mai bardd dynoliaeth oedd.[8] Fe garwn i awgrymu yn hytrach nad yw Elfed yn fardd natur am mai bardd crefyddol ydyw, yn gyntaf ac yn bennaf. Yn ei ddarlith yn Lerpwl, mae Elfed yn dweud peth fel hyn am Islwyn. Y mae Islwyn, meddai, 'wedi efengyleiddio Natur drwyddi'. Dyna'n gywir yr hyn a wnaeth Elfed ei hun yn ei ganu.

Hyd y gwelaf i, mae dau gam i'r 'efengyleiddio' hwn yn achos canu Elfed. Y cam cyntaf yw gweld byd natur yn ddrych neu'n gysgod o'r byd ysbrydol. Mae'r sêr, y mynyddoedd, y blodau, y gwlith, yn llawn o Dduw ac yn ei ddwyn atom:

> Ac yn sŵn y mwyn awelon,
> Nid mor bell yw byd angelion,
> Gyda'r bore bach.
>
> ('Gyda'r Bore Bach')

neu

> 'Nol diwrnod o gymylau llawn,
> O'r boreu llwyd drwy'r niwlog nawn,
> Mwyneidd-dra fel mwyneidd-dra Duw
> I'r galon ac i'r llygad yw
> Cael hwyrddydd glâs ar ol y glaw...
>
> Mae twrf y coed bron torri'n gân,
> Yn odfa'r dyferynau mân;
> O lwyn i lwyn disgleiria'r dail
> Fel gemau'n ngoleu machlud haul :-
> Fin hwyrddydd glâs ar ol y glaw.
>
> ('Hwyrddydd Glas ar ol y Glaw')

Yn ail, mae Natur nid yn unig yn arwain dynion at y Duwdod, y mae hi hefyd, ohoni ei hun, yn gyfrannog o ysbryd defosiwn. Mae hi'n ennyn defosiwn mewn dynion ac yn moli ei hun yn ogystal. Sylwer ar rai o'r llinellau a ddyfynnwyd uchod: y coed 'bron *torri'n gân*/Yn *odfa'r* dyferynau mân', (ac Elfed, bid siŵr, yn gweld defosiwn byd natur mewn ffordd Gymreig ac Anghydffurfiol iawn). Mae'r bryddest 'Y Saboth yn Nghymru' yn cynnwys llawer o linellau tebyg i'r rhain:

> Fe deimlir fod y bryniau
> Yn edrych tua'r nen,
> Gan ddisgwyl llaw rhyw angel hardd
> I dynnu'n ôl y llen:
> A'r afon wedi dysgu
> Rhyw salm yn oedfa'r sêr,

Fel yn ei hadrodd ar ei thaith
  Mewn llawer adnod bêr:
Y blodau sy'n addoli,
  A'u llygaid ar yr haul;
A'r awel îr yn arwain mawl
  Cymanfa ganu'r dail.
Mae'r adar fel yn canu
  Nodau emynau'r nef;
A'r hedydd fry yn adrodd caingc
  O gân yr 'Iddo Ef!'

Nid Elfed ar ei orau, wrth gwrs; ond yr wyf yn dyfynnu'r llinellau am
fod y darlun o Natur addolgar mor gwbl glir ynddynt. Ac fe'u cyfan-
soddwyd, cofier, yn yr un flwyddyn ag y dywedodd Elfed hyn am
Islwyn:

> Yr oedd ganddo syniad dyeithr am agwedd ysbrydol natur: ei
> bod yn mhobman yn addoli. Ceir amlygiad tra chyflawn o'r
> ddamcaniaeth brydferth hon yn y rhan olaf o'i gerdd i'r 'Nos':

… Obry clyw
Yr afon hithau ar ei milwedd daith,
Yn llanw dyffryn ar ôl dyffryn âg
Angylaidd fôr o addoliadol sŵn.
A'r ffynon fach yn mhell o fewn y goedwig
A lawenycha fod ei hodl hi
Yn hyglyw yn y gyffredinol gerdd,
A bod y sêr yn gwrando arni hithau
Yn canu yn y côr.
Mae Natur yn addoli yn holl nerth
Holl fawredd yr elfenau! Gwrendy'r môr
Wyllt fawl y gwyntoedd nes ymgodo'i dònau
Fel gwyn fyd o addolwyr tua'r nef. . .

> Hyd y gwn i, y mae y darlleniad hwn o ddefosiwn Natur yn
> hollol Gymreig, oddieithr mewn llenyddiaeth Hebreig… Ceir ef
> yn fynych mewn barddoniaeth Gymreig ar ol y diwygiad
> cenedlaethol yn y ganrif ddiweddaf. Ond ymddengys fel math o
> syniad damweiniol gyda'r holl feirdd ond Islwyn.[9]

Ac, yn sicr ddigon, fe ellir ychwanegu enw Elfed at enw Islwyn yn y fan
honno.

Mae'r ysbryd defosiynol, boed mewn addoliad, mewn gweddi,
mewn mawl, yn dibynnu ar fodolaeth bwlch o ryw fath, rhyw arwahan-
rwydd rhwng yr addolwr a'r addoledig. Yn y cerddi a ddyfynnais hyd yn

hyn, nid oes amheuaeth nad yw'r arwahanrwydd hwn yn bod ym meddylfryd prydyddol Elfed. Ond y mae, mewn nifer o gerddi, yn cau'r bwlch rhwng y byd corfforol a'r byd ysbrydol, rhwng nef a daear, nes bod y ddaear yn mynd yn rhan o'r nef ganddo. Mae'n werth sylwi, er enghraifft, ar y penillion hyn:

> Safwn ar y gwyrddlas fryn
> Yn hyfrydle'r goleu gwyn:
> Llon'd y wybren oedd o hedd,
> Heb un cwmwl ar ei gwedd;
> Sacramentau'r nef a roed
> Ar y dyfroedd, ar y coed:
> Cwpan sanctaidd o oleuni
> Oedd wrth wefus pob gwyrddlesni.
>
> ('Goleu'r Bryn yn y Glyn')

> Ar fryn ei gweddnewidiad
> Saif Anian, yn ei hawl;
> A'i gwisg yn ddisglair fel yr haul,
> Ynghanol dydd o fawl.
>
> ('Y Saboth yn Nghymru')

Goleuni byd natur, 'cwpan sanctaidd o oleuni', yn gyfryngol yn 'sacramentau'r nef'; Anian ei hun, wrth iddi foli, yn profi 'gweddnewidiad': awgrym pendant llinellau fel y rhain yw bod Natur, yn ei naturiaeth ei hun, yn peidio â bod, a'i bod bellach yn rhan o fyd ysbrydol. Unwaith eto, mae'n werth troi at y ddarlith ar Islwyn. Yn ei ganu ef, 'Nid yr *enaid* sydd yn y *byd*, ond y *byd* sydd yn yr *enaid*... Gan nad oedd y byd materol, iddo ef, ond rhandir o fewn byd y meddwl, yr oedd y dyoddefaint Dwyfol yn cael ei deimlo gan y coed a'r ffynonau a'r awelon o fewn byd y meddwl'.[10]

Mae'n deg ychwanegu fod Elfed yn gyndyn o dderbyn yn llwyr oblygiadau'r dadansoddiad hwn o feddwl Islwyn: 'Y mae yn anhawdd gwybod pa mor bell y mynai y bardd i ni ddarllen ei syniadau yn ol y llythyren, yn hytrach nag fel damhegion ysbrydol... efallai mai doethach fyddai dweyd fod naws drychfeddyliol cryf ar ei farddoniaeth, yn hytrach na dweyd â thafod oer ei fod yn *idealist*.' Efallai, yn wir, y dylem ni fod yr un mor wyliadwrus wrth geisio esbonio arwyddocâd y penillion yr wyf newydd eu dyfynnu. Ond, o'u derbyn fel y maent, ymddengys i mi mai'r hyn sydd ynddynt yw, nid yn gymaint yr 'idealism' trosgynnol a

145

welodd Elfed yng ngwaith Islwyn, ond math ar gyfriniaeth, cyfriniaeth lle y mae'r materol yn ymdoddi i'r ysbrydol.

Ond condemniai Elfed gyfriniaeth. Ymgroesai rhag ei rhyfyg a'i heithafrwydd. Cyfeiliornad iddo oedd ceisio ymunoli â'r Duwdod ac ymgolli ynddo, cyfeiliornad a oedd yn cau'r bwlch hwnnw a oedd yn anhepgor i fodolaeth yr ysbryd defosiynol. Ar y tir hwn, yr oedd ganddo ei amheuon ar dro ynghylch Ann Griffiths a Williams Pantycelyn, a chondemniodd y llinellau hyn, er enghraifft, gan Bantycelyn:

> Yn Dy glwyfau y mae bywyd
> Tyllau'r hoelion yw fy nyth,

gan ychwanegu, 'ni ddylid anghofio ei fod yn siarad yn nhafodiaith gynhefin dosbarth o Gyfrinwyr, a rhai ohonynt lawn mor faterol a hyn'.[11]

Ymdoddi corfforol a ddisgrifir yn llinellau Pantycelyn, profiad yn y dimensiwn 'materol' hwnnw y mae Elfed bob amser yn barod i'w droi heibio. Ond condemnio neu beidio, mae Elfed ei hun, weithiau, yn ei waith yn awgrymu rhyw fath o gyfriniaeth natur, er nad yw, mewn gwaed oer ac yn ystyriol, yn fodlon cydnabod dilysrwydd profiad neu syniadaeth o'r fath. Gwell ganddo sôn, yn ddoeth ac yn ddiogel, am 'ddamhegion ysbrydol', megis yn ei sylwadau ar Islwyn. Rhaid cofio hefyd mai sôn yr ydym, yng ngwaith Elfed, am weld y materol yn ymgorfforiad o'r ysbrydol. Hynny yw, lleihau pwysigrwydd y materol a wna Elfed, nid ei gynyddu.

O awgrymu bod yng ngwaith Elfed ryw gyffyrddiadau o gyfriniaeth, rhaid egluro pa fath o gyfriniaeth ydyw. Fel yr awgrymwyd eisoes, mae'n sicr yn gyfriniaeth natur: ymwneud y mae â'r berthynas rhwng Duw a Daear yn hytrach nag â'r berthynas rhwng Duw a Dyn. Mae'n enghraifft hefyd o'r hyn a ddisgrifir weithiau fel 'cyfriniaeth Oes Victoria', hynny yw, y mae'n deillio o un o'r gweddau sylfaenol ar feddwl y bedwaredd ganrif ar bymtheg: 'the nineteenth century [tried] to create a unified theory accounting for diverse expression of what was felt to be the underlying harmony of creation'.[12]

Ni ellid cael gwell crynhoad o un o gerddi Elfed, sef 'Blodeuyn yw'r Byd', na'r frawddeg uchod. O'r gerdd eithriadol o ddiddorol honno y daw'r llinellau hyn:

> Un yw yr hedyn;
> A'r undod yn dilyn

I fyny drwy'r cyfan,
Gan agor yn llydan
Ar bob llaw, ymhob llun;
Ond o hyd yn un:
Yma'n feillionen,
Acw yn seren;
Yn dòn aflonydd,
Neu'n graig dragywydd;
Yn bluen eira,
Neu'n sail y Wyddfa:
Ar bob lle, ymhob llun,
O hyd yn un.

Mae'r haul yn arddel
Y gwlithyn isel;
A'r dòn yn cerdded,
Wrth fesur planed:
Mae bywyd aderyn
Yn agos i'r plentyn:
Mae deddf
A greddf
Yn ateb i'w gilydd,
Yn odli'n dragywydd:
Un yw yr oll,
Heb gainc ar goll.

Datganiad noeth o foniaeth a geir yma, cred ddylanwadol Schelling a
Hegel mai ffenomenau gwahaniaethol yn codi o un 'gwreiddyn Bod', a
defnyddio ymadrodd Waldo, yw pob dim. I'r ganrif ddiwethaf y perth-
yn y gred hon yn ei chyflawnder, ond ceir rhag-gysgodion ohoni mewn
canrifoedd cynharach – gan Henry Vaughan, er enghraifft, y dywedwyd
amdano 'Vaughan's is the country of the mind'.[13] Yng ngwaith Elfed,
fe welwn felly symud rhwng deuaeth y safbwynt Cristnogol clasurol, a'r
ysbryd defosiynol yn arbennig, drwy ryw dir canol lled-gyfriniol lle y
mae'r byd naturiol naill ai yn gysgod o'r dwyfol neu yn cael ei 'wedd-
newid' gan y cydymdreiddio sydd rhyngddynt, at y foniaeth Hegelaidd a
fynegir mor groyw yn 'Blodeuyn yw'r Byd'.

Yr ysbryd, neu'r enaid, neu'r 'Meddwl', a rhoi ei enw Hegelaidd
iddo, sy'n rheoli bywyd i gyd: 'Un meddwl sydd,/A fu, A fydd'. Ac
mewn cyd-destun crefyddol y gwêl Elfed y 'Meddwl' hwn:

Dwyfol anadliad
Groesa y cread...

147

> Ei Feddwl Ei hunan
> Flodeua drwy'r cyfan –
> A Hwnnw ni syrth!

O gredu fel hyn, y mae, o safbwynt diwinyddol, ganlyniadau pell-gyrhaeddol. Y mae dyn ei hun yn rhan o'r 'Meddwl', ac yn rhannu ei natur a'i amcanion:

> A minnau, ddyn,
> Yn fy hawl fy hun,
> Gâf le'n y Blodeuyn
> Sy â'i dŵf heb derfyn.

Neu gwrandewch ar Islwyn yntau, yn ei bregethau:

> Y mae Duw a dyn yn debyg i'w gilydd… Y mae meddwl Duw yn gyffelyb i feddwl dyn a meddwl dyn yn gyffelyb i feddwl Duw. Duwdod yw cynllun y ddynoliaeth.[14]

Ac eto:

> Mae yr angel a'r llwch wedi ymbriodi a'u gilydd mewn dynol-iaeth. Mae y nefol a'r daearol, yr ysprydol a'r materol, yr amserol a'r tragwyddol, terfynoldeb ac annherfynoldeb, wedi cwrdd mewn dyn…[15]

Mae Islwyn ac Elfed fel ei gilydd yn rhoi lle amlwg i fewnfodaeth Duw: y Duw sy'n bod yn y byd creedig ac sy'n rhan o natur dyn. Hon oedd diwinyddiaeth ffasiynol chwarter olaf y bedwaredd ganrif ar bymtheg. Fe'i ceir yn ei llawnder yng ngwaith diwinyddion dylanwadol megis y Parchedig David Adams (Hawen) ar ddiwedd y ganrif. Nid na cheir elfennau diwinyddiaeth fwy traddodiadol yng ngwaith y ddau hefyd, ond, yng ngwaith Elfed yn arbennig, y ddiwinyddiaeth 'newydd' sydd ben. Fel y dywedodd y Dr Pennar Davies wrth drafod rhai o'i gerddi, 'y mae Hegel bron wedi disodli Calfin'.[16] A chan fod pwyslais diwinyddol Elfed ei hun ar fewnfodaeth Duw yn hytrach na'i uwchfodaeth, prin yw'r ymwybod yn ei waith â phechadurusrwydd dyn ac â Christ y Cyf-ryngwr a'r Gwaredwr. Rhwng Thomas William, dyweder, ar ddechrau'r ganrif, a'i gri ingol am gael ei wneuthur yn 'iach/Oddi wrth effeithiau pechod a'u nychdod hynod hwy',[17] neu ei gyfoeswr Pedr Fardd a'i gri yntau, 'Pechadur wyf, y dua'n fyw/Trugaredd yw fy nghri',[18] ac Elfed, a llawer o gyfoeswyr Elfed, y mae bwlch diwinyddol aruthrol fawr.

148

Ymwrthododd Elfed ag anghysur pechod. Gwnaeth hynny yn ei emynau ac fe'i gwnaeth hefyd yn ei gerddi eraill. Ystyrier un arall o gynhyrchion Elfed yn 1888, rhieingerdd arobryn Eisteddfod Wrecsam, 'Llyn y Morwynion'. Seiliwyd y gerdd ar hanes treisgar a gwaedlyd. Mae gwŷr Ardudwy yn teithio i Ddyffryn Clwyd i chwilio am wragedd, ac yn llwyddo i ddenu'r merched i'w dilyn. Pan glyw gwŷr ifainc Dyffryn Clwyd am hyn maent yn ymlid gwŷr Ardudwy ac yn ymladd brwydr waedlyd â hwy am y merched. Wrth iddynt weld mai gwŷr Dyffryn Clwyd sydd drechaf, mae'r merched yn dianc i'r mynydd, ac mewn ofn a dychryn dirfawr rhag y dial sy'n eu hwynebu, bwriant eu hunain i'r llyn a boddi. Trais, dialedd, chwant rhywiol, hunanladdiad torfol – dyna'r elfennau yn y stori.[19] Ond beth a gawn gan Elfed? Stori serch lipa, niwlog, sy'n diystyru gwir natur y chwedl a'r dyfnder drygioni a geir ynddi. Rhyw ffawd groes, annelwig sy'n rheoli'r digwydd yng ngherdd Elfed, nid grymusterau tywyll y bersonoliaeth ddynol.

Os symudwn ni ymlaen bedair blynedd ar ddeg i Eisteddfod enwog Bangor, 1902, fe welwn ni fod geiriau Elfed wrth gollfarnu pryddest W. J. Gruffydd, 'Trystan ac Esyllt', yn mynegi yn eglur iawn yr egwyddor a ddilynodd ef ei hun wrth lunio 'Llyn y Morwynion':

> Y mae llawer o swyn yn ei frawddegau, ond diolchwn ar ddiwedd pob penill mai anwiredd bron i gyd mae wedi ganu mor bersain. Y mae y bardd wedi cynyg canu ar serch yn erbyn *moesoldeb*: ac nid yw hyny, ar dir uchaf awen, yn gyfreithlawn. Y testyn yma i fardd llednais, sobr, ydyw serch yn erbyn *ffawd*; ac y mae mwy nag un o'r beirdd wedi canfod hyny.[20]

Mae'r ysbryd, neu'r 'Meddwl', i Elfed yn cau allan dywyllwch a phechod. Pan fo angen arwyddlun arno i ddisgrifio'r ysbryd, 'golau' yw hwnnw yn aml iawn. Hwn yw 'gwin y nef i'r ddaear wan' ('Goleu'r Bryn yn y Glyn'). Nid rhyfedd felly iddo wrthwynebu'n groyw ddatganiad Gruffydd fod 'y goleu a'r gwirionedd wedi myn'd' pan fo serch yn methu. I Elfed, gwrthod gweld goleuni, gwrthod gobaith, a hynny'n arbennig oherwydd peth mor ddibwys yn ei olwg â dolur serch, oedd yr heresi fawr:

> Treulia'r bardd nwyfus hwn dros ddau can' llinell yn ofer i ganu fod 'y goleu a'r gwirionedd wedi myn'd:' a bu agos i mi ei gredu, gan mor lleied o wirionedd sydd yn y rhan hon o'i gerdd... gwelwn yn y bryddest obeithion disglaer am fardd yn

mhell uwchlaw'r cyffredin, ar ol i'r 'goleu a'r gwirionedd' ddod yn ol iddo. [21]

Roedd gweledigaeth Gruffydd yn negyddu holl sylfaen ei weledigaeth ei hun.

Mewn un arall o weithiau buddugol 1888, ei draethawd ar 'Barddoniaeth Gymreig: Hanesyddol a Beirniadol', datganodd Elfed yn hyderus fod 'goreu Duw a dyn yn y dyfodol'.[22] Canu gobaith a wnaeth Elfed, gobaith mewn byd a ddaw yn sicr, ond gobaith hefyd am bethau gwell yn y byd hwn. Os yw'r gobaith Cristnogol am nef mewn byd arall yn rhan o wead meddwl Elfed, yna mae'r gred Hegelaidd mewn 'cynnydd' yn y byd hwn yn rhan o'i ddychymyg barddol yn ogystal. Cynnydd mewn gwybodaeth a doethineb yw hwn, datguddiad graddol o'r gwirionedd ynghylch natur bodolaeth, y 'Meddwl' mawr yn ei ddatgelu ei hun fwyfwy. Ac y mae Dyn yn ganolog yn y datguddiad hwn:

> Pa ryw frawd i mi, 'mhen oesau, ddaw
>   I ieuo
> Yr un seren fry â'r mynydd draw,
>   Fel heno?
>
> Gwn y daw, – ar frig rhyw ganrif bell,
>   Oleuach, –
> I gyfuno natur oll mewn gwell
>   Cyfathrach.
>
> Dyn sy dan y nef i agoshau'r
>   Pellderau;
> Yn ei feddwl mae dolennau aur
>   Yr oesau.
>
> Cilied bannau'r byd a lampau'r nen
>   Fel cwmwl:
> Aros wnant ar fythol ddalen wen
>   Y Meddwl.
>
> ('Y Seren a'r Mynydd', Grindelwald, 1892)

Annog, cysuro, cynnal breichiau, gweld y goleuni drwy'r tywyllwch, cadw fflam gobaith ynghyn; dro ar ôl tro ar ôl tro yng nghanu Elfed, dyna a wneir. Ac fe wneir hynny nid yn betrus nac yn ymesgusodol ond yn hyderus lawen. Cyfyd yr hyder hwn o'i gred ddi-sigl mai creadigaeth ddaionus yw'r byd. Mae'r un 'Meddwl' mawr sy'n cynnwys popeth o'i

fewn yn ei hanfod yn 'garedig', a defnyddio'i air ef mewn emyn cyfar-
wydd. Cariad yw nod amgen y greadigaeth:

> Pa beth ond eofndra Cariad
> Yw y cread
> A'i ddyfnderau dyfna'n hedd?

meddai yn ei gerdd 'Mesur y Dyfnder'. I Elfed, goleuni, nid tywyllwch,
oedd yn y dyfnder eithaf. Cyfleu hynny oedd diben cyson Elfed yr
emynydd, fel y gwyddom yn ddigon da: ond dyma oedd diben sylfaenol
ei ganu arall yn ogystal.

---

[1] 'Islwyn', *Transactions of the Liverpool Welsh National Society* (1888), 20, ac wedyn yma a thraw.

[2] *Caniadau Elfed* (Caerdydd 1909), 150-1. Daw'r dyfyniadau o gerddi Elfed oll o'r argraffiad hwn.

[3] Alan Rudrum, *Henry Vaughan*, Cyfres *Writers of Wales* (Caerdydd 1981), 47.

[4] 'Llyfrau Defosiynol', *Y Dysgedydd* (1910), 203.

[5] D. Gwenallt Jones, 'Elfed: Bardd Dwy Genhedlaeth', *Llafar* (Gŵyl Dewi 1956), 17.

[6] Alan Rudrum, op.cit., 41.

[7] Art. cit., 27.

[8] 'Barddoniaeth Elfed', *Y Genhinen* (Haf 1954), 159.

[9] Art.cit., 26.

[10] ibid., 25 a 27.

[11] 'Yr Emyn Cymreig', *Adroddiad Undeb yr Annibynwyr Cymraeg*, Llangefni, 1923, 96.

[12] Gerald B. Kauvar a Gerald C. Sorensen, *The Victorian Mind* (London 1909), 231.

[13] Alan Rudrum, op.cit., 35.

[14] Dyfynnir yn D. Gwenallt Jones, *Bywyd a Gwaith Islwyn*, Cyfres Pobun (Lerpwl 1948), 31-2.

[15] ibid., 32.

[16] 'Elfed y Bardd', *Y Dysgedydd* (1954), 73.

[17] O'r gerdd 'Llyn Bethesda', yn R. M. Jones, *Blodeugerdd Barddas o'r Bedwaredd Ganrif ar Bymtheg* (Llandybïe 1988), 48.

[18] *Y Caniedydd*, Undeb yr Annibynwyr Cymraeg (Abertawe 1961), 34.

[19] William Davies , 'Casgliadau o Lên Gwerin Meirion', *Cofnodion a Chyfansoddiadau Buddugol Eisteddfod Blaenau Ffestiniog*, 1898, 183.

[20] *Cofnodion a Chyfansoddiadau Buddugol Eisteddfod Bangor, 1902*, 22.

[21] Loc.cit.

[22] Traethawd Arobryn Eisteddfod Gadeiriol Meirion, Calan 1888. Gweler *Y Geninen* (1889), 88.

SAUNDERS LEWIS, APOSTOL PATRIARCHAETH

I

DECHREUWYD cyhoeddi *Blodeuwedd* yn ystod y cyfnod 1923-5 ar dudalennau'r *Llenor*, er nad ymddangosodd y ddrama yn ei ffurf gyflawn, orffenedig, tan 1947. Lluniwyd hi ar derfyn cyfnod llenyddol yng Nghymru, cyfnod o ryw ddeng mlynedd ar hugain pan oedd syniadau'r mudiad rhamantaidd yn eu bri. Lluniesid pryddest W. J. Gruffydd, *Trystan ac Esyllt*, ar gyfer Eisteddfod Bangor, 1902, a chyhoeddwyd fersiwn diwygiedig ohoni yn *Caniadau a Cherddi*, 1906. Enillasai R. Williams Parry gadair Eisteddfod Colwyn, 1910, â'i awdl *Yr Haf*, ac ailgyhoeddwyd hon yn y gyfrol *Yr Haf a Cherddi Eraill* yn 1924. Cyfamserol felly oedd cyhoeddi dwy act gyntaf *Blodeuwedd* a chyhoeddi casgliad Williams Parry o'i gerddi. Serch cnawdol yw pwnc *Blodeuwedd*, fel *Trystan ac Esyllt* ac awdl *Yr Haf*, ond adwaith yn erbyn syniadau beirdd y mudiad rhamantaidd a geir gan Saunders Lewis yn *Blodeuwedd*, fel yn *Siwan* yn ddiweddarach.

Pwysodd Saunders Lewis ar syniadau a motifau nodweddiadol o'r rhamantwyr wrth lunio ei ddarlun ei hun o serch cnawdol. Dyna'r pwyslais a geir ar athroniaeth 'tegwch y funud' – 'Bydd heno'n ddigon heno, a heno i mi yw byth' medd Gwilym Brewys wrth Siwan. Eto, dyna ddelwedd y cwpan swyn, y cwpan sy'n ganolbwynt stori Trystan ac Esyllt. Ceir chwarae â'r un syniad yn yr olygfa lle y gwelir Blodeuwedd a Gronw Pebr yn yfed o 'gwpan serch' i selio'r cyfamod sydd rhyngddynt. Yr enghraifft amlycaf oll, efallai, yw'r modd y defnyddir y gân Ffrangeg am Drystan ac Esyllt yn *Siwan* yn adlais o hanes serch Siwan a Gwilym. Ond er defnyddio'r elfennau hyn yn ei waith, eu defnyddio er mwyn gwrthod eu symboliaeth a'u harwyddocâd a wna Saunders Lewis. Rhoddodd inni, yn y ddwy ddrama, y darlun rhamantaidd traddodiadol o serch, eithr drylliodd y darlun a rhoi inni, yn ei le, ddarlun o serch priodasol fel unig sylfaen bywyd trefnus a gwâr.

Er i Saunders Lewis wrthod athroniaeth y rhamantwyr am serch, derbyniodd eu syniadaeth mewn un cyfeiriad, sef cysylltiad serch a marwolaeth. Dywed Alun Llywelyn-Williams mai 'Marwolaeth, mewn gwirionedd, yw nod y serch rhamantaidd... ymglyma serch ac angau ym meddylfryd y rhamantwyr Cymraeg'.[1] Ceisio egluro paham y dewisodd Saunders Lewis, fel y rhamantwyr, arddel y berthynas rhwng serch ac angau, er gwrthod ohono eu dysgeidiaeth gyffredinol am serch, fydd diben y sylwadau hyn.

II

YN y myth mwyaf dylanwadol yn hanes gwareiddiad, sef hanes y Cwymp yn Eden, gwraig sy'n gyfrifol am ddwyn pechod a marwolaeth i'r byd – 'Y wraig a roddaist gyd â mi, hi a roddodd i mi o'r pren.' Efa'r Cristnogion, fel Pandora'r Groegiaid, yw ffynhonnell pechod dyn. Ac nid digon datgan mai merch yw ffynhonnell pechod. O holl bechodau dynion, pechod rhywiol, yr unig fath ar bechod sy'n ymwneud â merch o angenrheidrwydd, yw'r pechod cyntaf a'r pwysicaf yng ngolwg cymdeithas. Ymwybyddiaeth o bechod rhywiol a aeth â phrif sylw byd ac eglwys. Dilynodd Saunders Lewis, yn hyn o beth, draddodiad yr oesau. Un yn unig o'r saith bechod marwol a fu'n bwnc ei fyfyrdod a'i sylwadaeth fanwl. Y mae'r cysylltiad hwn rhwng merch a phechod yn un cwbl sylfaenol, yn uno Saunders Lewis ag aelodau'r mudiad rhamantaidd. Meddai Silyn yn ei gerdd 'Y Lili yn Llatai':

> Anwylach na'm henaid anfarwol
> I mi ydyw Olwen, fy mun.

Nid yw Olwen yma yn ddim ond enw arall ar Efa. Yr unig wahaniaeth yw bod y rhamantwyr, yn wahanol i Saunders Lewis, yn dewis anwybyddu canlyniad eu pechod.

Syniad sylfaenol arall yn hanes y Cwymp yw bod pechod a marwolaeth yn dwyn perthynas annatod â'i gilydd. Canlyniad bwyta o ffrwyth y pren yw'r ddau: 'Duw a ddywedodd, na fwytewch ohono ac na chyffyrddwch ag ef, rhag eich marw'. Dweud dadlennol yn y cyswllt hwn a geir gan Ronw Pebr, pan yw'n ymwrthod â'i serch at Flodeuwedd, ac yn dewis marwolaeth anrhydeddus yn ei le: 'A hoffi dy chwaer angau yn fwy na thi'. Yn yr ymadrodd hwn, o fewn cwmpas bychan iawn, dywedir dau beth dwfn eu harwyddocâd. Yn gyntaf, y mae Blodeuwedd, sy'n ymgorfforiad o bechod rhywiol, ac angau, yn perthyn i'w gilydd fel dwy chwaer, ac felly'n tarddu o'r un cyff; ac yn ail, dwy chwaer ydynt, nid brawd a chwaer na dau frawd. Personolir pechod ac angau, a'u personoli fel merched. Merch a serch rhywiol; serch rhywiol a phechod; pechod ac angau; angau a merch – gwelir yng ngeiriau Gronw fynegi clwm o gysylltiadau sy'n sylfaenol ym meddwl dyn. Nid anodd dod o hyd i enghreifftiau eraill o'r clwm cysylltiadau hwn yng ngwaith Saunders Lewis. 'Cyllell yn y galon ydy pob cariad merch' medd Dora yn *Cymru Fydd.* Yr enghraifft amlycaf yw'r disgrifiad o'r freuddwyd a ddaw i Fonica un prynhawn, ei bod hi'n dduwies serch ac yn dduwies marwolaeth yr un pryd. Y mae ganddi'r gallu i ddenu ac i ladd:

> Ym mhen uchaf y deml, rhwng dau biler o liw gwaed, yr oedd cadair o farmor claerwyn, ac ynddi eisteddai Monica. Eisteddai mewn gwisg wenllaes offeiriades gyda sandalau am ei thraed a breichledau trymion o amgylch ei migyrnau. Yr oedd ei breichiau'n noeth ac ar ei gliniau gorweddai cleddyf miniog. Daeth dau negro i'r deml o'r tu cefn i'r orsedd a rhyngddynt garcharor dan gadwynau a gorchudd o liain dros ei wyneb... troes Monica ato a chododd ei chleddyf a thrywanodd ef rhwng ei ddwyfron oni syrthiodd yn gelain dros y dibyn i blith y dorf; a phan syrthiodd datguddiwyd ei wyneb, a gwelodd Monica mai Bob Maciwan ydoedd.

Y mae Monica yma yn un â duwiesau megis Circe, neu'r Ondines, ysbrydion y môr, sy'n hudo dynion i'w dinistr. Mewn hanesion tebyg i'r rhain, perir i ferch symboleiddio'r hudoliaeth gnawdol honno sy'n arwain, yn y pen draw, at farwolaeth. Rhyfedd, ar un olwg, yw cysylltu merch â marwolaeth fel hyn, oherwydd saif merch hefyd, yn rhinwedd ei swyddogaeth fiolegol, yn arwydd o fywyd a ffrwythlonder a gobaith am y dyfodol. 'Nid dychmygu'r dyfodol yn unig y mae merch, ond llunio'r dyfodol, cario'r dyfodol, magu'r dyfodol. I hynny mae ei chroth hi'n dda', medd Bet yn *Cymru Fydd.* Fel merch y synnir am y ddaear, a merch hefyd yw natur. Mor gyffredin yw ymadroddion tebyg i 'y fam natur' fel na sylwn arnynt, heb sôn am amgyffred eu harwyddocâd.

Wrth gysylltu merch â'r ddaear ac â natur, yr ydym yn ei gwneud hi'n arwydd o'r grym hwnnw sy'n tynnu'n groes i arferion a safonau cymdeithas wâr. 'Human society is an antiphysis, – in a sense it is against nature',[2] medd Simone de Beauvoir. Pan fo dyn yn ymgyrraedd at fyd

yr ysbryd, ceisio concro natur y mae. Hyn oedd hanes brwydr ysbrydol
Ann Griffiths:

> Er mai cwbwl groes i natur
> Yw fy llwybyr yn y byd.

Yn sgîl hyn y deellir perygl Blodeuwedd i ddynion. Nid peryglu
moesoldeb rhywiol yn unig y mae hi, ond peryglu seiliau moesoldeb yn
gyffredinol, a hyn am mai grymusterau byd natur sy'n ei rheoli. 'Enaid y
gwanwyn gwyrf mewn corff o gnawd' yw hi, plentyn y storm yn
'dawnsio yn y ddrycin wyllt'. Y mae'r grymusterau sy'n ei rheoli hi yn
wrth-foesol:

> O enaid, beth yw c'wilydd? 'Wn i ddim
> Sut mae cywilyddio...

medd hi wrth Wydion. Os caf fynegi'r peth ar ffurf cyfresymiad: merch
yw natur; y mae natur yn wrth-foesol; felly y mae merch yn wrth-foesol.
Dyma duedd y meddwl, pa un ai y mynegir y syniad yn llawn ai peidio.
Yn yr un modd ag y mae grym natur mewn merch yn peri ei bod hi'n
peryglu moesoldeb a threfn gymdeithasol, perir hefyd iddi filwrio yn
erbyn y deall. Grym gwrth-ddeallol yw merch. Y mae'r syniad hwn
ymhlyg yng nghyhuddiad Dewi yn *Cymru Fydd*: 'Y ffaith ydy fod
gennych chi ormod o 'fennydd i ymddwyn fel mam'. Y mae'r agwedd
meddwl hwn yn treiddio i feirniadaeth lenyddol Saunders Lewis hefyd.
Sylwer ar ei ddisgrifiad o emynau Ann Griffiths:

> Ar ei uchel-fannau, canu benywaidd yn ystyr ardderchocaf y
> gair yw canu Williams. Canu gwrywaidd, canu'r ymennydd a'r
> deall yw canu merch Dolwar. [3]

III

CYRHAEDDODD y syniad am ferch fel grym bywydol ar y naill law, ac
fel grym marwol ar y llall, ei benllanw ym mythau'r Parcae a'r Moirae.
Duwiesau geni oedd Parca a'i chymdeithion Nona a Decima. Terddir yr
enw Parca o *parere*, esgor, gan ysgolheigion Lladin, a chyfeiriad at dymor
beichiogrwydd a geir yn enwau'r ddwy arall. Adwaenid y Parcae hefyd
fel Mortae, oherwydd ystyrid marwolaeth yn rhan o'u teyrnas yn
ogystal. Enw arall eto arnynt oedd Fatae, gan mai hwy a ragordeiniai
gyfran dyn ar y ddaear. Cysylltir Parcae'r Rhufeiniaid â Moirae'r
Groegiaid, duwiesau tebyg a bennai hyd tymor dyn ar y ddaear. Hwy, ar

faes y frwydr, a benderfynai pwy oedd i fyw a phwy oedd i farw. Yr oedd y Groegiaid a'r Rhufeiniaid yn gytûn yn hyn o beth: er y gellid gohirio dedfryd marwolaeth, ni ellid ei throi heibio. Yr oedd gorchymyn y Parcae a'r Moirae parthed marwolaeth yn ddiwrthdro. Datblygiad ar y cysylltiad sylfaenol hwn rhwng merch a marwolaeth, y cysylltiad a adlewyrchir ym mythau'r Parcae a'r Moirae, yw'r ffaith yr ystyrir mai gwaith merch yw galaru ar ôl y meirw. Pwysleisir, yn y pedair efengyl, mai'r gwragedd, a Mair Magdalen yn bennaf yn eu plith, a aeth at fedd yr Iesu i alaru. 'Women must weep' chwedl y Sais.

O holl weithiau Saunders Lewis, *Monica* sy'n dangos gliriaf baradocs y cysylltiad rhwng geni a marw. Gwraig yw Monica sy'n dwyn bywyd newydd yn ei chroth. O achos hynny, y mae hi'n ewyllysio marw. At yr afiechyd corff, y dropsi, sy'n ei blino, mae hi'n dioddef hefyd gan afiechyd meddyliol, morbidrwydd eithafol sy'n achosi iddi gyflawni math ar hunanladdiad drwy wrthod ymgynghori â meddyg ynghylch ei chyflwr. Y mae hi felly yn dwyn bywyd a marwolaeth o'i mewn, a hi piau'r dewis rhyngddynt. Ei dewis cwbl fwriadol hi yw ei marwolaeth ei hun a marwolaeth ei phlentyn. Sylweddola Bob, ei gŵr, mai dewis bwriadol ar ran Monica yw marwolaeth; gesyd y peth ar ffurf cwestiwn i'w gyfaill Ned Rhosser: 'Wyt ti'n meddwl y gall gwraig fod mor eiddigus o'r plentyn yn ei chroth hi fel y myn hi farw ei hunan er mwyn ei ladd ef?' Yr hyn sy'n bwysig yn sefyllfa Monica yw bod modd iddi ddewis rhwng bywyd a marwolaeth. Y mae'r gallu yn ei llaw, a gwelir yn y gallu hwn adlais clir o alluoedd deublyg y Parcae, sy'n alluog i reoli geni a marw ym myd dynion.

Rhaid ceisio egluro paham y mae Monica yn dewis marwolaeth yn hytrach na bywyd. Gwedd ar hunanoldeb Monica yw'r eiddigedd y sylwodd Bob arno wrth sgwrsio â Ned Rhosser. Ei hunanoldeb sy'n peri iddi wrthod derbyn ei chyfrifoldeb newydd, a gwrthryfela am fod 'hawliau a gyrfa newydd yn galw arni'. Creasai Monica ddarlun ohoni ei hun fel duwies serch, rhyw Gleopatra neu Fadame de Pompadour:

> Meistresi serch oeddynt iddi hi, rhianedd a gasglasai bob hudoliaeth golud a chelfyddyd o amgylch eu cyrff yn unig er mwyn plygu calonnau eu cariadon... a phob un ohonynt yn ymgnawdoliad o'i delfryd hi ohoni ei hunan.

Gwelodd ei bod yn amhosibl cysoni bod yn fam â bod yn eilun cnawdol, a bod yn rhaid iddi bellach dderbyn fod y ddelwedd a goleddai ohoni ei hun wedi'i chwalu am byth. Y mae yng ngwrthryfel Monica felly elfen ddyfnach na hunanoldeb, yn ystyr arferol y gair, sef protest yn erbyn y ffaith fod ei sefyllfa newydd yn golygu ei bod hi'n colli ei hunaniaeth, yn colli'r syniad a oedd ganddi amdani ei hun fel person ar wahân. Ni fyn hi golli ei hunaniaeth wrth gyfrannu at barhad yr hil.

Daw ymateb Monica â ni wyneb-yn-wyneb ag un o'r gwirioneddau sylfaenol – yng ngeiriau Hegel, 'Y mae genedigaeth plant yn farwolaeth i'w rhieni'. Y mae geni plentyn yn golygu bod yn rhaid i rieni ailystyried eu llwybr yn y byd, gan fod 'hawliau a gyrfa newydd yn galw'. Bellach, nid unigolyn mo'r tad neu'r fam, nid person cyflawn, annibynnol yn cysylltu'n uniongyrchol â'r byd o'i gwmpas, ond bod rhanedig, yn cysylltu â'r byd i raddau drwy'r plentyn sy'n gnawd o'i gnawd ef, ond sydd ar yr un pryd yn fod gwahanol iddo ef. Canlyniad hyn yw gwanhau syniad yr hunan, gwanhau'r ddelwedd sydd gan ddyn ohono'i hun fel bod cyflawn ar wahân. Er bod y broses hon yn angenrheidiol i barhad dynoliaeth, eto gall y profiad o golli'r hunan yn yr hil, fel petai, brofi'n drawmatig. Y mae rhieni yn eu haberthu eu hunain yn seicolegol yn ogystal ag yn gorfforol, a'r aberth seicolegol hwn yw gwreiddyn trawma Monica. Er bod yr hunaniaeth a greodd hi iddi ei hun yn ffals, am iddi ei seilio ar wagedd, y mae ei hymateb i golli'r hunaniaeth honno yn seicolegol ddilys ac yn rhan o brofiad y ddynoliaeth yn gyfan.

Nid anodd egluro paham y tyfodd y cysylltiad isymwybodol hwn rhwng geni a marw, na'r rheswm dros gysylltu'r ddwy broses â merch. Y mae'r fam ddaear yn dwyn bywyd i'r byd ac yn derbyn y corff marwol yn ôl i'w chôl. Am i bob dyn gael ei eni o wraig, fe'i genir yn y cnawd, ac yng nghnawd y newydd-anedig y gorwedd hedyn ei farwolaeth. Oherwydd cysylltu geni a marw fel hyn y tyfodd yr ofn a'r ffieidd-dod sy'n nodweddu agwedd yr oesau at y prosesau cenhedlol mewn merch. O'r ofn hwn y datblygodd y tabŵ sy'n gyffredin i bob gwareiddiad bron, mai aflan yw merch ar adeg misglwyf ac esgor. Ymgorfforir y tabŵ hwn yng nghyfraith yr Iddewon, er enghraifft. Dyfynnaf o lyfr Lefiticus:

> Os gwraig a feichioga, ac a esgor ar wryw, yna bydded aflan saith niwrnod: fel dyddiau gwahaniaeth ei misglwyf y bydd hi

aflan… a thri diwrnod ar ddeg ar hugain yr erys yng ngwaed ei phuredigaeth: na chyffyrdded â dim sanctaidd, ac na ddeued i'r cysegr, nes cyflawni dyddiau ei phuredigaeth.

Ac os bu i'r wraig esgor ar ferch, yna pery ei haflendid yn hwy. Yng ngoleuni geiriau Lefiticus y mae deall arwyddocâd geiriau Esther: 'Mae'r goron ohoni ei hun mor ffiaidd gen' i â chadach misglwyf'. Nid cyfeirio at gasbeth yn unig a wna Esther yma, ond ymgysylltu â chyfraith ei thadau. Ac y mae'r gyfraith honno, yn ei thro, yn adlewyrchu un o agweddau meddwl sylfaenol yr hil ddynol.

Mam-dduwies y gwareiddiad Cristnogol yw Mair. Ymgais i'w chodi uwchlaw'r clwm hwn o gysylltiadau rhwng cenhedlu, pechod, a marwolaeth yw hanes yr enedigaeth wyrthiol a'r pwyslais ar ei morwyndod parhaol hi. Serch hynny, ni all hi ddianc yn llwyr rhag amhuredd y cnawd. Y mae ei mab yn dduw ac yn ddyn, ond drwy ei fam y gwisgodd gnawd. Gellir dadlau mai dyna paham y pwysleisir presenoldeb Mair wrth groesbren ei mab; ei natur hi yn ei mab a barodd fod y farwolaeth yn bosibl. Er hyn, ar burdeb Mair y mae pwyslais pennaf y traddodiad Cristnogol. Dyrchafwyd hi drwy oesoedd Cred, gan briodoli iddi bob rhinwedd. Yng ngeiriau Saunders Lewis, mewn carol a genir ar ddechrau *Amlyn ac Amig*, hi yw

> dôr a ffynnon
> Y Goleuni a ddaeth i ddynion.

Cwlt y Forwyn Fair yw'r enghraifft amlycaf o'r modd y dyrchafwyd gwraig, ar hyd y cenedlaethau, i fod yn geidwad rhinweddau a dyheadau uchaf cymdeithas. Dyma'r paradocs: merch yw gwraidd pechod a marwolaeth ac y mae hi, oherwydd ei natur, yn milwrio yn erbyn gwarineb a'r deall; ond ystyrir mai hi hefyd sy'n gyfrifol am fywyd newydd ac am warchod gwerthoedd gorau'r ddynoliaeth. Ceir cryn bwyslais ar swyddogaeth foesol merch yng ngweithiau Saunders Lewis. Drwyddi hi y daw cariad i'r byd. 'Greddf mam yw gwraidd pob cariad' meddir yn *Siwan*. Hi yw'r grym dyneiddiol mewn bywyd, fel y dengys geiriau'r Iarlles yn *Brad*:

> Merch ydw' i, ac i mi byd dynol, nid byd gwyddonol, yw angen heddiw. Efallai mai dyma'n siawns olaf ni i geisio adfer safonau dynol yn Ewrop.

Pwysleisir hefyd swyddogaeth merch fel ceidwad. Thema amlwg yng ngwaith Saunders Lewis yw stiwardiaeth merch ar deulu a phriodas a threfn gymdeithasol, ond edrychir arni fel ceidwad mewn ystyr ddyfnach hefyd. Hi sy'n gyfrifol am enaid gŵr. Cadwedigaeth Marc yw cymhelliad Iris yn *'Gymerwch Chi Sigaret?*. Fel y dywed Calista:

> Hi a roes ei bywyd drosot ti, i'th gadw di rhag drwg... fe yfodd ei chwpan i'r gwaelod, – er dy fwyn di, er mwyn dy gael di gyda hi am byth... Fe adawodd hi rodd iti, llaswyr ei gweddïau hi.

Felly hefyd Dora yn *Cymru Fydd*. Dengys ei geiriau wrth ei gŵr, wedi iddo gyfaddef iddo deimlo euogrwydd yn pwyso arno wrth ddringo i'r pulpud, fod cyflwr ei enaid yn destun ei myfyrdod hi: 'Rwan y medra i wrando arnat ti'n pregethu heb ofni amdanat'. Dyfnheir arwyddocâd ei geiriau pan gofir mai gweinidog yw ei gŵr.

Ond er i Saunders Lewis roi mynegiant i'r syniad mai gwraig, a mam yn arbennig, yw gwraidd pob cariad a ffynnon pob daioni, gwelir yn ei waith hefyd adlewyrchu'r ffaith y gall gafael mam fod yn beth afiach. Portreedir mam Sarah Jones yn *Merch Gwern Hywel* fel gwraig genfigennus a hunanol yn ei hymwneud â'i phlant. Mwy dadlennol na'r condemniad ymwybodol a geir yn y nofel hon yw'r ddeuoliaeth a welir yn yr agwedd at famau ar lefel isymwybodol.

Dro ar ôl tro yng ngweithiau Saunders Lewis, pwysleisir y gorfoledd a ddaw i ddyn o fod 'yn dad teulu, yn rhoddwr bywyd i'r cenedlaethau'. Daw'r gorfoledd yn sgîl cyflawni'r ddyletswydd o sicrhau parhad llinach a chymdeithas a chenedl. Ar yr un pryd, y mae geni etifedd yn ennill personol i dad, am mai felly y gall ymryddhau o ddylanwad ei fam, 'datod c'lymau dy fam arnat' chwedl Blodeuwedd wrth Llew Llaw Gyffes. Cyfeiriad uniongyrchol at y chwedl a geir yma, wrth gwrs, ond y mae'r chwedl hithau yn adlewyrchiad o ffordd arbennig o synied am berthynas mam a mab. Derbynnir yn gyffredinol gan seicolegwyr mai perthynas o ddyled ac o ddibyniaeth yw perthynas mab â'i fam yn aml, a bod perthynas gŵr â'i wraig i raddau yn ddrych o'i berthynas â'i fam. Ail fam yw gwraig iddo, ar un olwg:

> a chyntafanedig gwraig
> Yw'r gŵr priod y rhoddir hi iddo yn eneth,

medd Alis yn *Siwan*. Cyn y gall gŵr priod goncro'r plentyn sydd ynddo a chyrraedd aeddfedrwydd llawn, rhaid iddo gyrraedd ystâd penteulu. Dyna paham y dywed Llew wrth Flodeuwedd:

> A'th barchu â chariad tad i fam ei feibion
> Pa garu mwy na hynny a allai neb?

Y mae'r ffurf uchaf ar gariad rhwng gŵr a gwraig, yn ôl geiriau Llew, yn anwybyddu'r ferch fel person ar wahân. Cerir hi am ei bod hi'n gyfrwng i'w gŵr gyrraedd ei lawn dwf, yn gyfrwng iddo ymddihatru'n llwyr o rwymau ei berthynas â'i fam.

O dderbyn hyn, deellir paham y mae'n rhaid i ŵr ennill cariad ufudd ei wraig. Dywedwyd fod ei wraig yn uniaethu â'i fam yn ei isymwybod. Golyga ennill ei hufudd-dod a'i hymostyngiad hi, felly, ei fod ef yn concro'r fam, yn llwyddo i drawsnewid y berthynas blentynnaidd rhyngddo ef a hi. Sylwer ar y modd y mae cariad Llywelyn at Siwan yn cyrraedd ei benllanw pan ddaw hi i'w gyrchu ef:

> A'r noson honno
> Ti a'm cofleidiodd i. 'Doedd gen' i ddim iaith
> I ddweud fy llesmair; meistrolais gryndod fy nghorff:
> Ond wedi'r noson honno bûm enbyd i'm gelynion,
> Cesglais Geredigion a Phowys a Deheubarth
> A'u clymu yng nghoron dy fab, iddo ef yn unig yng Nghymru.

Ceir elfennau tebyg yn hanes Esther ac Ahasferus. Pan ddaw Esther i ystafell y brenin heb ei gorchymyn, i erfyn arno am drugaredd – bryd hynny, a hithau'n gyfan gwbl ym meddiant ei gŵr ac yn llwyr iswasanaethgar iddo, y daw i'r brenin sicrwydd ei fod yn ei charu:

> Mae heno'n baradwys, fy mhriod, mae heno'n baradwys...
> Dechrau'n bywyd ni ydy' heno. Heno y daethost ti i'th deyrnas.

Mae'n bwysig fod Siwan ac Esther wedi cyrchu eu gwŷr o'u gwirfodd. Nid digon i wraig ymblygu, rhaid iddi ymblygu heb orfodaeth. Felly y ceir yr oruchafiaeth lwyraf. Dyfynnaf eiriau John Stuart Mill:

> Men do not want solely the obedience of women, they want their sentiments. All men, except the most brutish, desire to have, in the woman most nearly connected with them, not a forced slave, but a willing one; not a slave merely, but a favourite.[4]

Sylwer ar ddisgrifiad Saunders Lewis o'r Forwyn Fair, yn y garol y dyfynnwyd ohoni eisoes: 'Henffych well, O ufudd eiddgar'. Unwaith eto, perir inni weld, yng nghymeriad Mair, yr hyn a fyn dynion.

Pwysleisir yr elfen wirfoddol hon, yr eiddgarwch y sonnir amdano wrth ddisgrifio Mair, yn anuniongyrchol mewn ffordd arall. Yn y cyfeiriadau a geir gan Saunders Lewis at natur y cariad a deimlir gan ddynion at wragedd, condemnir unrhyw elfen o orfodaeth neu o drahauster o du'r gwŷr. Un rheswm am y dirmyg a deimlir at Bob Maciwan yn *Monica* yw iddo ddymuno y 'byddai yn ei serch y rhithyn hwnnw o led-ddirmyg neu dosturi neu ymostyngiad, efallai, sy'n perffeithio cariad gwrywod'. Yn *'Gymerwch chi Sigaret?* gwelwn Iris yn tynnu coes Marc pan wêl hi elfen drahaus yn ei ymwneud â hi: 'Shîc! Cosac! Brando! Valentino! Y gwryw mawr cryf! Arwr a charwr y ffilmiau Americanaidd cyfalafol!'. A phan yw Llywelyn yn ymddwyn tuag at Siwan mewn ffordd sy'n groes i hyn, gan ddangos tiriondeb a hunan-ddisgyblaeth, enynnir ein parch a'n cydymdeimlad:

> 'Ddoluriais i monot ti â chusanau trwsgl
> Na chwys cofleidio erchyll; ymgosbais yn daer
> Fel na byddwn ffiaidd gennyt; bûm ara' a chwrtais a ffurfiol;
> A diflannodd dy gryndod; daeth y stafell hon iti'n gartref
> A minnau'n rhan, nid rhy anghynnes, o'r dodrefn.

Y mae ufudd-dod gwraig i'w phriod yn golygu yn y pen draw fod gwraig yn ymgolli'n llwyr yn ei gŵr, fod ei phersonoliaeth hi yn ymdoddi i'w bersonoliaeth ef. Yn yr un modd, gall mam ymgolli yn ei mab. Fel y dywed Dora yn *Cymru Fydd*: 'Rydw i ar goll eisys, ar goll am byth, ar goll yn Dewi'; neu'r Iarlles yn *Brad*: 'Nid *amdanat* ti yr ydw' i'n meddwl, y ffŵl twp. Ti *yw* fy meddwl i'. Ac os hawlir bod gwraig yn ymroi fel hyn i'w gŵr, yna cam bychan sydd at ddisgwyl iddi aberthu ei bywyd drosto, os oes raid. Y mae'r Iarlles yn barod i wneud hynny er mwyn y gŵr y mae'n ei garu, ac i ystyried yr aberth yn bleser hyd yn oed:

Albrecht: 'Rwy'n rhyw amau fod y syniad o ferthyrdod yn seleri Berlin yn rhoi ias o bleser i chi.

Iarlles: Fe *allai* roi pleser imi, petai e'n arbed un arall.

Y mae Else yma, ac Iris yn *'Gymerwch chi Sigaret?* yn dilyn yr un llwybr ag Alcestis y Groegiaid, neu'r *Sati* yn yr India o ran hynny, sef llwybr diddymdra personol. Yn awr, disgwylir i ddynion eu haberthu eu

161

hunain ar brydiau hefyd, ond nid yn yr un ffordd. Pan fo dynion yn rhoi eu bywyd o'u gwirfodd, gwnânt hynny dros ddelfryd o ryw fath, boed hwnnw'n grefyddol, yn wleidyddol, neu'n foesol. Gwelir y gwahaniaeth yn eglur yn *Brad*. Cariad at ŵr yw cymhelliad pennaf yr Iarlles i weithredu, ond gwarchod anrhydedd yr Almaen a gwerthoedd uchaf corfflu'r swyddogion a wna Hofacker a'i gymheiriaid. Egwyddor yw eu hunig gymhelliad hwy. Bu awduron ar hyd y canrifoedd yn gyndyn o gydnabod y gall merch weithredu yn unol â gweledigaeth foesol aruchel. Tueddir i ystyried na all hi weithredu'n uniongyrchol dros egwyddor; rhaid iddi ddiriaethu egwyddor rywfodd neu'i gilydd, ac un ffordd o wneud hynny yw rhoi symbyliad ychwanegol i'w gweithredoedd, sef cariad at ŵr. Y mae'r agwedd meddwl a gafodd fynegiant yn llinell enwog Milton 'He for God only, she for God in him' i'w weld yng ngweithiau Saunders Lewis hefyd.

IV

RHAID holi paham y mae'r wraig yn ganolbwynt y fath glwm o baradocsau, paradocsau sy'n adlewyrchu, lawer ohonynt, ofnau a gobeithion sylfaenol bywyd dyn. Paham y mae gwraig yn ymgorfforiad o arswyd ac o ddirgelwch bywyd? Gwelodd Simone de Beauvoir ateb i'r cwestiwn yn y reddf imperialaidd honno a bair i ddyn fynnu concro arall, a cheisio eglurhad ar unrhyw beth sy'n achos anghysur neu ddirgelwch iddo o'r tu allan iddo'i hun: 'this phenomenon is a result of the imperialism of the human consciousness, seeking always to exercise its sovereignty in objective fashion'.[5] Bid a fo am eglurhad Mlle de Beauvoir ar achos y ffenomen; tybiaf fod yn rhaid derbyn ei disgrifiad hi o gategori'r 'arall' ym meddwl dyn, categori sy'n cynnwys yr elfennau dieithr a phroblematig mewn bywyd. Gwelir merch fel ymgorfforiad o'r aralledd hwnnw. Drwy lwyddo i goncro a rheoli merch, gall gŵr deimlo, i raddau, ei fod yn llwyddo i goncro aralledd bywyd.

Aralledd yw gwraidd yr ymagweddu at ferched y sylwyd arno uchod yng ngwaith Saunders Lewis, ac y ceisiwyd ei gysylltu ag ymagweddu dynion drwy'r oesau. Gŵr yw'r goddrych, merch yw'r gwrthrych ym meddylfryd yr oesau. Cyflwr arbennig, *specific*, yw bod yn wraig i Saunders Lewis, ystâd i'w disgrifio a'i dadansoddi'n ddi-ben-draw. Ni cheir ganddo ddadansoddiad cyfochrog o ystâd arbennig gŵr, am fod ei swyddogaeth ef, a'i fodolaeth yn wir, yn gyffredinol. Os caf roi'r peth mewn ffordd arall, edrychir ar ŵr fel aelod o'r hil ddynol yn gyfan, gwraig fel aelod o rywogaeth arbennig. Dosbarthiad geiriadur Spurrells, N ac NF, a geir gan Saunders Lewis. Fel y dywed Dewi yn *Cymru Fydd*: 'Mae'n gas gen i ferched. Does gan ddyn ddim arfau yn eu herbyn nhw'. Dyna osod merched y tu allan i norm y ddynoliaeth. Ac oherwydd mai rhywbeth y tu allan i'r norm yw merched, tadogodd Saunders Lewis arnynt, yn ymwybodol neu'n anymwybodol, lawer o'r cyneddfau a'r galluoedd nad oes deall arnynt. Crynhoir ei agwedd yn agoriad y gerdd 'Mair Fadlen': 'Am wragedd ni all neb wybod'.

Yn hyn o beth, nid yw Saunders Lewis yn wahanol i'r mwyafrif o'i gyd-ddynion. Fel y ceisiais ei ddangos, y mae llawer o'r syniadau am ferched a fynegir neu a led-fynegir ganddo yn codi o haen sy'n gorwedd yn ddwfn iawn yn ymwybyddiaeth dynion, mor ddwfn yn wir nes peri ei cholli'n aml yn yr isymwybod. Y mae'r syniadau hyn yn rhai digon sylfaenol i'w uno ef ag aelodau mudiad rhamantaidd dechrau'r ganrif. Yr hyn sy'n nodedig ynglŷn â gwaith Saunders Lewis yw'r modd y mae'r haen isymwybodol hon yn ei feddwl yn clymu â'r haen ymwybodol, yn clymu â'r deall, os mynner. Aralledd yw sail yr agwedd meddwl patriarchaidd, yr agwedd meddwl y buwyd yn ei ddisgrifio uchod. Neges ddeallol Saunders Lewis – ac fe'i ceir yn ei ysgrifeniadau gwleidyddol a'i ysgrifeniadau llenyddol fel ei gilydd – yw hon: fod dyfodol gwareiddiad yn dibynnu ar sefydlogrwydd a pharhad priodas a theulu a chenedl. Ei gymdeithas ddelfrydol ef yw'r gymdeithas Gristnogol, genedlgarol, deuluol, berchentyol. Mewn gair, y gymdeithas batriarchaidd. Sefydliadau patriarchaidd yw teulu ac eglwys a llywodraeth gwlad, oherwydd ynddynt oll, y mae'r gallu gweithredol, llywodraethol yn llaw gwŷr. Creadigaethau'r imperialaeth batriarchaidd ydynt, yn eu ffurfiau hanesyddol.

Er mwyn diogelu'r sefydliadau hyn, a chadw'r grym llywodraethol lle y mae ar hyn o bryd, rhaid i wraig ei chysegru ei hun i ofal teulu, oherwydd bod parhad y sefydliadau patriarchaidd, yn y pen draw, yn dibynnu ar sefydlogrwydd y teulu. Fel y dywedodd yr Americanes Kate Millett, gan ddyfynnu geiriau Aileen Kraditor:

it was not so much that 'social order required the subord-
ination of women: rather, to the conservatives it required a
family structure that involved the subordination of women'.[6]

Clywais ddweud fod y lle canolog a roddir i ferched yng ngweithiau
Saunders Lewis yn adlewyrchiad o'r gymdeithas fatriarchaidd a geir yng
Nghymru. Nid felly. Po fwyaf y pwysleisir lle'r ferch o fewn y teulu a
pho uchaf y prisir ei swyddogaeth fel gwraig briod a mam, po gadarnaf
fydd seiliau'r drefn batriarchaidd. Nid damwain mo'r ffaith mai'r eglwys
a rydd y lle amlycaf i Fair, mam yr Iesu, ac sy'n gwahardd defnyddio
dulliau sicr o atal cenhedlu, yr eglwys y perthyn Saunders Lewis iddi,
yw'r un helaethaf ei grym awdurdodol. Pan fo hi'n fater o ddiogelu
awdurdod y sefydliadau patriarchaidd, boed y rheini'n eglwysig neu'n
wladwriaethol, ceir pwyslais ar swyddogaeth gwraig fel mam. Ochr-
yn-ochr â gwaharddiad yr Eglwys Gatholig ar atal cenhedlu, gosoder y
gwaharddiad tebyg yn yr Almaen a Siapan yn ystod y tridegau, pan
oedd ystyriaethau grym cenedlaethol yn uchaf ym meddwl arweinwyr y
ddwy wlad. Cynnyrch mudiad teuluol, gwrth-ffeministaidd yr ugeiniau
a'r tridegau yw syniadau Saunders Lewis am swyddogaeth merch.
Disgrifir y mudiad hwn gan Kate Millett fel:

> the reaction which in the 1920s followed the first phase of
> sexual revolution and whose energy centered about the family,
> the preservation of its roles and the necessity of their main-
> tenance through the corollaries of 'masculine' and 'feminine'...[7]

Canlyniad yr adwaith hwn yn erbyn ffeministiaeth dechrau'r ganrif
oedd creu cwlt y fam, cwlt a welir ar ei gryfaf ym mhropaganda
gwleidyddol yr Almaen yn y cyfnod cyn y rhyfel. Wedi'r rhyfel, lledodd
y cwlt i'r America, ac am gyfnod o ugain mlynedd wedyn, bu pwyslais
mawr yno ar swyddogaeth y ferch fel mam, ac ar y cartref fel unig faes
ei gweithgarwch. Ffaith ddadlennol yw i lai o ferched ennill doethur-
iaeth yn yr Unol Daleithiau yn ystod y pumdegau nag yn ystod y
tridegau.[8] Yn ei dro, rhoddodd y mudiad hwn fod i'r adwaith ffyrnig
presennol, a gychwynnodd yn y wlad honno. Grym chwyldroadol yw'r
ffeministiaeth hon, grym sy'n gwbl groes i geidwadaeth hanfodol
athroniaeth wleidyddol a chymdeithasol Saunders Lewis.

[1] *Y Nos, Y Niwl, a'r Ynys* (Caerdydd 1960), 67-8.

[2] Dyfynnaf o gyfieithiad H. M. Parshley, *The Second Sex* (Llundain 1972), 84.

[3] 'Ann Griffiths: Arolwg Llenyddol' yn *Trafodion Anrhydeddus Gymdeithas y Cymmrodorion*, 1965, Rhan II, 250.

[4] *The Subjection of Women* (Llundain 1870), 26.

[5] *The Second Sex*, 88-9.

[6] *Sexual Politics* (Llundain 1972), 157-8.

[7] ibid., 126.

[8] Am ddisgrifiad o gwlt y fam ym mywyd yr Unol Daleithiau, a'i effaith ar ferched, gw. astudiaeth Betty Friedan, *The Feminine Mystique* (Llundain 1965).

LLYTHYR GAN CAESAR VON HOFACKER

D DECHRAU mis Ebrill 1944 yr oedd y Cyrnol Dr Caesar von Hofacker ym Mharis, wrth ei waith yn Swyddfa Llywodraethwr Milwrol Ffrainc. Ef oedd arweinydd y gwrthsafiad Almaenig yn y Gorllewin, ac un o brif symbylwyr y cynllwyn i ladd Hitler. Yr oedd y cynllwyn hwnnw i gael ei weithredu ymhen llai na phedwar mis, ar yr ugeinfed o Orffennaf. Gartref yn yr Almaen, yr oedd dau o'i blant, Eberhard ac Annele, yn paratoi ar gyfer eu conffirmasiwn. Ar yr achlysur hwnnw, ysgrifennodd eu tad atynt o Baris. Y mae'r llythyr a luniodd, ynghanol cythrwfl y paratoi a'r cynllunio ar gyfer y putsch, yn destament personol nodedig iawn. Yn sicr, y mae'n gymorth i ni ddeall daliadau a chymhellion yr uchelwr hwn o filwr, a ddewisodd weithredu fel y gwnaeth pan oedd hi'n awr o argyfwng ar yr Almaen. I ddarllenwr o Gymro, mae diddordeb y llythyr yn ddeublyg, am mai Hofacker yw prif gymeriad drama Saunders Lewis, *Brad*. Yn wir, yn hanes y cais i ladd Hitler cafodd Saunders Lewis bwnc delfrydol, ac yn Hofacker arwr delfrydol, ar gyfer ei fethod a'i feddylfryd arbennig fel dramodydd.

Pwnc sylfaenol dramâu Saunders Lewis yw dyn a'i gyfrifoldeb, cyfrifoldeb at deulu, at gymdeithas, at wlad, ie ac at wareiddiad arbennig. Method sylfaenol ei ddramâu yw gosod dyn wyneb-yn-wyneb â'i gyfrifoldeb, a gwneud iddo ddewis, *in extremis*, rhwng ei gysur ei hun ar y naill law a'i ddyletswydd ar y llaw arall. Weithiau bydd ei gymeriadau yn dewis un llwybr, weithiau byddant yn dewis y llall, ond nid oes amheuaeth ynghylch canlyniad y dewis: bydd eu gweithred yn dylanwadu ar ddyfodol teulu a chymdeithas a chenedl gyfan. Nid dyn yn ymladd yn erbyn ei dynged felly, na dyn yn dysgu derbyn tynged, fel yn nramâu Shakespeare, ond dyn yn llywio ac yn penderfynu ei dynged ef ei hun a'r rhai sy'n dibynnu arno. Rhoddodd Saunders Lewis i'w gymeriadau ewyllys rydd. Rhoddodd iddynt hefyd ddeall ac amgyffred uwch na'r cyffredin. Wrth wynebu'r dewis, mae ei gymeriadau yn medru dadansoddi achos ac effaith eu gweithredoedd. Maent yn deall arwyddocâd eang eu sefyllfa, ac yn ei egluro. A'r hyn sy'n dwysáu'r dewis yw safle cymdeithasol ei gymeriadau: arweinwyr gwlad – neu eu gwragedd – ydynt, ac y mae'r pwysau yn y glorian felly'n drwm. I Hofacker, dyfodol cenedl, a dim llai na hynny, sydd yn y fantol: 'mae hi'n awr o dynged i'r Almaen heno yn y stafell hon' meddai.

Beth felly a barodd iddo wneud fel y gwnaeth? Y peth cyntaf yn ddiau oedd traddodiad arbennig corfflu swyddogion y fyddin. Mae'r traddodiad hwnnw eisoes wedi ei ddisgrifio'n llawn gan y Dr Prys Morgan (*Ysgrifau Beirniadol* V), a gwelwn, o ddarllen ei ysgrif ef, fod darlun Saunders Lewis o Hofacker yn cydgordio'n berffaith â'r gwirionedd hanesyddol. Uchelwyr o Brwsia oedd llawer o aelodau'r corfflu, gwŷr a oedd yn ymwybodol iawn o'u dyletswydd hanesyddol fel arweinwyr y genedl. Fel y dywed Hofacker, 'Byth er oes Ffrederig Fawr, traddodiad swyddogion y fyddin, *Corps* y Swyddogion, yw calon a chydwybod yr Almaen. Mae'n rhan o wareiddiad Ewrop'. Arwr y corfflu oedd Yorck von Wartenberg, a wnaeth gadoediad â'r gelyn yn 1812-3 yn erbyn ewyllys y brenin y tyngasai lw o ffyddlondeb iddo, a hynny er sicrhau dyfodol y genedl. Mae Hofacker yn cofio hyn:

> Ganrif a hanner yn ôl, ar y daith drwy'r eira o Mosco, ar noson olaf y flwyddyn enbyd honno, fe dynnodd y Cadfridog Yorck ei fyddin allan o gynghrair Napoleon, fe agorodd borthladdoedd Prwsia i elynion Ffrainc, yn groes i orchymyn ei ymerawdwr ei hunan, Ffredrig Wiliam. Y weithred honno a greodd yr Almaen fodern…

Yr oedd y weithred honno hefyd yn arwydd o'r ymdeimlad arbennig hwnnw â chyfrifoldeb a dyletswydd moesol a'i gwnaeth hi'n bosibl i Hofacker a'i gyd-swyddogion gynllwynio 'brad' yn erbyn Hitler.

Yr oedd gan y swyddogion esiampl felly, cynsail anrhydeddus i'w gweithred hwy. Ond y mae angen mwy nag esiampl yn gefn i weithredu enbyd o'r fath; y mae angen cymhelliad, argyhoeddiad dwfn fod yr hyn a wneir yn gyfiawn. Yn ei Gristnogaeth y cafodd Hofacker ei argyhoeddiad fod yn rhaid ystyried 'enaid yr Almaen' uwchlaw popeth arall. Yma eto, y mae'r darlun a geir yn y ddrama yn hanesyddol ddilys, fel y prawf llythyr Hofacker at ei blant. Dengys y llythyr hefyd fod Hofacker yn llinach arwrol y Cristnogion hynny a fynnodd wrthwynebu Natsïaeth ar dir cydwybod, er i'r gwrthwynebu hwnnw gostio'n ddrud iddynt. Yng ngeiriau Gertrud von le Fort, 'yn nyddiau dyfnaf ein gwarth a'n tywyllwch ysbrydol, daeth y tystion hyn i Grist, tystion i ddynoliaeth noblach, i'w cynnig eu hunain. Rhaid i'r ffaith hon fod yn destun diolch difesur i bob Almaenwr.'[1]

Yr oedd nifer o'r 'tystion' hyn ynghlwm wrth y cynllwyn i ladd Hitler, ond dylid nodi hefyd i rai wrthod ymuno am na fynnent gael eu cysylltu â thrais o unrhyw fath. Un o'r amlycaf o'r heddychwyr hyn oedd Iarll von Moltke. Ymffurfiasai cnewyllyn o wrthwynebwyr Hitler o'i amgylch ef, a daethpwyd i'w hadnabod fel 'cylch Kreisau', sef enw stad yr Iarll yn Silesia. Aethpwyd â Moltke i'r ddalfa ym mis Ionawr 1944 am iddo rybuddio cyfaill o gyd-wrthwynebwr fod bwriad i'w restio. Condemniwyd ef gan Lys y Bobl yn Ionawr 1945, ac fe'i dienyddiwyd ar y trydydd-ar-hugain o'r mis hwnnw yn Plötzensee. Mewn llythyr a ysgrifennodd at ei wraig o'r carchar, y mae'n mynegi diolch fod ei garchariad wedi ei arbed rhag bod yn rhan o'r cynllwyn:

> Ystyria ryfeddod y ffordd y paratôdd Duw y llestr annheilwng hwn o'i eiddo: ar yr adeg pan oedd perygl imi gael fy nhynnu i mewn i'r paratoadau ar gyfer y coup – daeth Stauffenberg i weld Peter gyda'r nos y pedwerydd ar bymtheg – tynnwyd fi allan ohono, ac yr wyf felly'n rhydd, ac yn dal i fod yn rhydd, o unrhyw gysylltiad â defnyddio trais.

Ymgysylltodd eraill o gyffelyb argyhoeddiad â'r cynllwyn er eu gwaethaf. Cyfaill i Moltke, ac aelod o gylch Kreisau, oedd Hans-Bernd von Haeften. Dienyddiwyd ef ar y pymthegfed o Awst 1944. Pan ofynnwyd iddo yn y llys a oedd yn gwybod ei fod yn euog o deyrnfradwriaeth, dywedodd 'O'r safbwynt cyfreithiol, y mae'n deyrnfradwriaeth; ond mewn gwirionedd, nid dyna ydyw. Oherwydd ni theimlwn mwyach fod teyrngarwch yn rheidrwydd arnaf. Gwelaf yn Hitler weithredwr y Drwg mewn hanes.' Am iddo gredu felly, gweithredodd Haeften, ond cyfeddyf yn ddiweddarach ei fod yn ystyried iddo bechu drwy wneud hynny. Mewn llythyr at ei wraig o garchar, dywed:

---

[1] Daw'r dyfyniad hwn, a'r rhai sy'n dilyn, o *Dying We Live* (Collins 1962), casgliad o lythyrau gan Gristnogion o Almaenwyr a oedd yn wynebu'r gosb eithaf oherwydd eu gwrthwynebiad i Natsïaeth.

Barbie, gwneuthum hyn oll gan ddymuno gweithredu'n gyf-
iawn gerbron Duw, ac o argyhoeddiad fy mod yn gwneud felly.
Ond mewn gwirionedd roeddwn yn anufudd, er imi ymbil arno
yn ddiffuant i'm harwain yn ei lwybrau, rhag i'm traed lithro.
Ond llithro a wnaethant.

Milwr oedd Hofacker, nid heddychwr, ond yr oedd ystyriaethau
moesol ac ysbrydol yn llywodraethu ei weithredoedd yntau, fel nifer o'i
gyd-swyddogion. Un o'r pwysicaf o'r rhain oedd Peter, Iarll Yorck von
Wartenberg, disgynnydd i arwr corfflu'r swyddogion. Wrth ei fam,
dywedodd mai 'gofal dros fy Almaen i' oedd wrth wraidd ei weithred,
ac mai 'ymdrech i hyrwyddo ei datblygiad mewnol ac allanol' ydoedd.
Wrth ei wraig, dywedodd hyn:

Gobeithio y derbynnir fy marwolaeth yn iawn am fy holl
bechodau, ac yn aberth dirprwyol a fydd yn dâl am ein heuog-
rwydd ni oll. Boed iddi hefyd gynorthwyo i leihau, pe na bai
ond o drwch blewyn, alltudiaeth ein hoes ni oddi wrth Dduw.
Yr wyf finnau hefyd yn marw dros fy ngwlad. Er i'm marwol-
aeth ymddangos yn ddianrhydedd, ac yn gywilyddus hyd yn oed,
troediaf y llwybr olaf hwn yn dalsyth a diwyro, a gobeithiaf na
welwch yn hyn na balchder na hunan-dwyll. Ein bwriad oedd
cynnau fflam bywyd. Amgylchynir ni gan fôr o dân – a'r fath
dan ydyw!

Cyffes ffydd debyg i eiddo Yorck von Wartenberg a geir yn llythyr
Hofacker at ei blant. Ysgrifennwyd ef cyn y putsch, ac anuniongyrchol
felly yw'r cyfeirio at yr hyn sydd i ddod. Ond drwy'r llythyr, gellir
ymdeimlo â chysgod Hitler, yr Anghrist ei hun. Oherwydd dyna ydoedd
Hitler i lawer o Almaenwyr – 'y Drwg mewn hanes' fel y dywedodd
Haeften, 'offeryn y Cythraul…wedi ymdynghedu…i droi'r holl gread-
igaeth, y cosmos oll, yn draed moch', yng ngeiriau Hofacker yn y
ddrama. Gwelai'r bobl hyn yr ymdrech yn erbyn Hitler yn nhermau
absoliwtiaeth Gristnogol: y drwg yn erbyn y da oedd hi, fel yr awgrymir
yn y llythyr. Nid anogaeth i'w blant ar ddechrau eu bywyd yn y ffydd yn
unig a geir yma felly ond apologia; ac ynddo, y mae Caesar von
Hofacker yn chwilio ac yn egluro ei argyhoeddiad a'i gymhellion ei hun
yn wyneb ei fwriad tyngedfennol:

F'anwyliaid, ar drothwy eich bedydd:

169

Paham y mae gennym achos, ar yr awr arbennig hon, dros ddatgan ein ffydd Gristnogol gydag arddeliad arbennig?

Am ein bod yn credu, yn gryfach nag erioed, ein bod, bob un ohonom, yn llaw Duw a'i fod Ef yn arwain unigolion a chenhedloedd a bod yn rhaid inni felly fod yn wylaidd a gostyngedig. Am ein bod yn credu fod yn rhaid i fodau dynol wrth wyleidd-dra a pharchedig ofn yn wyneb rhywbeth mwy a phurach a mwy goruchel na hwy eu hunain, onid ydynt i fod yn ysglyfaeth i falchder, megalomania, ac anghyfraith.

Am ein bod yn credu na ellir troseddu yn erbyn deddfau oesol daioni, mawrfrydigrwydd a chyfiawnder heb ddioddef am hynny, ac am ein bod yn credu nad yw dynion yn ufuddhau i'r deddfau hyn onid ydynt yn credu, nid yn unig fod y deddfau hyn yn bod, ond bod Duw, sy'n ewyllysio daioni ac yn gwrthwynebu drygioni, hefyd yn bod.

Am ein bod yn credu fod Duw, ym mherson mawr a chwbl arbennig Iesu Grist ein Gwaredwr, wedi cyflwyno rhodd i ddynion, wedi rhoi inni ddatguddiad na allwn fyth ddiolch digon amdano. Drwy eiriau'r Iesu, drwy ei fywyd a'i waith a'i ddioddefaint, dangosodd Duw i ni y rheolau a'r egwyddorion mawr ac arhosol hynny y mae'n rhaid i ni ddynion lynu wrthynt. Rhaid inni fyw ac ymdrechu yn unol â hwy os ydym i dyfu'n burach, hapusach, a gwell pobl.

Dysgeidiaeth Crist yw'r testament mwyaf a dwysaf a roddodd Duw i ni ddynion hyd yn hyn. Am yn agos i ddwy fil o flynyddoedd, mae hi wedi llywio datblygiad dynion, yn Ewrop yn arbennig, a thro ar ôl tro mae hi wedi ysgogi ac ysbrydoli'r gorau a'r noblaf ymhlith dynion i geisio codi'r ddynoliaeth i fywyd uwch ei foesoldeb. Ar yr adegau hynny pan oedd dysgeidiaeth Crist wedi ei gwyrdroi gan bobl gul eu meddwl neu wedi ei chamddefnyddio i ddibenion bydol, daeth rhywun, megis Martin Luther, bob amser i'w chodi hi uwchlaw'r sorod a'r sothach a'i throi eto yn sylwedd pur.

A bu, bob amser, ganlyniadau difrifol a thrychinebus pan gredai dynion y gallent fyw heb grefydd, hynny yw, heb ymrwymiad ysbrydol wrth Dduw, heb barch i allu uwch.

Gwir yw dweud na welwyd hyd yn hyn, drwy holl gwrs hanes, rym ysbrydol a lwyddodd, fel y llwyddodd Cristnogaeth, i beri i ddyn gofio bod pen draw i'w alluoedd, ac a wnaeth iddo ddeisyf y daioni a gwrthod drygioni.

170

Ac a ddylem wadu ein hymlyniad wrth y ffydd hon, a fu er cymaint o lesâd i ddynion, a broffeswyd gan gynifer o'n cyndeidiau, ac na ellir ei gorbwyso gan ddim o gyffelyb werth? Oni ddylem yn hytrach ei phroffesu yn llawen a phenderfynol, yn enwedig yn y dyddiau hyn, a hithau'n dyngedfennol bwysig i ni ddwyn sicrwydd mewnol, hyder a chadernid tawel unwaith eto i filiynau sydd mewn anobaith llwyr?

Y mae hi'n bosibl bod yn Gristion da ac yn Almaenwr da ar yr un pryd. Nid yw'r ddau beth yn wrthwyneb i'w gilydd, yn wir y maent yn cyfoethogi ac yn cynorthwyo ei gilydd. Cawn ni, Almaenwyr, fwy o barch gan genhedloedd eraill os na fydd ein gweithredoedd yn troseddu yn erbyn y deddfau Cristnogol hynny y maent hwythau hefyd yn eu parchu.

Arddel y ffydd Gristnogol, bod yn Gristion cryf a da, derbyn dysgeidiaeth dragwyddol y Gwaredwr, fel y gwelir hi yn y Testament Newydd, yn sail i'n gweithredoedd – nid yw hyn yn milwrio yn erbyn y dyletswyddau y bydd yn rhaid i ti, Eberhard, eu cyflawni fel Almaenwr ac ymladdwr, ac y bydd yn rhaid i ti, Annele, eu cyflawni fel Almaenes ac fel mam. Yn hytrach, ac yn fwy felly yn awr nag erioed o'r blaen, rhydd y ffydd Gristnogol i ni bopeth y mae'n rhaid i ni wrtho er mwyn bod yn esiampl bersonol yn y gwaith o arwain yr Almaen, ein cenedl druan, sy'n gwaedu gan fil o glwyfau, yn ôl i'w phriod lwybr.

Mae'r diwrnod hwn i chi yn sylfaen newydd i'ch bywyd yn y dyfodol. Bydded i chi, yn llinach hir eich hynafiaid, broffesu eich ymlyniad wrth y ffydd gyda balchder a dewrder.

Cofleidiaf chi mewn cariad ac ymddiriedaeth,

Eich tad

Milwr felly, a Christion. Dyma ddarlun y llythyr, a'r dramodydd yntau, o Caesar von Hofacker. Rhybuddiodd Saunders Lewis ni rhag chwilio *Brad* am wirionedd hanesyddol – 'drama hanes' ydyw, meddai, a gwir mai creadigaeth yr awdur yw rhai o'r pethau pwysig ynglŷn â Hofacker a geir ynddi. Ond mewn un peth ym mhortread Saunders Lewis o Hofacker y mae'r hanesydd a'r dramodydd yn un. Darlunnir ef yn y ddrama fel gŵr unplyg, penderfynol, a dewr. Felly yr oedd hi mewn gwirionedd. Pan aeth Hofacker i'w farwolaeth wythnos y Nadolig 1944, nid oedd y Gestapo wedi llwyddo i dynnu ohono unrhyw wybodaeth ynghylch y cynllwyn.

171

SAUNDERS LEWIS A MABON

Mabon

Dau chwarter canrif fu dy fyw, ac O'r
Carchar a'r seler ddi-lawnter dan lif afon
Gwaed rhaeadrog ieuenctid, a'r anafon
A greithiodd ei rhuthrau arnad cyn agor dôr.

Yna daeth Arthur i'th arbed, dy Arthur Iôr,
A'th gipio i'w gyfranc, yn gnaf i ymfriwio â chnafon
A blasu cymdeithas ei Ford, a'th fwrw i fydafon
Geol y gelyn ac eunuchdod tywod di-stôr.

Trydydd chwarter canrif ni wêl dy gnawd;
Mae'r trydydd carchar ac osgo'i gysgod arnad
I'th ffinio i'r ffyrling eithaf cyn ffoi o'i ffawd.

Wrth larwm yr eol hon tau galarnad
Clwy, bar, clo, brad, nes cofio o'r dihenydd tlawd
Fynd Arthur o'i flaen a throi'n *Te Deum* ei farwnad.

U N o'r gweddau mwyaf trawiadol ar gyfangorff gwaith Saunders
Lewis yw'r modd y mae ei ysgrifeniadau gwleidyddol yn cyffwrdd
â'i farddoniaeth a'i ddramâu. Ceir yn ei waith gydredeg rhwng y gwleid-
yddol a'r hanesyddol ar y naill law a'r creadigol lenyddol ar y llall. Mae'r
soned 'Mabon' yn enghraifft dda o hynny. Pan gasglodd Saunders
Lewis rai o'i erthyglau gwleidyddol ynghyd, fe'u cyhoeddodd dan y teitl
trosiadol *Canlyn Arthur.* Yr hanes am ganlyn Arthur, yn llythrennol y tro
hwn, yw'r hyn y seiliwyd y soned arno. Eithr ni ellir anghofio am
arwyddocâd gwleidyddol y gerdd: trosiad yw hithau yn ei thro, a'r hanes
am Fabon fab Modron, yn y pen draw, yn rhan o fyfyrdod cyfan
Saunders Lewis ar bwnc arweinyddiaeth gymdeithasol a gwleidyddol.
Mewn geiriau eraill, pan ystyrir syniadaeth wleidyddol Saunders Lewis,
ac yn arbennig pan ystyrir y lle a'r swyddogaeth a welai ef iddo'i hun ym
mhatrwm y syniadaeth honno, y mae gan 'Mabon' rywbeth i'w ddweud
wrthym, ochr-yn-ochr â *Canlyn Arthur* a'i ysgrifeniadau gwleidyddol
eraill. Mae hi'n llefaru wrthym yn yr un modd ag y mae *Siwan*, dyweder,
yn llefaru wrthym am y patrymau teuluol a chymdeithasol a drafodwyd,
o ongl arall, mewn erthyglau gwleidyddol.

Profiad arweinydd, a'r sawl sy'n dewis dilyn arweinydd, yw thema
waelodol y soned. Gall y dilynwr yntau droi'n arweinydd yn ei dro ac y
mae'r anawsterau a oresgynnir ganddo yn ei gryfhau a'i baratoi ar gyfer
y dasg honno. O'i ddyddiau cynnar, fe gymerodd Saunders Lewis arno'i
hun, yn fwriadus ac yn ystyriol, fantell arweinydd y genedl. 'Yr oedd
gen i awydd, nid awydd bychan, awydd mawr iawn i newid hanes
Cymru,' meddai mewn sgwrs ag Aneirin Talfan Davies yn 1960. Ar
dudalennau'r *Faner* yn Ebrill 1935 y mae'n cyhoeddi'n groyw mai arno
ef y syrthiodd y cyfrifoldeb o lywio polisïau cychwynnol y Blaid
Genedlaethol: 'Canys os gochelgar ac ofnus y barnant hwy bolisi ac
amcanion y Blaid, myfi yn bennaf sy'n gyfrifol am y polisi hwnnw ers
wyth mlynedd'.

Mae i'r gerdd dair haen o ystyr. Yn gymysg â'r hanes am Fabon ceir
cyfeiriadau sy'n arwain ein meddwl at hanes Crist, ac yn y cefndir, mae
hanes y bardd ei hun, a oedd yn arweinydd i'w bobl ac a fu, fel Mabon
ac Arthur, yng ngharchar. Cerdd gymhleth ei gwead yw hi felly, a'i
chyfeiriadaeth yn ei gwneud yn drymlwythog o ystyr ac arwyddocâd.
Bron na ddywedwn yn orlwythog; cerdd fer yw hi, soned wedi ei

rhannu'n bedwar pennill, ac y mae ei hadeiladwaith a'i chystrawen weithiau'n gwegian o dan bwysau'r gyfeiriadaeth. Rhaid i mi gyfaddef fod ynddi bethau sy'n dal yn dywyll i mi, er pob ymdrech i'w deall yn llawn.

Dilyn yr hanes am Fabon fab Modron yn chwedl *Culhwch ac Olwen* y mae Saunders Lewis. Yn y chwedl honno adroddir am Arthur yn rhyddhau Mabon o garchar a Mabon wedyn yn dod yn un o'i ddilynwyr. Un o'r tasgau a osodwyd i Arthur gan Ysbaddaden Bencawr oedd sicrhau Mabon, a oedd wedi cael ei ddwyn 'yn dair nosig oddi wrth ei fam'. Trwy gymorth yr Anifeiliaid Hynaf deuir o hyd iddo mewn carchar yng Nghaerloyw ac fe'i rhyddheir:

> Gwysio a wnaeth Arthur filwyr yr ynys hon, a myned hyd yng Nghaerloyw lle yr oedd Mabon yng ngharchar. Myned a wnaeth Cai a Bedwyr ar ddwy ysgwydd y pysg. Tra ydoedd milwyr Arthur yn ymladd â'r gaer, rhwygo o Gai y fagwyr a chymryd y carcharor ar ei gefn, ac ymladd â'r gwŷr fal cynt. Adref y daeth Arthur, a Mabon ganddo yn rhydd.

Pwy felly oedd Mabon? Cadwyd y cof amdano yn y Trioedd, lle yr enwir ef ymhlith 'Tri Goruchel Garcharor Ynys Brydain':

> Llŷr Llediaith a fu gan Euroswydd yng ngharchar,
> A'r ail Mabon ap Modron,
> A'r trydydd Gweir ap Geirioed.

Mewn chwedloniaeth Geltaidd, y 'Mab Mawr' neu'r 'Duw Fab' oedd Mabon, neu Maponos, a'r 'Fam Fawr' neu'r 'Fam Dduwies', sef Modron neu Matrona, oedd ei fam. Ar y Cyfandir, cysylltir ef ag Apollo, Duw ieuenctid. Mae cysylltiadau mytholegol yr enw Mabon yn bwysig felly o safbwynt y gerdd: ef yw'r gŵr ifanc y syrth mantell arweinydd arno ryw ddydd. Nid amherthnasol yw cofio i'r enw gael ei fabwysiadu gan William Abraham, Llywydd cyntaf Ffederasiwn Glowyr De Cymru, ac un o sefydlwyr Cymdeithas yr Iaith Gymraeg yn 1885, cymdeithas a oedd yn un o ragredegwyr pwysig y Mudiad Cenedlaethol ar ddechrau'r ugeinfed ganrif. Beth bynnag oedd rhesymau William Abraham dros wneud hynny, dyma enghraifft mewn hanes diweddar o ddefnyddio Mabon yn enw ar un o arweinwyr y genedl. Nid llam dychymyg gwreiddiol felly oedd i Saunders Lewis roi i'r enw arwyddocâd cyfoes a phersonol. Diddorol cofio hefyd fod William Abraham yn gyfaill i'w

174

dad, Lodwig Lewis, pan oedd ef yn brentis dilledydd yn Nhre-gŵyr, cyn mynd i'r weinidogaeth.

Agorir y gerdd drwy gyfarch Mabon a thynnu sylw at ei oed: 'Dau chwarter canrif fu dy fyw'. Mae Mabon ar groesffordd yn ei hanes, a naturiol yw iddo edrych yn ôl ac edrych ymlaen. Nid oes sôn, hyd y gwn i, am oedran Mabon yn hanes ei anturiaethau wedi iddo dyfu'n ddyn. Saunders Lewis ei hun, nid y chwedl, sy'n dwyn yr ystyriaeth hon i'n sylw, ac yma y cawn yr awgrym fod y bardd yn ei uniaethu ei hun â Mabon. Newydd groesi'r hanner cant yr oedd Saunders Lewis pan gyfansoddodd y gerdd. Rhoi Mabon yn ei le ef ei hun y mae.

Sylwer nad 'hanner canrif fu dy fyw' a ddywedir, ond 'dau chwarter canrif'. Hynny yw, y mae Saunders Lewis yn rhannu bywyd a phrofiadau'r bardd i ddau gyfnod. Yn nes ymlaen, ar ddechrau'r trydydd pennill, cyfeirir at y 'trydydd chwarter canrif'. Mae'r ymwybod â thrioedd yn rhan bwysig o adeiladwaith cymhleth y gerdd, ac yn hyn y mae'r gerdd yn adlewyrchu un o nodweddion amlwg chwedl *Culhwch ac Olwen* ei hun, lle y ceir pwyslais cyson ar driawdau o bob math.

Mynegi gwae a wneir yn y pennill, gwae oherwydd y caethiwo dioleuni a fu ar Mabon yn ystod ei garchariad, a hynny 'dan lif afon', sef, yn llythrennol, mewn seler o dan wely afon Hafren. Eithr y mae'r 'afon' hefyd yn cyfeirio ymlaen at 'gwaed rhaeadrog ieuenctid' sy'n 'creithio' ei ruthrau ar Mabon cyn iddo gael ei ryddhau. Ai'r ystyr yw bod dioddefaint i Mabon yn y rhwystrau a osodir ar ffordd y bwrlwm bywyd ifanc sydd ynddo? Yn sicr, dioddefaint y carcharor a awgrymir gan y gair 'anafon', sef y boen o orfod cyd-fyw â dihirod cymdeithas. Cyfyd problem gystrawennol yn y drydedd linell a'r bedwaredd. Daw'r ymadrodd 'a'r anafon' i dorri ar rediad yr ystyr, gan fod yn rhaid i 'ei rhuthrau', yn y llinell nesaf, yn ramadegol gyfeirio'n ôl at 'afon'. Tybiaf mai gwell fuasai atalnodi 'a'r anafon' fel petai'n sangiadol a chymryd mai cyfeirio'n gyffredinol y mae at yr 'O', sef y gwae, a ddisgrifir yn y llinell gyntaf.

Rhyddheir Mabon yn yr ail bennill, a hynny gan 'Arthur Iôr'. Gair llwythog yw 'Iôr', a'i gysylltiadau'n ddiamheuol grefyddol. Hon yw'r drydedd haen ystyr, felly. Yma, yn ogystal â sôn am ddilyn Arthur, yr ydym yn sôn am ddilyn Crist, a cheir atgyfnerthiad i'r ystyr ddeublyg yn nes ymlaen, lle ceir cyfeirio at y dilynwyr – i Arthur neu i Grist – yn cael 'blasu cymdeithas ei Ford', hynny yw Y Ford Gron neu Ford y Swper Olaf. Yn y naill achos a'r llall cyfeiriad cynnil sydd yma at y llawenydd a all ddeillio o ddilyn 'Iôr': llawenydd y gwmnïaeth a'r cydfwyta, ac yn achos y Swper Olaf, y llawenydd ysbrydol sy'n dilyn ar ddioddefaint cychwynnol yr aberth. Ond, er cyfeirio fel hyn at lawenydd, ar y brwydro a'r dioddef y mae pwyslais y pennill hwn eto. Caiff Mabon ei ryddhau o garchar, nid i hawddfyd, ond i 'gyfranc', a'i ran wrth ddilyn ei 'Arthur Iôr' yw 'ymfriwio â chnafon'. Mwy na hynny, y mae ef ei hun yn y frwydr honno yn 'gnaf', hynny yw yn bechadur ymhlith pechaduriaid. Syniad cyfarwydd iawn yw hwn yn grefyddol, ond y mae iddo ei arwyddocâd hefyd o ran cyfeiriadaeth wleidyddol y gerdd. Y mae'n anodd peidio â gweld yma gyfeirio anuniongyrchol at un o broblemau sylfaenol arweinyddiaeth wleidyddol Saunders Lewis, sef natur ei berthynas ef â'r bobl gyffredin y dymunai eu harwain. Nid peth hawdd iddo oedd bod, fel petai, yn un o'r 'anafon'; a thua diwedd ei yrfa yr oedd hynny yn un o'r rhesymau a gynigiodd dros ei fethiant gwleidyddol: 'ni bu gennyf erioed agos-atrwydd yr arweinydd poblogaidd' meddai yn 1974.

Nid brwydro ac 'ymfriwio' yn unig a ddaw i ran Mabon, ond ei garcharu drachefn. Fe'i teflir unwaith eto i 'fydafon/Geol y gelyn' a down wyneb-yn-wyneb ag un o fynych baradocsau Cristnogaeth: y gall rhyddid yng Nghrist olygu caethiwed dioddefus i'r sawl sy'n mynnu dilyn i'r eithaf. Eithr mwy ysgytwol na'r pwyslais hwn ar ddioddefaint anorfod Mabon (a chofio o hyd mai Saunders Lewis ei hun yw Mabon yn amlach na pheidio) yw'r anobaith sydd ymhlyg yn yr hyn a ddywedir yng ngeiriau olaf y pennill, sef mai'r hyn sy'n ei ddisgwyl yw 'eunuchdod tywod di-stôr'. Hynny yw, y mae Mabon yn wynebu methiant, anallu diffrwyth yr arweinydd gwrthodedig ac anghofrwydd di-feind y rheini sy'n ei wrthod. Mewn tywod yr ysgrifennwyd ei eiriau ac nid oes iddynt na dyfodol na pharhad. 'Fe'm gwrthodwyd i gan bawb.' Fe'm gwrthodwyd i ym mhob etholiad y ceisiais i fod yn ymgeisydd ynddo; mae pob un o'm syniadau... maen nhw i gyd wedi'u bwrw heibio', meddai wrth Aneirin Talfan Davies.

Anodd yw cymhwyso'r chwechawd at brofiad Saunders Lewis ei hun. Dychmygu Mabon yn talu'r pris eithaf a wneir. Marwolaeth yw'r 'trydydd carchar', ac y mae'n ei wynebu yn awr, oherwydd 'trydydd chwarter canrif ni wêl dy gnawd'. Ni wêl Mabon, felly, oes lawn, cyfanswm y tri chyfnod o chwarter canrif. Awgrym y pennill, hyd y gwelaf, yw bod yn rhaid derbyn y gall merthyrdod anorfod fod yn disgwyl dilynwyr Arthur a Christ, megis yr oedd yn disgwyl Crist ei hun. O safbwynt arwyddocâd gwleidyddol y pennill, nid amherthnasol yw cofio parch Saunders Lewis i alwedigaeth milwr a'r ffaith iddo ddatgan unwaith ei fod yn barod i weld tywallt gwaed yn achos rhyddid Cymru, ond iddo fod yn waed Cymreig.

Ond os merthyrdod, merthyrdod gogoneddus. Mae'r carchariad terfynol, olaf hwn, angau ei hun, mor ddychrynllyd nes peri i'r galarnadu am bob dioddefaint a chaethiwed blaenorol, 'clwy, bar, clo, brad', dewi. Ond gyda'r aberth olaf hwn, fe ddaw gorfoledd o gofio mai dilyn y meistr a wneir. Bu farw Arthur, bu farw Crist. Yr hyn na ddywedir yn y gerdd, ond sy'n ddealledig, yw bod atgyfodiad yn rhan o'r hanes am y ddau ohonynt. Y mae dilyn Arthur, neu ddilyn Crist, yn beth i ymlawenhau ynddo yn y pen draw. Er gwaethaf pob dioddefaint, try'r 'farwnad' yn 'Te Deum', yn gân o fawl.

Mae'n amlwg, fel y dywedais, nad yw'r ddau bennill olaf (y chwechawd) yn cyfeirio'n benodol at y bardd ei hun. Myfyrdod cyffredinol a geir ynddynt yn hytrach, a'r myfyrdod hwnnw erbyn y diwedd fel petai'n ehedeg ar adenydd rhyw orfoledd ysbrydol dwfn. Erbyn diwedd y soned fe welir yn glir mai'r haen ystyr grefyddol sy'n cael yr oruchafiaeth yn nychymyg y bardd. Trodd y metaffor am ganlyn Arthur yn fetaffor am ganlyn Crist, ac â llawenydd y bywyd yng Nghrist y mae'r gerdd yn gorffen.

Yn hynny o beth mae 'Mabon' yn wrthgyferbyniad arwyddocaol i'r gerdd sy'n bartneres iddi, sef y darn cywydd 'Emmäws'. Cyhoeddwyd y ddwy yn *Yr Efrydydd*, Haf 1946, a'u cyhoeddi wedyn gyda'i gilydd yn *Siwan a Cherddi Eraill* ac mewn casgliadau gan olygyddion eraill. Amheuaeth, colli ffydd, yw pwnc 'Emmäws'. Sôn yn uniongyrchol amdano'i hun y mae Saunders Lewis yn y cywydd. Ef 'sy'n turio'r swnd, hwyr awr sêr' i chwilio am rith, 'Emmäws nad yw mwyach'. 'Mwyfwy och' iddo yw ei fod yn chwilio am yr hyn nad yw'n bod iddo, fel realiti presennol; y cof am Emmäws yn unig sy'n para, sef 'cronig ei rawd'.

Beth, felly, a ddywedir wrthym yn y cerddi hyn am Saunders Lewis yn 1945/6? Ei fod, yn union wedi'r Ail Ryfel, yn byw drwy gyfnod o ymholi dwys. Yr oedd yr ymholi hwnnw, yn grefyddol, yn cynnwys eithafion y chwilio a'r methu cael ar y naill law a sicrwydd gogoneddus y 'Te Deum' ar y llall. Yn wleidyddol fe'i harweiniodd at fyfyrdod dwfn ar natur ei arweinyddiaeth wleidyddol, a'r myfyrdod hwnnw'n pwys-leisio dioddefaint a methiant. Ond ochr-yn-ochr â'r pwyslais hwn ar galedi galwad arweinydd, ceir hefyd ymwybod â'r rheidrwydd o ddilyn yr alwad honno. Ceir yn 'Mabon' fyfyrdod bardd ar yr hyn a ddywed-wyd mewn rhyddiaith yn ddiweddarach: 'Niwsans sy'n groes i'm tuedd subaritig i yw penderfynu, dewis plygu, cydnabod hawl, mentro tlodi. Ond wedi'r penderfynu, wedi'r dewis, yna chwedl Twm o'r Nant, "tra gallaf, rhodiaf fy rhych" '.

KATE ROBERTS A BYD Y FERCH

MAE un peth trawiadol sy'n gyffredin rhwng dau awdur Cymraeg mwyaf adnabyddus y ganrif hon ym maes drama a rhyddiaith naratif. Mae Kate Roberts a Saunders Lewis ill dau yn gosod y ferch ar ganol y llwyfan. Yn achos y ddau awdur, mae pwysigrwydd arbennig i ferched yn y lle cyntaf am mai hwy yw'r prif gymeriadau o ran strwythur ffurfiol a storïol eu gweithiau, ond mwy arwyddocaol na hynny, yn achos y naill awdur a'r llall, yw'r ffaith fod eu dirnadaeth o swyddogaeth hanfodol a natur y ferch yn greiddiol i'r modd y maent yn ymdrin â chyfyngderau bywyd ac yn eu dehongli. Oherwydd ysgrifen-wyr presgriptif yw'r ddau ohonynt. Saunders Lewis yn agored felly: mae ei weithiau ef yn seiliedig ar y gwerthoedd cymdeithasol a moesol hynny sydd, yn ei olwg, yn hanfod bywyd gwâr. Cyflwynir y gwerth-oedd hyn yn blaen a di-flewyn-ar-dafod; yn wir, mae'n caniatáu'n aml i'w gymeriadau wneud sylwadau athronyddol uniongyrchol. Mae gan Kate Roberts hefyd, er yn llai amlwg, ei safbwyntiau. Mae'r ddau yn awduron ceidwadol, aframantaidd, na chaniatânt ffyrdd ymwared i'w cymeriadau rhag realiti bywyd, a rhoddant bwyslais arbennig ar ddylet-swydd gymdeithasol a theuluol. I'r ddau, mae natur wreiddiedig merched yn greiddiol i'w hatebion – atebion y mae Saunders Lewis yn eu datgan yn groyw a Kate Roberts yn eu hawgrymu.

Pan edrychai Kate Roberts ar fywyd, pur anaml y gwelai lawenydd. Anawsterau bywyd a wnâi argraff arni hi. Mae hyn yn wir gydol ei gyrfa faith fel awdur, er y gwelir gwahaniaeth trawiadol rhwng cynnyrch yr hanner cyntaf a'r ail o ran natur yr anawsterau a aeth â'i bryd. Rhennir ei gwaith yn aml yn 'gyfnod Arfon' a 'chyfnod Dinbych' – y blynyddoedd diweddarach. Mae'n rhaniad defnyddiol gan ei fod yn adlewyrchu newid-iadau pwysig yn ei gwaith, er cydnabod mai'r un yw natur y weledigaeth waelodol.

Dechreuodd y naill gyfnod a'r llall â phrofedigaeth, fel y tystia ei hun. Collodd ei brawd David yn y Rhyfel Byd Cyntaf, a daeth ysgrifennu yn fodd iddi godi o'i galar: 'gorfod ysgrifennu rhag mygu', meddai.[1]

Marwolaeth ei gŵr Morris Williams yn 1946 oedd yr ail gatalydd. Arweiniodd profedigaeth y tro hwn at ymdeimlad o unigrwydd ac o arwahanrwydd, a daeth ymwared trwy chwilio'r hunan. 'Mynd i mewn i'm profiadau fy hun' yw'r geiriau a ddefnyddia'r tro hwn.[2] Mae'r geiriau hyn yn disgrifio cynnwys nofelau a storïau'r ail gyfnod, oherwydd yr hyn ydynt yn eu hanfod yw ymchwiliadau seicolegol i'r hunan trallodus. I fwy graddau hyd yn oed nag yn ei gwaith cynharach, mae cyfran sylweddol o'r cynnwys yn hunangofiannol. Dywed mai hi *yw* prif gymeriad y mwyaf cyfarwydd o'r gweithiau, sef *Tywyll Heno*; 'Fi... yw Bet, gwraig y gweinidog yn *Tywyll Heno*, fi yn wynebu her rhai o ferched y Capel Mawr'.[3]

Mae brwydrau'r cymeriadau yn ei hail gyfnod yn rhai emosiynol, a phersonol neu ryng-bersonol eu cyd-destun. Mae ei gwaith cynharach, mewn gwrthgyferbyniad, yn ymwneud â gwrthdrawiadau allanol llai cymhleth. Yma, mae ei chymeriadau yn ymateb i sefyllfaoedd o wrthdaro a achoswyd gan rymoedd allanol. Mae tlodi a salwch yn gwasgu arnynt, ac mae eu bywydau yn frwydr barhaus i geisio dwyn dau ben llinyn ynghyd. Yn wyneb anawsterau diriaethol, corfforol o'r fath, nid oes lle i ymdroi gydag ystyriaethau seicolegol.

Dyma felly'r anawsterau y mae'n rhaid i'w chymeriadau ymgodymu â hwy. At ei gilydd, maent yn brwydro'n fuddugoliaethus. Gall fod gwaith Kate Roberts yn drymaidd, ond yn y bôn, nid yw'n besimistaidd. Mae'n wir dweud fodd bynnag mai stoicaidd yw natur y fuddugoliaeth; nid yw byth yn hawdd, ac ni chaniateir llawenydd ychwaith. Yn 'Y Golled', er enghraifft, un o'i storïau byrion enwocaf, caiff y prif gymeriad, Annie, brynhawn Sul o ramant o'r newydd gyda'i gŵr, Ted; pan fo'r ddau'n dychwelyd adref ar ôl bod am dro, fodd bynnag, mae darganfod fod rhywbeth wedi digwydd mewn cyfarfod yn y capel yn peri i Ted ddatgan ei bod yn edifar ganddo iddynt dreulio'r prynhawn yn y wlad yn hytrach nag yno. Mae llawenydd Annie yn troi'n lludw, ond mae'r stori'n gorffen a hithau'n cydnabod diffyg dychymyg rhamantaidd Ted ac yn gorfod ymfodloni ar dderbyn hynny. Efallai fod bywyd yn llwydaidd, ond mae'n mynd yn ei flaen.

Mae derbyn bywyd fel ag y mae, fel hyn, heb dwyllo'r hunan, yn un ffordd sydd gan gymeriadau Kate Roberts o ddelio â'r byd y maent yn byw ynddo. Mae dogn o ysbryd a natur benderfynol yn nodweddu ei chymeriadau hefyd, sy'n caniatáu hyd yn oed i'r rheini sy'n dioddef o iselder argyfyngus wynebu'r byd unwaith eto maes o law. Dyna Ffebi yn *Stryd y Glep*, un sy'n gaeth i'w chartref gan salwch, ac yn llawn eidd-igedd a hunanamheuaeth: daw o hyd i ryw dawelwch yn y diwedd, a hyd yn oed rywfaint o obaith am y dyfodol. Mae hi'n dwyn i gof linell gan Siôn Cent: 'Gobeithiaw a ddaw ydd wyf'. Mae Bet, yn *Tywyll Heno*, yn mynd trwy ei nos o anobaith ac yn gadael y ward seiciatryddol wedi ymdawelu ac ymfodloni. Felly hefyd Lora yn *Y Byw sy'n Cysgu*, sy'n mynd trwy dor-priodas ac yn dod i adnabyddiaeth ddyfnach ohoni'i hun yn y broses, gan sylweddoli ei bod wedi ymgryfhau trwy'r profiad chwerw:

> teimlaf fy mod wedi dyfod i'm hadnabod fy hun yn well,
> gwelaf fy mod, wrth fy nghaledu fy hun, wedi prifio, a bod ynof
> fi fy hun ryw ffynnon a ddeil i godi, a rhoi sbardun i mi at fyw.[4]

Cyfyd ei chymeriadau uwchlaw eu hamgylchiadau mewn trydydd modd. Gallant osod trefn arnynt eu hunain ac ar eu hamgylchedd. Yn achos y cymeriadau yn ei gwaith diweddar, sydd yn dioddef ynddynt eu hunain, gosodir trefn arnynt o'r tu mewn: dysgant wynebu eu natur eu hunain, ac o ganlyniad maent yn ymarfogi i dderbyn yr hyn sy'n anochel yn eu hamgylchiadau. Yn ei gweithiau cynharach, daw trefn o gadw tŷ yn drefnus. Mae bod yn ddarbodus, yn ddoeth ac yn ymrodd-edig yn rhinweddau o fawr bwys. Gwelir bod amgylchiadau materol rheolaidd a threfnus – pa mor gyfyng bynnag – yn hanfodol er mwyn sicrhau ffordd o fyw sy'n dderbyniol. Dim ond dan amgylchiadau lle mae trefn yn bodoli y gall unigolion a theuluoedd ffynnu.

Mae aflerwch yn codi gwrychyn Kate Roberts, tra bo'r wraig tŷ ofalus egnïol yn cael ei dyrchafu bron i dir cyfiawnder moesol. Oni bai am y ffaith nad oes lle i dduwioldeb, fel y cyfryw, yn ei gwaith, byddai dyn yn cael ei demtio i ddyfynnu'r ymadrodd hwnnw sy'n dal fod glendid y peth agosaf at dduwioldeb. Yn hytrach, pan nodweddir person neu gartref gan drefn a glanweithdra, gwelir bod hyn yn arwydd o falchder mewnol ac urddas. Mae ymroddiad i waith y cartref yn fesur o werth merched unigol. Disgrifia Kate Roberts ymateb ei mam i bobl ddieithr:

> Byddai gan fy mam gwestiwn pwrpasol i'w ofyn am bob
> merch, 'Oes rhywbeth yn ei garddwn hi?' h.y., 'A allai hi gadw
> tŷ'.[5]

Etifeddodd Kate Roberts agwedd ei mam, ac mae'n rhan o'i gwaith o'r cychwyn. Cyhoeddodd yn 1920, yn gyd-awdur â Betty Eynon Davies, ddrama o'r enw *Y Fam*, wedi'i lleoli yn Arfon, lle y mae'r aelwyd a'r cartref yn ganolbwynt i'r chwarae. Ynddi, portreedir dwy wraig Ifan, yn garicatiwraidd bron, fel ceidwad da a gwael i'r cartref. Mae Nano, yr ail wraig, yn anniben ac yn ddi-hid ynghylch y plant; ychwanegir at y collfarnu moesol pan ddeallwn iddi fod yn gweithio y tu ôl i'r bar unwaith:

> Wyr hi ddim am drin plant. Ma' hi'n gwbod mwy am dapio cwrw, a chwerthin yng ngwyneba rhyw hogia gwirion i lawr tua'r 'Cart and Horses' 'na![6]

Ychwanegir felly awgrym o lacrwydd moesol at ei diffygion eraill. Mae Mair, fodd bynnag, yn gwarchod yr holl safonau cymdeithasol y daeth Kate Roberts i'w hedmygu yn niwylliant piwritanaidd, Anghydffurfiol ei phlentyndod:

> Throediodd dim hogan well na Mair y ddaear 'ma erioed. Roedd y tŷ yma bob amser cyn lanad a'r lamp, a'r plant bach 'na mor ddel yn y dillad o'i gwaith hi'i hun, i fynd i'r Ysgol Sul bob Sul.[7]

Ailymddengys y safbwyntiau cynnar hyn dro ar ôl tro yn ei gwaith, ond maent yn arbennig o amlwg yn straeon byrion cyfnod Arfon. Fel gwneuthurwyr cartref, mae Kate Roberts yn caniatáu i'w merched ryw fesur o fawredd: nid yw eu hamgylchiadau cyfyng yn eu rhwystro rhag cyflawni rhywbeth o werth, ac yn eu cyflawniadau mae'r byd bob-dydd a'r byd moesol yn gwau i'w gilydd.

Mae ymdrechu yn y cartref yn bendiffaddau yn sicrhau bodlon-rwydd, neu bleser hyd yn oed. Daw tawelwch meddwl yn y diwedd i Meri Ifans, yn 'Y Chwiorydd'. Adenillir ei hunan-barch trwy ymdrechion ei merch yn adfer i'w chartref yr un glanweithdra ag a geid yno pan oedd hi'n gryf ac yn iach: 'Mi gafodd Meri farw fel y bu hi fyw – yn lân'. Un o'r ychydig feysydd lle mae Kate Roberts yn caniatáu i'w chymeriadau gael rhywfaint o bleser synhwyraidd yw ym mhethau'r cartref: dodrefn yn sgleinio, llestri cain, jam neu deisennau cartref. Gwelwn Ffebi Williams yn chwenychu'r cwilt na all ei fforddio mewn difrif:

fe gafodd Ffebi demtasiwn fwyaf cyfnod ei chynilo, a bu'n
ymladd â hi fel petai'n ymladd brwydr â'r gelyn. Yr oedd yno
wlanenni a chwiltiau heirdd, ac yn eu canol un cwilt a dynnai
ddŵr o ddannedd pawb. Gafaelai pob gwraig ynddo a'i fodio
wrth fyned heibio a thaflu golwg hiraethlon arno wrth ei adael.
Cwilt o wlanen wen dew ydoedd, a rhesi ar hyd-ddo, rhai o bob
lliwiau, glas a gwyrdd, melyn a choch, a'r rhesi, nid yn union-
syth, ond yn cwafrio. Yr oedd ei ridens yn drwchus ac yn braw
o drwch a gwead clos y wlanen. Daeth awydd ar Ffebi ei brynu,
a pho fwyaf yr ystyriai ei thlodi, mwyaf yn y byd y cynyddai ei
hawydd.[8]

Nid oes amheuaeth nad yw'r pleser a'r synnwyr o fodlonrwydd
corfforol a gaiff ei chymeriadau ym mhethau'r cartref yn un dwys.
Byddai rhai yn dadlau fod awgrym o arddunoliad rhywiol yn synwyr-
usrwydd y disgrifiad o ymateb Ffebi i'r cwilt. 'Byw yr oedd pobl ar ôl
priodi, ac nid caru' – mae'r gosodiad yn crynhoi ymagwedd arferol ei
chymeriadau, ac mae tôn y geiriau'n cyfleu rhyw wirionedd cyffredinol
cydnabyddedig.[9] Nid yw Kate Roberts yn caniatáu i'w chymeriadau
ramant na pharhad pleserau rhywiol corfforol. Mae'n rhaid i ba
bleserau synhwyraidd bynnag sy'n dod i'w rhan felly ddeillio o'r 'byw'
hwn, o'r math o fywyd sydd ar gael iddynt.

Ceir eglurhad mwy amlwg ar y pleser sydd i'w gael ym mhethau'r
cartref yn y ffaith ddiymwad fod elfen o hunanbortread yn perthyn i
lawer o gymeriadau Kate Roberts. Cefais y cyfle i edrych ar yr holl
gyfweliadau ar ffilm a wnaeth yr awdur, er mwyn gwneud detholion ar
gyfer rhaglen deledu i ddathlu canmlwyddiant ei geni. Roedd Kate
Roberts yn ardderchog mewn cyfweliad. Hyd yn oed pan oedd mewn
oedran mawr, traethai'n huawdl ac eglur ar ei daliadau gwleidyddol a
chrefyddol, ei chefndir teuluol, ar themâu ei gweithiau a'r hyn a'i
hysbrydolodd. Mae'r bersonoliaeth sy'n ei hamlygu ei hun yn y rhag-
lenni hyn yn un gyson: personoliaeth gwraig a ysgogwyd yn ddwfn gan
amgylchiadau bywyd, yn ddifrifol-ddwys a phruddglwyfus ei hagwedd,
yn ymroddedig i'w chelfyddyd ac yn gryf ei daliadau, ac eto'n ochelgar
ynghylch ei hymatebion personol. Fodd bynnag, gwelid trawsnewid
llwyr pan fyddai'r sgwrs yn troi at faterion bywyd y cartref. Byddai'n
ymfywhau ac yn gwenu, a gellid gweld ei boddhad amlwg yn disgleirio.
Mae un rhaglen yn arbennig, lle y mae'n cael ei holi gan Lena Pritchard-
Jones ar gyfer y rhaglen ferched *Hamdden*, yn dra dadlennol. Ynddi,

mae'n trafod mewn manylrwydd rysáit oedd ganddi ar gyfer polish llawr. Mae'n falch o'i darbodusrwydd ac o effeithlonrwydd ei chymysgedd. Yn yr un rhaglen, mae'n sôn am y pleser a gâi yn ei gardd, ac eto, yn trafod mewn cryn fanylder rinweddau'r mathau o domato a ffrwythau meddal a dyfai.

Trafodir hefyd 'Y *Cilgwyn*', y tŷ deniadol iawn a adeiladodd hi a Morris yn Ninbych ac a ddaeth yn gartref iddi am weddill ei hoes. Seiliwyd patrwm y tŷ ar gynllun yn *Ideal Home* a aethai â bryd Kate Roberts; aeth hi ei hun ati wedyn i ddiwygio'r cynllun gwreiddiol. Roedd yr ardd, y tŷ ei hun a phopeth o'i fewn yn dwyn stamp ei diddordebau, ei chwaeth a'i gofal arbennig hi. Mae Loli yn blentyn bach yn debyg i Kate Roberts fechan:

> Âi Loli hyd y mynydd i chwilio am fwsog i'w roddi ar lawr ei thŷ. Yr oedd yn rhaid iddi hi gael mwsog. Ni byddai ar y merched eraill eisieu dim byd gwell na gwellt-glas, ond yr oedd hi am fynnu llawr mwsog. Cynrychioli llawr teils a wnai glaswellt, ond cynrychiolai mwsog garped. Unwaith erioed y gwelsai Loli garped... rhoddodd hynny syniad iddi am lawr ei thŷ hi.[10]

Ni allai dim fod ymhellach oddi wrth fywyd Kate Roberts a safonau ei chymeriadau na'r fohemiaeth ramantaidd ddilyffethair sy'n nodweddu gwaith cymaint o ferched a ysgrifennai nofelau a straeon byrion yn Saesneg a Ffrangeg yn y dauddegau a'r tridegau. Yn ei gwaith, yn ei bywyd, nid Katherine Mansfield, na Jean Rhys, na Colette mohoni o gwbl. Mae gwreiddiau clasurol dwfn i'w gweledigaeth hi, yn yr ystyr ei bod yn dyrchafu amgylchiadau cyffredin, arferol bywyd i gyfleu gwirioneddau llawer ehangach.

Mae traddodiadaeth Kate Roberts yn rheoli hefyd yn y tir lle mae bywyd y cartref a gwleidyddiaeth yn cyfarfod, a lle maent, yn achos nifer o awduron benywaidd, yn gwrthdaro. Mewn un ystyr, mae ei gwaith yn dra ffeministaidd. Mae 'bod' iddi hi yn cael ei weld yn nhermau bod yn ferch: ei byd hi yw canolbwynt byd pawb. Gwelwn yn ei gwaith hi yr hyn sy'n gwbl wrthwyneb i'r syniad o aralledd merched a geir trwy weithiau Saunders Lewis. Yn yr ystyr wleidyddol gyfyngedig fodd bynnag ni ellir synied amdani fel awdur ffeministaidd. Mae ei merched hi'n derbyn yn ddirwgnach eu swyddogaeth draddodiadol.

Pan fo Ann Owen, yn eithriadol, yn crybwyll y *suffragettes* mae rhyw awgrym o hynodrwydd neu o feiddgarwch bron:

> Teimlai fel petai'n un o'r suffragettes ac ar flaen mudiadau merched ei hoes.[11]

Mae gwrthryfel Ann Owen yn digwydd o fewn muriau cymdeithas y capel; nid yw'n goferu i'r byd tu allan. Yn wir, nid ymestyn swyddogaeth y ferch a wna Kate Roberts, ond dynodi ffiniau eglur iawn ei gweithgaredd. Mae hyn yn arbennig o wir am ei gweithiau cynnar, lle mae'r merched yn cael eu gosod yn bendant yn y cartref, y dynion yn y chwarel neu waith allan, a lle nad yw meysydd diddordeb a gweithgaredd y ddau yn gorgyffwrdd ond yn anaml iawn, a hynny fel arfer ym mywyd y capel. Mae teitl un o'i storïau byrion, 'Rhigolau Bywyd', a ddewisodd hefyd yn deitl i'r casgliad sy'n cynnwys y stori, yn disgrifio'r sefyllfa'n dda. Mae dynion a merched yn byw mewn rhigolau dynodedig; rhedant yn gyfochrog, ond nid ydynt yn gorgyffwrdd. Felly mae Dafydd, yn 'Y Condemniedig', yn gweld bywyd gartref yn rhyfedd iawn:

> Tŷ iddo ef o'r blaen oedd tŷ ar ôl gorffen diwrnod gwaith...
> Nid adwaenai ef, ag eithrio ar brynhawn Sadwrn a dydd Sul, ond fel lle i chwi ddychwelyd ar ôl diwrnod o waith i eistedd i lawr a bwyta ynddo a darllen papur newydd wrth y tân.[12]

Nid rhan o'i gweledigaeth artistig yn unig yw'r derbyn hwn ar swyddogaethau traddodiadol dynion a merched. Nid perthyn yn arbennig i fyd ei storïau a'i nofelau y mae, oherwydd mae'n sail hefyd i lawer o'i hysgrifennu newyddiadurol. Am lawer o flynyddoedd, ysgrifennai Kate Roberts yn rheolaidd i'r *Faner* a chyfrannai hefyd i golofn y merched yn *Y Ddraig Goch*, cyhoeddiad misol Cymraeg Plaid Cymru. Mae amddiffyn rôl merched fel ceidwaid y cartref a'r teulu yn thema gyson yn ei gwaith newyddiadurol. Mae'r erthyglau hyn weithiau'n ymarferol eu gogwydd, yn trafod bwyd a gofal am y cartref, weithiau'n bolemig, yn ceisio sefydlu achos cymdeithasol a chyfiawnhad moesol dros swyddogaeth draddodiadol merched. Ystyriai fod y swyddogaeth hon o'r pwys mwyaf: 'y peth pwysicaf a harddaf mewn bywyd – codi teulu a gwneud cartref iddynt, ac mae hynny'n weithred ysbrydol'.[13]

Ysgrifennwyd llawer o'r erthyglau hyn yn y pedwardegau a'r pumdegau, wedi i Kate Roberts, yn ei gwaith ac yn ei bywyd personol, adael

Arfon o'i hôl. Hyd yn oed yn y dauddegau a'r tridegau, pan luniwyd cynnyrch creadigol 'cyfnod Arfon', roedd Kate Roberts yn byw bywyd tra gwahanol i'r merched a bortreadai. Roedd wedi graddio o'r brifysgol ac ennill ei phlwyf fel athrawes ysgol ramadeg; symudasai i fyw i ran bur wahanol o Gymru; roedd yn byw bywyd proffesiynol llawn ac ymddiddorai ym myd y ddrama a'r byd gwleidyddol yn ogystal ag ysgrifennu. Nid Beti Gruffydd mohoni hi:

> Un gartrefol iawn a fuasai Beti Gruffydd erioed. Nid oedd lle i lawer heblaw gwaith tŷ a thrin llaeth a menyn yn ei bywyd. Gartref yr oedd ei diddordeb.[14]

Mewn geiriau eraill, rhaid pwyso a mesur cynnwys bywgraffyddol ei gwaith gyda gofal. Byd yn y cof yw'r byd y mae'n ysgrifennu amdano; dim ond yn rhannol y mae'n perthyn iddi hi. Profiadau ac amgylchiadau cenhedlaeth ei mam yw'r rhai a bortreedir ganddi. Ni olyga hynny nad oeddynt yn rhai real iddi hi. Dyma'r byd y siaredid amdano yn ei phlentyndod, ac o'r byd hwnnw y sugnodd hi i'w chyfansoddiad arferion, agweddau, a gwerthoedd. Yn wir, nid ei chofio hi yn unig, ond cofio ei mam hefyd, a geir. Ymddengys i mi fod byd storïau Kate Roberts yn gynnyrch cof llwythol, neu'n fwy penodol gof teuluol, yn ogystal ag yn gynnyrch ei phrofiad personol uniongyrchol. Gall trosglwyddo cof teuluol o'r fath fod yn broses arbennig o rymus rhwng mam a merch, pe na bai ond oherwydd yr amser a dreuliant yng nghwmni ei gilydd.

Roedd Kate Roberts yn agos at ei mam a'i thad. O'r ddau, ei mam oedd y cymeriad cryfaf. Yn ŵr ifanc yn Nyffryn Nantlle, adwaenai Gwilym R. Jones y ddau yn dda:

> Dyn tawedog, dymunol iawn, hoffus iawn [oedd y tad]. Ond doedd o ddim 'run fath o bersonoliaeth â Chatrin y wraig. Roedd hi'n darllen llawer ac yn trafod gwleidyddiaeth y dydd, Lloyd George a phetha fel na, yn reit ddiddorol.

Roedd gafael arbennig o dda gan Catrin Roberts ar iaith:

> Ro'n i'n arfer bod yn rhyw fath o ohebydd lleol yn mynd o gwmpas Dyffryn Nantlle yn hel newyddion, ac un tŷ y byddwn i'n sicr o alw ynddo fo bob wythnos oedd cartra Kate Roberts a Catrin Roberts, ei mam hi, oedd yn fy nghynefino i. Roedd hi'n dda iawn am ddod ag ambell i stori ac ambell i glep i chi. Ac yr

186

oedd ei Chymraeg hi'n werth i chi gerdded deng milltir yn droednoeth i'w glywed o… A dwi'n cofio bod unwaith yn nhŷ Catrin Roberts, a finna yn gofyn iddi a oedd 'na unrhyw newydd wsnos yma. 'Wel, dim llawer' meddai, 'mae'r un petha yn digwydd yn yr hen bentra bach yma o hyd, mae plant yn cael eu geni tu allan i briodas ac felly yma, ond mi fasa hynny'n mynd ymlaen 'tasa 'na grocbren ar bwys y gwely'. Dyna i chi ddweud llenyddol ynte? Pan ddwedais i wrth Kate Roberts wedyn, 'O mi fydda mam yn siarad fel yna bob dydd' meddai.[15]

Mae sylwadau Gwilym R. Jones yn atgyfnerthu'r hyn a ddywed Kate Roberts yn *Y Lôn Wen*:

> Yr oedd gan fy mam feddwl ymchwilgar. Cymerai ddiddordeb mawr ymhob dim, nid yn unig yn y pentref, eithr yn y byd mawr y tu allan… Anaml y byddem ni yn tewi â siarad ar yr aelwyd, a chredaf, os rhoed imi unrhyw ddawn i greu dialog mewn stori, mai dysgu a wneuthum ar yr aelwyd gartref, a mam fyddai'r prif siaradwr… Yr oedd ganddi gryn graffter i adnabod pobl a dadelfennu eu cymeriad…[16]

Merch ei mam, mewn llawer ffordd, oedd Kate Roberts. Mae ei phortread gwerthfawrogol o Catrin Roberts yn pwysleisio sawl peth: ei gwasanaeth i'w chymdeithas fel nyrs a bydwraig answyddogol, ei diddordeb byw – a beirniadol – ym mhrif arweinwyr bywyd gwleidyddol a chrefyddol y dydd, ei hawch at ddarllen a'i hymateb craff i'r hyn a ddarllenai. Roedd yn wraig fywiog, fyr ei thymer, a chymhleth: 'yr oedd yn gymeriad cymhleth ac anghyson'.

Nid Beti Gruffydd mo fam Kate Roberts ychwaith felly. Ymddengys, yn wir, ei bod yn wahanol mewn sawl ffordd i'r gwragedd o'i chefndir hi a bortreedir yn y storïau. Mae ei gorwelion meddyliol, fel ei diddordebau a'i meysydd gweithgarwch, yn ehangach. O ran personoliaeth hefyd y mae'n fwy cymhleth a diddorol na hwy. Nid realiti bywyd Kate Roberts, nac yn wir realiti bywyd ei mam, yw'r hyn a welwn yn y storïau. Yr hyn a geir yn hytrach yw gweledigaeth wedi'i symleiddio o fyd merched, gweledigaeth a siapiwyd ac a lyfnhawyd i ateb diben penodol.

Mae'r diben hwnnw'n epigol ac arwrol ei natur. Pan edrychai Kate Roberts ar ei mam, ac yn wir ar wragedd eraill Rhosgadfan, gwnâi hynny trwy lygaid artist yn hytrach na thrwy lygaid hanesydd cymdeithasol, a'r hyn a welai oedd yr ewyllys i barhau, i oresgyn amgylchiadau gyda dygnwch ac urddas. Eilbeth oedd cymhlethdodau a nodweddion idiosyncratig bywydau unigol i'r gwelediad canolog, hollbwysig. Sylfaenwyd hwnnw'n bennaf ar brofiad ei rhieni ei hun o fywyd:

> fe syrthiodd eu llinynnau ar dir llwm, ni bu ffawd yn garedig wrthynt, cawsant ddioddef mawr, eithr, a dyna'r peth mawr, ni ildiasant. Ymdrechasant ymdrech deg, yn onest, yn gywir, yn garedig wrth gymdogion, heb galedu eu calonnau, eithr ennill hynawsedd wrth fyned ymlaen mewn dyddiau, a gorchfygu.[17]

Ond er iddi weld arwriaeth dynion a merched, trwy ferched y sianelodd ei gweledigaeth artistig. Cryfder personoliaeth Catrin Roberts oedd yn gyfrifol am hyn i raddau helaeth.

Mae llyfnhau a symleiddio realiti yn wedd hanfodol ar lenyddiaeth epig ac arwrol. Er mwyn i'r cymeriadau mewn byd arwrol sefyll uwchlaw eu hamgylchiadau, rhaid peintio llinellau cryf, hyderus â'r brwsh, heb nemor ddim amodi, neu grwydro yma a thraw. Felly, wrth siarad am ei rhieni, mae eu diffygion yn amherthnasol yng ngolwg Kate Roberts pan ystyria sut y bu iddynt oresgyn anawsterau bywyd:

> Pe buasai fy rhieni wedi eu geni â llwy arian yn eu geneuau, buaswn yn sôn am eu gwendidau hefyd, ond... a fyddai'n weddus sôn am wendidau mewn rhai a frwydrodd mor galed?[18]

Nid yw wrth gwrs yn gweithredu'r un meini prawf yn union wrth gyfansoddi ei storïau a'i nofelau. Mae'n portreadu merched gwan, aneffeithiol yn ogystal â rhai cryf. Fodd bynnag, maent yn aml yn foddion i ddangos ei chymeriadau arwrol mewn goleuni mwy llachar ac maent felly'n cyflawni'r pwrpas o gryfhau ei phortreadau ohonynt. Ni welai Kate Roberts y cofiannydd ddim o'i le ar arddangos edmygedd cryf, syml; mae hyn yn wir am agwedd Kate Roberts yr artist tuag at ei chreadigaethau llenyddol hefyd.

Mae gwedd arall ar lenyddiaeth epig ac arwrol a adlewyrchir yn ei gwaith cynnar. Nid yw cymeriadau arwrol yn troi eu cefnau ar y byd; maent yn byw yn ei ganol, ac maent yn ymateb iddo trwy eu gweithredoedd yn hytrach na thrwy feddyliau neu deimladau. Merched sy'n gweithredu, felly, er mai ar raddfa fechan, yw merched Kate Roberts. Yn y stori 'Y Taliad Olaf' gwelir arwriaeth Ffanni Rolant yn nhermau'r bererindod wythnosol i siop y pentref i dalu rhywfaint o'i dyled. O'r diwedd, wedi llawer o flynyddoedd, mae'n gallu ei chlirio, ac mae'r stori'n troi o amgylch yr ymweliad olaf â'r siop. Cyfleir ei buddugoliaeth mewn gweithredoedd, nid mewn teimladau. Y berfau sy'n bwysig wrth ddisgrifio'r digwyddiad:

> Prynodd ychydig bethau a thalodd amdanynt. 'Mae'n debyg na ddo'i ddim i lawr eto' meddai hi. Nodiodd y siopwr ei ddealltwriaeth. Cerddodd hithau allan o'r siop. Ymbalfalodd am y glicied, a chliciedodd hi'n ofalus wedi cyrraedd allan.
>
> Edrychodd drwy'r ffenestr lwyd, a gwelai'r siopwr eto â'i ben i lawr dros lyfr rhywun arall.[19]

Mae'r stori hon, gyda llaw, yn ddrych o'r darn yn *Y Lôn Wen* sy'n disgrifio profiad tebyg mam Kate Roberts ac sy'n gorffen gyda datganiad buddugoliaethus o falchder Catrin Roberts:

> Wedi i'w phlant ddyfod i ennill, llwyddodd i dalu i bawb... Un o'i dywediadau wedi iddi orchfygu oedd, 'Mi fedra i gerdded drwy'r ardal yma a dimai ar ben fy mys'.[20]

Ni cheir priodoleddau elfennaidd arwriaeth epigol o'r fath yn ei gwaith diweddarach. Mae brwydr yn wynebu ei merched o hyd, fel y nodais ar y dechrau, a buddugoliaeth o fath, ond mae ei thema sylfaenol, ymddieithrio, yn gofyn am ymateb gwahanol. Yng ngwaith cyfnod Dinbych, mae ei merched yn sefyll, neu'n syrthio, ar eu pen eu hunain. Nid ydynt mwyach yn cael eu cynnal a'u diogelu gan y math o gymdogaeth glòs a geid yn Rhosgadfan:

> Yn amser ein tadau neu ein teidiau... y cymdogion oedd y cyfeillion, a gwelent ei gilydd mor aml, onid oedd y cyfeillgarwch yn rhywbeth dwfn iawn. Fe redai llif o ffyddlondeb ac ymddiriedaeth o'r naill un i'r llall yn hollol ddi-ymwybod nes oeddynt fel rhes o ddominos, yn pwyso ar ei gilydd, ac os syrthiai un, fe syrthiai'r cwbl.[21]

Maent yn byw bywydau caeedig, ynysig tref fechan, ac mae'n drawiadol pa mor amddifad o gyfeillion ydynt. Y cyfeillgarwch agosaf rhwng dwy wraig a ddarlunnir gan Kate Roberts yw hwnnw rhwng Bet a Melinda yn *Tywyll Heno*, ond mae hon yn berthynas ryfedd mewn llawer ffordd, perthynas anghysurus a digydymdeimlad ar brydiau rhwng Melinda egsotig a lliwgar a Bet unig a gofidus. Nid yw gwaith Kate Roberts, yn rhyfedd ddigon, yn cynnwys un o'r pethau pwysicaf ym mywyd llawer o ferched; y clwm cynhaliol, dwfn, agored ac onest a geir yng nghyfeillgarwch merched. Mae cyfeillgarwch o'r fath yn gynhaliaeth sy'n gallu lliniaru a lleddfu'r ymdeimlad o ddieithrwch ac unigedd ym mhrofiad llawer merch. Nid yw Kate Roberts ychwaith yn caniatáu i'w merched gynhaliaeth o fewn eu priodas. Mae diffyg cydymdeimlad a dealltwriaeth sylfaenol rhwng gŵr a gwraig yn thema gyson yn ei gwaith, ond caiff ei datblygu'n llawnach yn ystod cyfnod Dinbych. Yn wir, mae diffyg cyfathrebu o fewn priodas yn thema sylfaenol yn *Y Byw sy'n Cysgu* a *Tywyll Heno*, dau waith mwyaf cyfarwydd y cyfnod hwn. Cawn Bet yn *Tywyll Heno* yn disgrifio'n foel sut y bu iddi hi a'i gŵr Gruff, ar ôl gweddïo gyda'i gilydd yn yr eglwys, adael mewn distawrwydd mud:

> Aethom allan heb ddweud dim. Ni wyddem feddyliau ein gilydd.[22]

A dyna Lora, eto'n syml a moel, yn dweud am ei pherthynas â'i gŵr:

> mae o'n beth anodd iawn mynd yn agos at neb.[23]

Nid yw golwg mor oer a digysur â hyn ar natur bywyd yn cyd-fynd â'r edmygedd o natur cymdeithas sy'n sail i'w dehongliad o fywyd yn ei gwaith cynharach. Yn ei gwaith diweddar, trwy 'edrych i mewn arnaf fy hun', trwy archwilio cilfachau dyfnaf a thywyllaf y *psyche* dynol, ac yn arbennig yr un benywaidd, daw Kate Roberts wyneb-yn-wyneb ag agweddau ar fywyd sy'n llawer tristach ac yn peri anghysur llawer dwysach na'r frwydr yn erbyn cyfyngderau materol:

> Daeth imi broblemau dyfnach na thlodi y pryd hwn.[24]

yw ei geiriau hi ei hun. Pan drodd o bortreadu bywyd a reolid gan ffactorau allanol i archwilio gweithrediadau mewnol y bersonoliaeth ddynol, yr oedd yr hyn a welodd yn dywyll yn wir.

Gwelodd, fel y dangoswyd, unigrwydd hanfodol, a chwerw, yr unigolyn. Ond mae rhywbeth arall hefyd. Yng ngwaith cyfnod Dinbych mae ymwybyddiaeth o ryw ddrygioni hollbresennol, anocheladwy ar waith ym mherthynas pobl â'i gilydd. Mewn traethawd enwog yn dadansoddi ei ddaliadau personol, dywedodd Gwenallt – un o ddisgyblion Kate Roberts yn Ysgol Sirol Ystalyfera fel mae'n digwydd – fod darganfod pechadurusrwydd hanfodol dyn a'i angen am ras achubol iddo ef yn wirionedd newydd a nerthol, ac yn gweddnewid ei feddwl a'i farn.[25] (Trafodir y pwnc ymhellach yn y bennod *Y Gristionogaeth*.) Yn ei gasgliad mwyaf cyfarwydd o gerddi, *Ysgubau'r Awen*, mae pechod dyn yn thema allweddol. Ymddengys i mi fod canfyddiad tebyg ar waith yn ail gyfnod Kate Roberts fel awdur.

Nid yw'n ganfyddiad a ddadansoddir yn ymwybodol, megis yng ngwaith Gwenallt; yn hytrach, mae'n thema newydd a thaer nas ceir yn y gweithiau cynharach. Nid yw chwaith yn thema a fynegir mewn termau crefyddol, fel sy'n digwydd yn achos Gwenallt. Mae gwaith Kate Roberts, o'i ddechrau i'w ddiwedd, yn seciwlar ei natur, ac yn ddwysach felly gan ei fod ar brydiau'n grefyddol ei gyd-destun cymdeithasol. Nid oes cysur na noddfa mewn crefydd i gymeriadau Kate Roberts – cymeriadau cynnar 'Rhosgadfan' a chymeriadau diweddarach 'Dinbych' fel ei gilydd. Nid yw crefydd yn cynnig unrhyw ateb i'w hunigrwydd, i'w trallod seicolegol; cyfyd unrhyw atebion o'u hadnoddau mewnol hwy eu hunain a'u hunanddeallttwriaeth.

Gwelir drygioni, felly, yn rhan anochel o fywyd. Yn fwy penodol, gan fod ei chymeriadau pwysicaf i gyd yn ferched, sianelir drygioni drwy ferched ac fe'i hystyrir yn rhan annatod o'r cyflwr benywaidd: 'A chofia mae merched yn ddrwg' meddai Linor yn *Y Byw sy'n Cysgu*. A yw Kate Roberts yn golygu wrth hyn fod drygioni yn nodwedd sy'n arbennig fenywaidd? Ni chredaf hynny. Gwneir y gosodiad oherwydd ei bod hi, fel artist, yn gweld y ffenomenon, ac yn wir bywyd ei hun, bron yn gyfan gwbl mewn termau benywaidd. O ganlyniad, mae'r arddangosiadau o ddrygioni a welwn yn ei gweithiau yn perthyn i gylchoedd profiad ac ymddygiad benywaidd.

Eiddigedd rhywiol yw un o'r arddangosiadau hyn. Gwelir sawl enghraifft yn ei gwaith o ferched sydd â'u bryd ar ddal dynion nad oes ganddynt unrhyw hawl iddynt. Dywed Linor ymhellach:

> [Mae] yna ferched yn y byd sy'n dychmygu eu bod nhw mewn cariad efo gwŷr priod. Yna maen nhw'n dechrau rhoi sylw iddyn nhw a gwenieithio iddyn nhw, ac os oes gan y gŵr ryw fymryn o gŵyn am i gartre, mae o'n dechrau dweud 'i gŵyn wrth y ddynes arall. A dyna iti nefoedd rhai merched sengl, cael gwŷr priod i ddweud cyfrinachau am eu cartrefi wrthyn nhw. Nid caru'r dyn y maen nhw ond caru'r oruchafiaeth sy ganddyn nhw ar wraig y dyn.[26]

Dyma un o'r pethau sy'n poeni Bet yn *Tywyll Heno*: yn gam neu'n gywir, mae'n cyhuddo'r merched yn eglwys ei gŵr o'u fflawntio'u hunain ger ei fron a gosod temtasiynau yn ei ffordd. Darlunnir ei gŵr, Gruff, fel y dioddefydd diniwed, ac mae hwn yn batrwm sy'n digwydd droeon yn ei gwaith. Cawn Miss Jones, yn *Stryd y Glep*, yn cyhuddo Ffebi o gynllwynio i ddenu dynion:

> Yr hen gnawes ddrwg i chi, yn hudo dynion yma efo'ch hen ffrils a'ch hen wyneb powld.[27]

Mewn materion yn ymwneud â rhyw, megis mewn materion eraill, ymddengys cymeriadau gwrywaidd Kate Roberts yn rhai gwan ac aneffeithiol. Nid ydynt yn amddiffynwyr; yn hytrach mae angen eu hamddiffyn. Mae Iolo, yn *Y Byw sy'n Cysgu*, yn batrwm o ddyn llipa, gwan y mae angen ei ddiogelu rhag merched cynllwyngar, penderfynol, sef Mrs Amred yn yr achos hwn, y dywedir ei bod yn 'galed fel haearn Sbaen'.

Mae cynllwynio yn un o nodweddion llawer o'i chymeriadau benywaidd, ac felly hefyd ddialgarwch a malais o ran gair a gweithred. Gall geiriau achosi briwiau dwfn, megis yn achos cyhuddiadau anhygoel o greulon a miniog Miss Jones yn erbyn Ffebi, yr wyf newydd eu dyfynnu. Fodd bynnag, y mae'n bwysig nodi nad ar ddynion yn unig y mae angen lloches rhag y drygioni sydd mewn merched. Mae merched eraill hefyd yn dioddef yn enbyd, ac yma, mi gredaf, y down at galon y gwir ynghylch y modd y mae Kate Roberts yn portreadu drygioni mewn merched.

Mae'r portreadu hwn yn adweithiol ac yn oddrychol ei natur. Y mae'n adweithiol yn yr ystyr fod creulonder merched yn ymwneud yn aml â phersonoliaeth yr un sy'n ei ddioddef. Nid yn llwyr, wrth gwrs; mae'r creulonder yn weladwy i'r llygad gwrthrychol, allanol, ac nid yn unig i lygad y sawl sy'n dioddef. Ond mae llawer o'i merched yn gymeriadau o natur dra sensitif. Cânt eu dolurio'n hawdd iawn, ac achos eu dioddef yn rhannol yw natur eu personoliaethau hwy eu hunain. Mae hyn yn wir am Bet; mae'r wir hefyd am Ffebi. Mae'r drwg a wêl Ffebi yn Miss Jones a Joanna Glanmor yn cael ei orliwio oherwydd ei natur gordeimladwy a chenfigennus hi. Y mae'n oddrychol yn yr ystyr mai ysgrifennu amdani hi ei hun a'i theimladau briw y mae Kate Roberts yn aml iawn. Gwaith 'enaid clwyfus' yn wir yw nofelau a storïau cyfnod Dinbych. Down yn ôl at ei haeriad mai hi yw Bet yn *Tywyll*

Heno. O ran amgylchiadau allanol, yn yr hyn sy'n digwydd iddi, *nid* hi yw Bet. Nid yw *Tywyll Heno* yn hunangofiannol mewn ystyr lythrennol, mwy na'i gweithiau eraill, ac eithrio rhannau o *Tegwch y Bore.* Ond mewn ysbryd a dychymyg, mae Kate Roberts ei hun yn hollbresennol yn ei gwaith. Mae ei llyfrau yn adlewyrchu byd merch mewn ffordd hanfodol ac anorfod, am ei bod hi ei hun yn greiddiol ynddynt oll.

---

[1] Saunders Lewis (gol.), *Crefft y Stori Fer* (Llandysul 1949), 11.

[2] Mewn sgwrs â Lewis Valentine. Gweler 'Rhwng Dau', yn *Seren Gomer*, LV, rhif 4 (1963).

[3] Mewn sgwrs â W. I. Cynwil Williams. Gweler *Y Traethodydd*, Hydref 1985, 180.

[4] *Y Byw sy'n Cysgu* (Dinbych 1956), 237.

[5] 'Addysg a Gwaith Tŷ', *Baner ac Amserau Cymru*, 25 Mehefin 1952, 7.

[6] Cyfres Dramâu Cymraeg y Cwmni Cyhoeddiadau Addysgol (Educational Publishing Company), rhif 40 (Caerdydd 1920), 13. Am ymdriniaeth bellach â'r dyfyniad hwn, ac â chyfeiriadau eraill perthnasol, gweler traethawd M.A. Catrin Ruth Williams, *Merched Gweithiau Kate Roberts* (Bangor 1990).

[7] ibid., 13.

[8] *Ffair Gaeaf a Storïau Eraill* (Dinbych 1937), 26.

[9] ibid., 88.

[10] *Deian a Loli* (Caerdydd 1927), 72.

[11] *Tegwch y Bore* (Llandybïe 1967), 139.

[12] *Ffair Gaeaf*, 83-4.

[13] 'Merched a Gwaith', *Baner ac Amserau Cymru*, 5 Mehefin 1946, 2.

[14] *Rhigolau Bywyd a Storïau Eraill* (Aberystwyth 1929), 4.

[15] Mewn cyfweliad yn 'O Gors y Bryniau', HTV Cymru, darlledwyd 12 Chwefror 1991.

[16] *Y Lôn Wen* (Dinbych 1960), 109.

[17] ibid., 117.

[18] ibid., 117.

[19] *Ffair Gaeaf*, 50.

[20] *Y Lôn Wen*, 107.

[21] 'Teg Edrych Tuag Adref', *Baner ac Amserau Cymru*, 23 Awst 1950, 7.

[22] *Tywyll Heno* (Dinbych 1962), 39.

[23] *Y Byw sy'n Cysgu*, 32.

[24] Mewn sgwrs â Lewis Valentine, loc.cit.

[25] J.E.Meredith (gol.), *Credaf* (Aberystwyth 1943), 52-75.

[26] *Y Byw sy'n Cysgu*, 151.

[27] *Stryd y Glep* (Dinbych 1949), 78.

GWENALLT: 'Y GRISTIONOGAETH'

Y Gristionogaeth

A ddaeth Dy awr, O Dduw, Dy awr ofnadwy Di?
Ai cyflawnder yr amser yw yn ein hoes a'n heinioes ni?
Oes athrist yr Anghrist hy, awr yr her a'r trawster a'r tranc,
Awr y finegr a'r fynwent, oes dwym y ffagl a'r ystanc.

Cynefin ein min â moeth, a'n hysgwydd â sidan wisg,
Gwynfyd yw byd a gwybodaeth a llafur dwfn y llyfrau dysg:
Ai'r plan ydyw gado'r plu, y mêl a'r llieiniau main,
A herio cynddaredd Nero, a chabledd Iwdas a Chain?

Ni, weinion a deillion diallu, y llesg feidrolion a llwfr,
O aed heibio Dy aberth; aed Dy dân, O Dad, aed y dwfr;
Ni fynnwn y bustl a'r finegr, y main a'r ffrewyll a'r myrr,
Na gado ein melyn godau, esmwythyd ein bywyd byr.

Y mae treftad ysbryd ein tadau tan ddanadl a banadl y byd,
Yr ysgall lle bu'r esgor a'r drain lle bu'r marw drud;
Bawlyd yw purdeb eu halen, a llaith yn ein llestr ni,
A'u cannwyll gynt a fu'n cynnau, gwelw yw ei golau hi.

Ar y Ddeddf a'r Drugareddfa dawnsiwn a chwaraewn chwist,
Bargeiniwn lle bu'r Geni, gwnawn log lle bu Crog y Crist;
Wrth borth y Nef mae'r anifail, a'i dom a'i fiswail a'i sŵn,
Heidia'n y nen yr ehediaid, ar hyd y côr rhed y cŵn.

Anniddig ŷm wedi'r pigo, fel drudwen, bronfreithen neu frân,
A phrofi clêr a phryfed, trychfilod a malwod mân:
Ardderchoced a fai hedeg uwch y drwg i'w uchderau Ef,
Lle mae'r Oen yn wledd a gweddill yn nhai eryrod y Nef.

Os mynni ein gwaed, o fyd, yf bob diferyn coch,
Rho'n cyrff yn ogor i'th feirch, rho'n cnawd yn soeg i'th foch,
Yr enaid a ddaw'n ôl o'r anwel, oddi wrth Grist â gwyrthiau gras;
Tynnwn y cread o'r tonnau, y byd o'i ddiddymdra bas.

Gwân dy holl epil â'r gynnau, â'r bom maluria di'r byd,
Poera dân o bob peiriant, a fflam a phlwm o bob fflyd,
Diwreiddia di dy wareiddiad, a phan fo'r ddaear fel braenar briw
Down â haul o'r byd anweledig, down â'r gwanwyn o ddwylo Duw.

GELLIR dweud am 'Y Gristionogaeth', megis am y rhelyw o gerddi
Gwenallt, nad cerdd anodd ei deall mohoni. Mae ei hystyr syl-
faenol yn eglur, a hynny oherwydd natur ieithwedd farddonol Gwenallt.
Cymhariaeth, neu drosiad byr, yw sylfaen ei ddelweddu, yn hytrach na
throsiad estynedig; nid yw ei gyfeiriadaeth yn anodd, na rhediad ei
feddwl yn dywyll. Bardd y llefaru croyw ydyw. Wrth drafod y gerdd
hon, nid oes gofyn cynnig eglurhad arni yn yr un modd ag wrth drafod
'Mewn Dau Gae' Waldo dyweder, neu 'Drudwy Branwen' R. Williams
Parry. Yr hyn a wneir yn hytrach yw ceisio cyfoethogi profiad y darll-
enwr o'r gerdd drwy drafod yn llawn ei chefndir a'i chysylltiadau.

Os yw eglurder yn un nodwedd amlwg iawn ar arddull Gwenallt,
nodwedd arall arni yw ei chadernid difloesgni. Mewn cerdd arall o'i
eiddo, 'Yr Eryrod' (a geir yn y gyfrol *Eples*), y mae'n sôn fel hyn am y
modd y bydd Ioan yr Efengylydd yn defnyddio iaith:

> Ioan yr Efengylydd; brenin eryrod byd,
> Efe a'm cododd uwchlaw'r clyfar gysgodau;
> Ei Gymraeg yn fy mwrw i lawr ag ergyd gordd
> A chlirio'r dryswch rhamantaidd â bwyall ei adnodau.

Dyna ddisgrifio i'r dim arddull 'Y Gristionogaeth'. Nid oes ynddi na
'dryswch' na 'chlyfar gysgodau', ond y mae ergydion gordd a bwyall i'w
clywed yn glir, a hynny mewn dwy ffordd. O ran ystyr y geiriau i
ddechrau: geiriau caled, digyfaddawd, y bwriadwyd iddynt daro meddwl
a chydwybod y darllenydd yw 'llesg', 'llwfr', 'bawlyd', a sylwi ar rai o'r
ansoddeiriau; 'cynddaredd', 'bustl', 'diddymdra', a dewis rhai o'r enwau;
neu 'bargeinio', 'malurio', 'poeri', o blith y berfau. Codais y rhain, nid o

195

un pennill nac o un rhan arbennig o'r gerdd, ond yn enghreifftiau o natur yr eirfa a welir yn y gerdd drwyddi draw.

Mae geiriau'r gerdd hon yn 'ergydio' mewn ffordd arall hefyd. Ar yr olwg gyntaf, cerdd yn y mesurau rhydd yw hi, wedi ei threfnu'n gwpledi odledig ac yn benillion o bedair llinell. Ond craffer yn ofalus, ac fe welir mai cerdd gynganeddol glòs ei gwead yw hi mewn gwirionedd. Mae'r llinellau hirion yn rhannu'n ddwy, a cheir cynghanedd o fewn i'r ddau hanner fel arfer. Nid y ffaith honno ynddi ei hun sy'n bwysig, ond ffordd grefftus, ofalus Gwenallt o ddefnyddio'r gynghanedd. Mae'n ei defnyddio hi i ergydio. Mae'r cyfateb cytseiniaid, yr odli mewnol, a'r acennu yn dwyn ein sylw, nid at eiriau dibwys, ond at eiriau ystyrlon, llawn arwyddocâd. Unwaith eto, ceir enghreifftiau drwy'r gerdd, ond wele ddwy linell o'r pennill cyntaf, llinellau y dylid gwrando arnynt, nid eu darllen yn unig. Felly y ceir gweld sut y bydd Gwenallt yn defnyddio rhythmau ac acenion y gynghanedd i roi pwyslais ar eiriau arbennig:

> Oes athrist yr Anghrist hy, awr yr her a'r trawster a'r tranc,
> Awr y finegr a'r fynwent, oes dwym y ffagl a'r ystanc.

Athrist, Anghrist, her, trawster, tranc, finegr, fynwent, dwym, ffagl, ystanc – mae patrwm y llinellau yn tynnu ein sylw at y geiriau hyn, geiriau pwysig bob un. Mae 'Y Gristionogaeth' yn enghraifft nodedig o gerdd lle y defnyddir y gynghanedd fel y dylai hi gael ei defnyddio, yn llawforwyn i'r ystyr.

Gwedd ar barch mawr Gwenallt i grefftwaith gofalus ym mhob maes yw saerniaeth gywrain y gerdd hon. 'Crefftreg gwëyll a nodwyddau' meddai yn edmygus am ei fam mewn un gerdd; saer a droes yn Bensaer yr Eglwys yw Crist iddo mewn cerdd arall. Mae'r ymwybod â chynllun a phatrwm yn bwysig yn ei estheteg. Mynegodd hynny'n glir iawn yn ei soned ' Cerddoriaeth':

> Gwyliwn â'n clustiau rediad tôn a sain
> Yn dod a myned ac yn dod drachefn
> Cydluniad celfydd eu hedafedd cain
> Symud rheolus eu soniarus drefn…

Nid rhyfedd mai cerdd eglur ei mynegiant yw 'Y Gristionogaeth', o gofio pwyslais Gwenallt ar 'reol' a 'threfn'. Mae ei heglurder, serch hynny, yn dibynnu ar un peth, sef ein bod ni ddarllenwyr yn rhannu'r un gynhysgaeth ieithyddol â'i hawdur. Bardd ei genhedlaeth yw Gwenallt wedi'r cyfan, ac y mae'r ieithwedd Feiblaidd-emynyddol yn rhan annat-od o'i ddull o'i fynegi ei hun. Geiriau ac ymadroddion y diwylliant Cristnogol arbennig y maged ef ynddo yw ei eiddo ef. (Ac y mae hynny'n wir i raddau am y rhan fwyaf o feirdd ei genhedlaeth, hyd yn oed y rhai hynny a ymwrthododd â syniadaeth Gristnogol.) Gwelwyd tebygrwydd fwy nag unwaith rhwng Gwenallt a T. S. Eliot, bardd Crist-nogol Saesneg mwyaf ei gyfnod. Gwir fod rhai pethau tebyg yn eu gwaith, ond un peth sy'n sylfaenol wahanol yw ieithwedd y ddau. Bardd Cristnogol yn defnyddio iaith sydd at ei gilydd yn seciwlar yw T. S. Eliot; bardd Cristnogol Feiblaidd yw Gwenallt.

Mae teitl y gerdd hon yn arwyddocaol ynddo'i hun. Dywedodd Gwenallt (yn rhifyn Gwanwyn 1941 o'r *Llenor*) fod 'barddoniaeth Gym-raeg yn farddoniaeth Gristionogol, un o'r barddoniaethau mwyaf Crist-ionogol yn Ewrop'. F'ateb i i hynny fyddai ydy a nac ydy. Barddoniaeth yn codi o gefndir Cristnogol yw barddoniaeth Gymraeg; ac eithrio'r emynau, nid barddoniaeth yn codi o argyhoeddiad Cristnogol mohoni at ei gilydd. Dylid gwahaniaethu rhwng y ddau fath o ganu. Nid yw'r ffaith fod un o gywyddwyr yr Oesoedd Canol yn cyflwyno enaid yr ymadawedig i ofal Duw ar ddiwedd cerdd farwnad yn ei wneud yn fardd Cristnogol, mewn unrhyw ffordd ystyrlon. Derbyn confensiwn ei gyfrwng a'i gyfnod y mae wrth wneud peth felly. Ond pan ddown at farddoniaeth yr ugeinfed ganrif gwelwn fod mwy o wirionedd yn yr hyn a ddywed Gwenallt. Bellach y mae'r confensiwn diwylliannol sy'n gefndir i farddoniaeth Gymraeg wedi newid yn sylfaenol. Yr ydym yn byw yn y 'cyfnod ôl-Gristnogol', chwedl rhai sylwedyddion. Bu beirdd megis T. Gwynn Jones, W. J. Gruffydd, R. Williams Parry a T. H. Parry-Williams yn mynegi amheuaeth ac anghrediniaeth yn eu cerddi. Aeth argyhoedd-iad Cristnogol, neu ei ddiffyg, yn un o bynciau barddoniaeth. Ac os cafwyd amheuwyr, cafwyd hefyd feirdd a adweithiodd yn eu herbyn, ac a fynnodd ddatgan yn glir fod ganddynt ffydd a gweledigaeth Gristnogol. Nid mater o ffasiwn nac arfer gymdeithasol yw canu crefyddol Gwenallt, Saunders Lewis, Waldo Williams, Euros Bowen, Kitchener Davies, ond mater o argyhoeddiad personol. Beirdd yw'r rhain a ymdaflodd yn ymwybodol i fyd crefydd. Dyna pam y mae Gwenallt yn gallu rhoi 'Y Gristionogaeth' yn deitl ar gerdd. Nid peth a gymerir yn ganiataol yw Cristnogaeth bellach, ond dysgeidiaeth y mae'n rhaid ei darganfod a'i hystyried o'r newydd.

Un o'r darganfyddiadau mawr a wnaeth Gwenallt wrth droi at Gristnogaeth oedd darganfod pechod. Duw yn dyfod mewn barn ar fyd pechadurus yw'r darlun sy'n cychwyn y gerdd hon, ac y mae arswyd yn y cwestiwn a ofynnir:

A ddaeth Dy awr, O Dduw, Dy awr ofnadwy Di?
Ai cyflawnder yr amser yw yn ein hoes a'n heinioes ni?

Dyna fesur condemniad y bardd ar yr oes y mae'n byw ynddi: oes yw hi a all dynnu'r *dies irae*, holl ddicter Duw ar ddydd y farn, yn ei phen. Dyry Gwenallt bwyslais cyson ar y wedd hon ar Gristnogaeth. Gweledigaeth galed yw ei eiddo. Gwir ei fod hefyd yn gwybod fod Cristnogaeth yn cynnig cysur a noddfa i ddynion. Yn ei soned 'Yr Eglwys', dywed:

Hi gyfyd gaer lle gall ein hysbryd tlawd
Ffoi iddi, gyda'r nos, a phlygu'i ben;
Ac yno y gosodwn wrth Dy draed
Faich ein bychander pechadurus ni.

Ond fel y gwelwn yn y llinellau hyn, y mae cysur gwaredigaeth yn amodol: rhaid inni adnabod ein pechod, a dewis gosod y baich wrth draed Duw. A dyfynnu o'r ysgrif a gyfrannodd i'r gyfrol *Credaf* (a olygwyd gan J .E. Meredith):

Y mae'n wir mai Duw sydd yn cerdded at ddyn yn ei iechyd-wriaeth, ei faddeuant a'i ras, ond y mae'r un mor wir hefyd fod yn rhaid i ddyn ddarganfod ei bechod... y mae calon dyn yn debyg i ardd, ac edifeirwch yn symud y drain a'r mieri ac yn tynnu'r chwyn sydd yn tagu hadau ac egin daioni.

Un o gerddi'r cyfnod rhwng 1933 a 1939 yw 'Y Gristionogaeth'. Canol a diwedd y tridegau yw'r oes y cyfeirir ati, a'r 'Anghrist hy' biau'r oruchafiaeth. Credai aelodau'r Eglwys Fore y gwelai'r byd ryw ddydd ddyn a fyddai'n ymgorfforiad o'r grymusterau hynny a oedd yn elyniaethus i Gristnogaeth, un a fyddai'n arwain lluoedd y drygioni. Diafol mewn croen fyddai. Dywed Gwenallt fod oes yr Anghrist hwn wedi cyrraedd, a sylwer mai Anghrist ymosodol, gweithredol ydyw. Y mae'n 'hy', y mae'n 'herio'; y mae'n erlid ei wrthwynebwyr hyd at eu 'tranc'. Yr un math o farwolaeth sy'n eu haros â'r merthyron a wynebodd dân 'y ffagl a'r ystanc', neu â Christ ei hun, y rhoddwyd iddo'r 'finegr' pan oedd yn crogi ar groesbren. Anodd yw peidio â chysylltu'r llinellau hyn â Hitler, a'r erlid a fu ar rai o Gristnogion yr Almaen yn y tridegau gan y

Natsïaid. Aeth un arall o'n llenorion, Saunders Lewis, ymhellach na Gwenallt a pheri i un o'i gymeriadau ddatgan yn gwbl ddiamwys, yn *Brad*, mai Hitler yn wir oedd 'offeryn y Cythraul', bod marc 'Archelyn dyn a Duw' arno.

Ond cyn i'r darllenwr ymgysuro, a thybied mai cystwyo erlidwyr agored Crist yw bwriad y bardd, deuir â ni oll i'r farn ar ddechrau'r ail bennill. Gwelir ni ynghanol ein moethau a'n cysuron bydol. Wrth ddewis ein darlunio felly, cyfranogi y mae Gwenallt o'r ysbryd asetig hwnnw a fynn ymwrthod â phob moethusrwydd, ysbryd a welir ar ei eithaf yn y delfryd mynachaidd. I Gwenallt, y dillad, 'y sidan wisg' a'r 'llieiniau main', yw'r arwydd pwysicaf o falchder bydol; mae'n cyfeirio atynt yn fynych yn ei farddoniaeth. Weithiau, symbolau yw'r dillad:

> Pan dynnom oddi arnom bob rhyw wisg
> Mantell parchusrwydd a gwybodaeth ddoeth
> Lliain diwylliant a sidanau dysg...
>
> ('Pechod')

Bryd arall, y mae'r cyfeiriadau at ddillad yn llythrennol, a phan ddigwydd hyn, gwelwn un rheswm paham y bu Cristnogion drwy'r oesau mor feirniadol o wisgoedd gwychion. Yn y soned 'Fenis', er enghraifft, y mae Gwenallt yn personoli'r ddinas. Y mae'n gwneud brenhines fwythus ohoni, ac yn disgrifio harddwch ei dillad:

> Frenhines fwythus ymysg dyfroedd môr
> A'th wisg yn berlau a sidanau drud...
> Dy ogoneddus gnawd, dy borffor wledd,
> Moethusrwydd melfed a llieiniau main.

Dyna ni: addurno'r cnawd y mae'r dillad, ac y mae cnawdolrwydd yn un o beryglon mawr y byd i'r Cristion. Dro ar ôl tro, pan fynn Gwenallt sôn am yr hyn sy'n wrthnysig ac atgas ym myd dynion, y mae'n dewis symbol rhywiol. Mae 'putain' yn un o'i eiriau pwysicaf.

Ond wrth gwrs, nid cysur y cnawd yw'r unig ddihangfa. Gall y byd gynnig ffyrdd eraill o ddenu bryd dynion, fel y gwelwn yn ail linell y pennill. I Gwenallt ei hun, yr oedd byd dysg ac ysgolheictod yn ddengar iawn, yn 'wynfyd'. Y mae'n dweud peth tebyg yn y delyneg hyfryd 'Myfyrdod', lle y mae'n hiraethu am 'ddedwydd, lonydd le', lle caiff 'fodio llawysgrifau'r ne' ac ymroi i 'fynachdod myfyrdod mwyn'. Diau mai'r bywyd delfrydol i Gwenallt oedd y bywyd mynachaidd, cyfuniad o fywyd yr ysgolhaig a bywyd y Cristion. Ond os yw 'Myfyrdod' yn fynegiant o hiraeth Gwenallt am gael dihangfa, mynegiant o realiti ceisio dilyn Crist yn y byd a geir yma, yn 'Y Gristionogaeth'. Nid yw herio Nero, Iwdas, a Chain – ymgorfforiadau o ddrygioni – yn bosibl i rai a wnaed yn 'wan', yn 'llesg' a 'llwfr' gan gysuron corfforol.

Mae'r delweddau corfforol yn parhau yn y trydydd pennill, ond bod Gwenallt yn troi o ddisgrifio moethau a chysuron at ddisgrifio'r anghysuron a'r caledi corfforol a ddaw i ran y rhai sy'n dewis llwybr y Cristion. Yn wrthgyferbyniad i felyster y mêl ceir chwerwedd annioddefol y bustl a'r finegr a'r myrr a roddwyd i'r Iesu ar y groes; yn wrthgyferbyniad i esmwythdra'r plu a'r lliain main y mae gerwindra'r cerrig a'r ffrewyll a ddefnyddir i ladd a phoenydio Cristnogion. Ac yna, yn y llinell olaf, down at rwystr pellach ar ffordd y Cristion, sef ariangarwch – ac y mae dirmyg at ariangarwch yn amlwg wrth i Gwenallt ddefnyddio'r gair 'melyn', gyda'i awgrym o rywbeth ffug ac arwynebol, yn hytrach na gair megis 'euraid', i ddisgrifio cyfoeth.

Llwybr aberth yw llwybr y Groes, ond llwybr ydyw yr ydym yn amharod i'w droedio: ni fynnwn, medd Gwenallt, na'r 'tân' na'r 'dwfr'. Delweddau cyfarwydd yw'r rhain eto: tân y puredigaeth a dŵr y bedydd, yr arwyddion allanol ein bod wedi ein glanhau a'n bod yn barod i dderbyn Crist. Ac ni all bardd o Gymro ddefnyddio'r geiriau 'dŵr a thân' heb gyfleu yn ogystal y syniad fod yn rhaid brwydro yn erbyn anawsterau i gyrraedd Crist, am mai dyna'r ffordd y bydd yr emynwyr, a Phantycelyn yn arbennig, yn defnyddio'r ddau air:

> Ac mi debygaf clywaf sŵn
> Nefolaidd rai o'm bla'n
> Wedi concwerio a mynd trwy
> Dymhestloedd, dŵr a thân.

Y mae'r syniad a geir yn y penillion hyn, ein bod yn dewis ac yn ewyllysio ymwrthod â chaledi'r bywyd yng Nghrist, yn bwrw ei gysgod ymlaen. Nid dyma'r lle i sôn am ddylanwad Gwenallt ar feddwl ei genhedlaeth, ond diddorol sylwi fod bardd arall, ac un a oedd yn gyfaill iddo, wedi rhoi mynegiant llawn i'r thema a geir yma, yn arbennig yn y llinell 'O aed heibio Dy aberth; aed Dy dân, O Dad, aed y dwfr', yn ddiweddarach yn y bryddest nerthol honno, 'Sŵn y Gwynt sy'n Chwythu'. Ofn dod wyneb-yn-wyneb â realiti bywyd y Cristion y mae

J. Kitchener Davies hefyd. Y mae yntau yn creu gwrthgyferbyniad rhwng esmwythdra a phleserau 'mân arferion fy ngwarineb' ac anghysur y bywyd hwnnw, ac yn taer erfyn ar Dduw i beidio â'i wahanu ef oddi wrth bethau da'r byd hwn:

achub fi, achub fi, achub fi
rhag Dy fedydd sy'n golchi mor lân yr Hen Ddyn:
cadw fi, cadw fi, cadw fi rhag merthyrdod anorfod dy etholedig Di
Achub a chadw fi rhag y gwynt sy'n chwythu lle y mynno.

Mae disgrifiad Gwenallt yn y pedwerydd pennill o gyflwr ysbrydol gwael ei gydgenedl yn llawn cyfeiriadau, rhai at farddoniaeth Gymraeg, rhai at y Beibl. Daeth 'ysgall' a 'drain', pan ddefnyddir hwy mewn barddoniaeth, i olygu mwy na'u hystyr lythrennol. Oherwydd eu defnyddio yn englynion tra chyfarwydd Ieuan Fardd i lys adfeiliedig Ifor Hael, sy'n rhan o stoc gwybodaeth y rhan fwyaf o ddarllenwyr, symbol ydynt o'r cyfannedd gwâr a drowyd yn ddiffeithwch. Dyna, yn yr ystyr ysbrydol, yw byrdwn y pennill hwn: ymhob llinell y mae rhyw ddelwedd o gyfoeth a phurdeb ysbrydol, a hwnnw wedi ei ddifa. Yn wrthgyferbyniad i'r 'ysgall' a'r 'drain' y mae'r 'esgor' a'r 'marw drud'. Mae Gwenallt yn dychwelyd at y ddau begwn ym mywyd Crist yn y pennill nesaf hefyd, yn y geiriau 'Geni' a 'Crog'. Nid syn ei weld yn rhoddi pwys ar erledigaeth a marwolaeth Crist fel hyn, oherwydd syniad tra phwysig iddo oedd fod Cristnogaeth yn dwyn adnewyddiad a choncwest ar angau. Arwyddion o hyn oedd crud a bedd Crist: 'Nid yw Cristionogaeth yn cuddio'r bedd, ond ei wynebu a'i goncro... Tri phrif anhepgor yr Efengyl yw'r Crud, y Groes a'r Bedd Gwag' meddai yn *Credaf.*

Yn y drydedd linell a'r bedwaredd, yr hyn a ddifethir gennym yw'r 'halen' a'r 'gannwyll'. Cyfeirio y mae'r geiriau hyn wrth gwrs at yr hyn a ddywed Crist yn yr adnodau hynny sy'n dilyn y Gwynfydau. Yno y mae'n tebygu ei ddilynwyr i'r ddeubeth hyn, ac yn eu hannog i beidio â gadael i'r halen ddiflasu nac i'r gannwyll gael ei rhoi dan lestr, rhag iddynt fethu â bod yn gyfrwng puro a chadw a goleuo. Yr hyn sy'n ennyn digofaint Gwenallt yn y pennill hwn yw fod yr halen wedi bod yn bur, a'r gannwyll ynghyn, gan y cenedlaethau a fu, ond fod y genhedlaeth bresennol yn dewis llygru'r halen a diffodd y gannwyll, gan ymwrthod â 'threftad ysbryd ein tadau'. Mae'r ymadrodd hwn yn crynhoi un o themâu pwysicaf Gwenallt. Rhoddodd y gair 'Gwreiddiau' yn deitl ar un o'i gyfrolau, a theitl arwyddocaol ydyw. Yr oedd gwreiddiau ysbrydol yn hollbwysig iddo, ac ym mro ei gyndeidiau yn Sir Gaerfyrddin y daeth o hyd i'r gwreiddiau hynny. Yno y cafodd bywyd ysbrydol y tadau 'sugn a maeth a golau'r ne'. Creodd Gwenallt fyd delfrydol iddo'i hun ym mro ei dadau, byd o ysbrydolrwydd anfaterol. Yn un o'i gerddi i Gymru, daw'r genedl gyfan yn rhan o'r un traddodiad: 'marsiandïaeth Calfari' yw ei marsiandïaeth hi. Loes iddo oedd gweld y Gymru gyfoes yn gwrthod y traddodiad hwn. Mae'r loes honno i'w chlywed yma, yn 'Y Gristionogaeth'; fe'i clywir hefyd mewn cerdd arall a ganodd i Gymru, lle y mae'n deisyfu gweld adfer iddi ei hurddas 'rhag cywilyddio'r tadau yn eu heirch'.

Digon tebyg yw byrdwn y pennill nesaf. Purdeb ysbrydol, a hwnnw'n cael ei ddifetha, a welsom yn y pedwerydd pennill; yn y pumed, cawn gyfres o ddarluniau o bethau sanctaidd yn cael eu halogi. Yr ydym yn 'dawnsio', yn 'chwarae chwist', yn 'bargeinio' a 'gwneud llog' mewn lleoedd cysegredig. Mae dicter Gwenallt yma yn ddrych o ddicter yr Iesu ei hun pan welodd fasnachwyr yn halogi'r deml a'i throi yn 'ogof lladron'. Mae'r hanes amdano yn troi byrddau'r masnachwyr yn un o hanesion mwyaf cyfarwydd y Testament Newydd. 'A'r Iesu a aeth i mewn i deml Dduw, ac a daflodd allan bawb oedd yn gwerthu ac yn prynu yn y deml, ac a ddymchwelodd i lawr fyrddau y newidwyr arian, a chadeiriau y rhai oedd yn gwerthu colomennod.' Yr oedd Crist yn drwm ei lach ar ariangarwch; felly hefyd Gwenallt. Casâi gyfalafiaeth yn arbennig, ac y mae'r geiriau 'bargeinio' a 'gwneud llog' yma yn sawru'n gryf o'i wrthwynebiad gwleidyddol cynnar i'r hunanoldeb a'r annynoldeb a welai yn y drefn honno. 'Yr oedd cyfalafiaeth i ni yn beth byw' meddai yn *Credaf*, '...pe gallwn godi'r arch (sef arch ei dad) o'r bedd fe chwilfriwiwn â hi y gyfundrefn gyfalafol felltigedig, a roddai fwy o bwys ar gynnyrch nag ar fywyd, ar elw nag ar ddyn.' Trodd at Gomiwnyddiaeth, er iddo weld yn ddiweddarach wendïau honno: 'gwelais fod un peth yn gyffredin i gyfalafwyr ac i Gomiwnyddion – hunan-les. Yr hunan oedd yr huddygl ym mhob potes'. Ond pan drodd Gwenallt at Gristnogaeth, cafodd ynddi, yn nysgeidiaeth Crist, ateg i'w gred fod ariangarwch yn llygru dyn yn foesol.

Darlun o ddyn ynghanol ei rialtwch a geir yn 'dawnsiwn a chwaraewn chwist'. Bu llenorion yn hoff o bwysleisio gwendid moesol dyn pan fo ynghanol dihidrwydd ysgafala y ddawns a'r wledd a'r chwaraefa.

Pryd hynny yn aml iawn y bydd y llenor yn peri iddo ddod wyneb-yn-wyneb â'i gyfrifoldeb. Pan oedd Macbeth yn gwledda y daeth ysbryd Banquo i aflonyddu arno, a'i atgoffa o'i euogrwydd. Yn y 'wledd' a'r 'ffair' hefyd y mynn R. Williams Parry weld

> llefaru'r gair
> A ddychryn ein materoldeb o'n marwol wead.

Hapchwarae yw 'chwarae chwist', ac y mae felly'n groes i'r 'Ddeddf', neu'r syniad o reol a threfn ym mywyd dynion. Arwydd o baganiaeth ddi-foes yw'r ddawns hithau i Gwenallt. Yn *Credaf*, ceir sôn ganddo am linellau o'r bryddest 'Trystan ac Esyllt' a'i swynodd yn fawr ar un cyfnod yn ei hanes. Ynddynt y mae W. J. Gruffydd yn sôn am ddengarwch pibau Pan:

> 'Roedd siffrwd gan y ddawns, a'r pibau main
> Yn chwythu cainc llawenydd...

Ond wrth gwrs, ymwrthod â phaganiaeth y pibau a'r ddawns a wnaeth Gwenallt yn nes ymlaen: 'yr oedd islais y Groes ym mhibau Pan, a'i chysgod hi ar ei ddawnsiau'. Bardd y Groes, nid bardd Pan, a welir yn 'Y Gristionogaeth'.

Try Gwenallt wedyn i fyd yr anifeiliaid i gael symbol o wrthnysigrwydd: 'Wrth borth y Nef mae'r anifail...'. Mae'n gwneud hyn yn bur aml yn ei gerddi. Yn 'Y Twrch Trwyth', daw'r anifail atgas hwn yn ymgorfforiad o bechod ei hun:

> Creadur gwrychlyd, cyfrwys, call
> A'r ellyn ar ei ael
> Fe'i lluniwyd ef o'r nwydau dall
> Ym mhridd ein natur wael.

Ceir yr un syniad yn 'Y Ffwlbart' hefyd:

> Ni sneciet wedyn fel pechod i'r coedwig...

Dyna ydy'r anifail: ein natur briddlyd ni oll. A phan fo Gwenallt yn disgrifio anifeiliaid fel hyn, y mae'n ddigymrodedd ei arddull. Ymdrybaeddu mewn 'tom' a 'biswail' y mae'r anifail-ddyn pechadurus.

Soniais am bridd. Cysylltiadau'r gair hwnnw sy'n rhoi grym marwol i'r darlun a geir ar ddechrau'r pennill nesaf, darlun o'r adar distadl cyffredin yn pigo ym mhridd y ddaear, ac yn bwydo'n 'anniddig' ar annigonolrwydd pethau basaf a gwaelaf byd natur, clêr, pryfed, trychfilod a malwod. Mor wahanol, yn llythrennol ac yn ffigurol, yw cael yr 'Oen yn wledd'. Y mae'r wledd ddaearol bellach yn wledd ysbrydol. Mor wahanol hefyd i 'ddrudwen, bronfreithen neu frân' yn pigo ar lawr, yw'r 'eryrod' a geir yn ei 'uchderau Ef', yn 'hedeg uwch y drwg'. Syniad a fynegir yn aml yn yr emynau yw'r dyhead am gael ehedeg fel aderyn i ddianc rhag y byd a'i flinderau. Yr eryr mawreddog nerthol a gawn gan Gwenallt, yn hytrach na'r golomen arferol, a dychwelodd at yr aderyn hwn yn ddiweddarach. Yn y gerdd 'Eryrod', cawn eglurhad cryno ar rym y ddelwedd a geir yn 'Y Gristionogaeth':

> Fel yr eryrod, felly hwythau'r saint
> Esgynnent hwy drwy awyr ein meidroldeb
> Trwy gredo, dogma, diffiniad ac iaith
> I siarad â Duw ym maestrefi tragwyddoldeb.

Ym mha fodd, felly, y gall dyn godi fel yr eryr, uwchlaw ei drueni? Yr ateb, yn y ddau bennill olaf, yw dinistrio'r cnawd yn llwyr, dileu'r wisg o gig a gwaed. Ac yna, pan fo'r corff wedi ei ddiddymu (a sylwer ar ffordd ddirmygus Gwenallt o ddisgrifio hynny), daw'r enaid, sy'n dwyn gras, yn ôl i greadigaeth newydd. Syniad cwbl ddilys i Gristion yw fod modd dechrau o'r dechrau fel hyn: i grediniwr, y mae ailenedigaeth yn beth posibl. Ond wrth sylwi ar ddull Gwenallt o ymdrin â phwnc adnewyddiad, a gweld mor llwyr yw ei ddirmyg at y cnawd ac mor nerthol yw ei ddisgrifiad ohono'n cael ei ddifa, deuwn i'r afael ag un o'r gweddau pwysicaf ar deithi meddwl y bardd. Pegynu y bydd Gwenallt yn ei gerddi yn aml iawn: du a gwyn yw ei hoff liwiau. Y corff a'r enaid, byd mater a byd yr ysbryd, yn 'Y Gristionogaeth'; yr Angylion a'r Gwragedd, Sir Forgannwg a Sir Gaerfyrddin, yr Anghrist a'r Crist, Cnawd ac Ysbryd, mewn cerddi eraill – mae antithesis yn nodwedd gref ar ei ddull o feddwl. (Nid nodwedd ar Gwenallt y bardd yn unig mohoni chwaith, gan y gwelir yr un duedd yng ngwaith Gwenallt yr hanesydd llenyddol.) Weithiau, megis yn y soned 'Cnawd ac Ysbryd', y mae'n creu synthesis o'r ddeubeth y mae'n eu trafod. Fel arfer serch hynny yr hyn a welir yw gwrthgyferbyniad llwyr a dramatig, a dyna'n sicr a geir yn 'Y Gristionogaeth'.

Gweld y byd yn ei ddinistrio'i hun y mae'r bardd ar ddiwedd y gerdd. Roedd Gwenallt yn heddychwr dwfn ei argyhoeddiad, a phrotest yr heddychwr a glywir wrth iddo ddefnyddio geiriau rhyfel i ddisgrifio'r dinistr. Dechreuodd y gerdd â'r syniad fod dydd barn gerllaw; y mae'n ei diweddu â disgrifiad o ddiwedd byd. 'Dydd barn a diwedd byd': ond nid dyna'r gair terfynol chwaith. Cofiwn am 'yr enaid a ddaw'n ôl o'r anwel' yn y pennill blaenorol: yma, yn y pennill olaf, wedi dinistr y tân, daw 'haul' a 'gwanwyn' o ddwylo Duw i greu byd a bywyd newydd.

Ni ellir peidio â chymharu diweddglo'r gerdd â soned enwog R. Williams Parry, 'Rhyfeddodau'r Wawr', sy'n perthyn i'r un cyfnod. (Yn 1937 y cyfansoddwyd ei gerdd ef.) Y mae yntau hefyd yn hiraethu am weld difodi dyn a'i greadigaethau. Rhoi cyfle i Natur ailafael yn y byd yw dymuniad Williams Parry, ond nid gwanwyn y byd, na haul y byd, a fynn Gwenallt, ond haul a gwanwyn Duw. Sôn yn rymus am bethau corfforol a materol y mae 'Y Gristionogaeth' drwyddi: ond gwaedd am adnewyddiad ysbrydol yw hi er hynny.

GOLWG AR GANU GERALLT LLOYD OWEN,
YN ARBENNIG *CERDDI'R CYWILYDD*

Y MAE pethau pwysicach i'w dweud am gystadleuaeth y Gadair yn Eisteddfod Genedlaethol Aberteifi, 1976, na bod helynt wedi codi yn sgîl y gwobrwyo. Mae hi'n werth sylwi ar yr hyn a ddywedodd y beirniaid am safon y gystadleuaeth honno. 'Hon yw'r gystadleuaeth gryfaf i mi ddod ar ei thraws' meddai Gwyn Thomas. 'Y mae yn galondid mawr bod cynifer o feirdd gennym sy'n medru creu barddoniaeth mor wych yn y mesurau caeth' meddai B. T. Hopkins. Canmolodd James Nicholas hefyd ansawdd y canu a gafwyd, gan ddweud fod 'gan y goreuon y gallu i fynegi cyfaredd y gwanwyn, a hynny mewn modd cynnil a chain'.

Fel y gŵyr pawb, Dic Jones ac Alan Llwyd a ddaeth i frig y gystadleuaeth. Yr oedd 'Ffynnon Las', sef Donald Evans, yn ôl pob golwg, ar eu sodlau. O enwi'r tri hyn, y pedwerydd enw a ddisgwylid yw eiddo Gerallt Lloyd Owen. Ni chystadlodd ef, ond damweiniol yn unig oedd hynny. Cyfansoddodd yntau awdl ar gyfer y gystadleuaeth, ond ni lwyddodd i'w gorffen mewn pryd. Aeth ati i'w chwblhau yn ddiweddarach, a'i chyhoeddi yn *Cilmeri a Cherddi Eraill.* Fe ŵyr y sawl a ddarllenodd yr awdl ei bod hithau hefyd yn gerdd gadarn, gyfoethog.

Nid mewn gwagle y cyfyd cystadleuaeth fel hon. Yr oedd cynhaeaf toreithiog Aberteifi yn ganlyniad i'r hyn y gellir yn deg ei alw yn ddadeni bychan ym myd y mesurau caeth yn y saithdegau. 'Yr oes wrthddraddodiadol hon' meddai Alan Llwyd yn 1975 (*Taliesin*, XXXI, 125), ond rhaid imi ddweud, wrth edrych yn ôl dros y saithdegau, mai fel arall y gwelaf i bethau. Gwelsom yn ystod y blynyddoedd hyn fri a phoblogrwydd newydd ar y gynghanedd, a hynny i raddau helaeth ymysg beirdd y genhedlaeth iau. Sefydlwyd cymdeithas a chylchgrawn Barddas, cyhoeddwyd nifer o flodeugerddi a chasgliadau o englynion a chywyddau, cododd dosbarthiadau cynganeddu o'r newydd mewn gwahanol ardaloedd, a bu ymrysonau, a Thalwrn y Beirdd ar Radio Cymru yn arbennig, yn hynod boblogaidd.

Canu Gerallt Lloyd Owen

Ond nid cerdd dafod yn unig a welodd ddadeni. Peth digon arwyddocaol yw fod dadeni cyfochrog wedi bod ym myd y grefft draddodiadol arall honno, cerdd dant. Nid cynnydd mewn gweithgarwch yn unig a fu ym myd cerdd dant, ond arbrofi a datblygu hefyd, gyda cherddorion ifainc megis Nan Jones a'r diweddar Gareth Mitford Williams yn torri tir newydd o ran techneg. Pan eir ati mewn blynyddoedd i ddod i ysgrifennu hanes diwylliant Cymru yn ystod y cyfnod dan sylw, fe welir mai un wedd hynod bwysig arno yw'r bri, ie a'r graen arbennig, a fu ar y dulliau a'r mesurau traddodiadol mewn barddoniaeth a cherddoriaeth. Os bydd i'r hanesydd daflu ei rwyd yn ehangach, diau y gwêl hefyd fod tueddiadau ceidwadol a thraddodiadol wedi cael lle amlwg yn athroniaeth wleidyddol a chymdeithasol nifer o genedlaetholwyr ifainc y saithdegau. Bu polareiddio amlwg, i'r chwith ac i'r dde, yn ystod y cyfnod hwn, ac nid damwain yw gweld nifer o'r un bobl yn ymhél â'r cynganeddion ac â mudiadau gwleidyddol ceidwadol, a defnyddio'r gair hwnnw, wrth gwrs, yn ei ystyr gysefin. O droi'n ôl at farddoniaeth, ac at Gerallt Lloyd Owen, gwelir felly nad digon dweud mai bardd y traddodiad ydyw. Mae hynny yn sicr yn wir, ond gellir mynd gam ymhellach hefyd a dweud mai ef yw un o feirdd amlycaf traddodiadaeth 'newydd' y saithdegau a'r wythdegau cynnar.

Yn y bywyd gwledig y gwreiddiwyd y draddodiadaeth hon. Dyna reswm arall dros lwyddiant cystadleuaeth Aberteifi. Yr oedd 'Gwanwyn' yn destun y gallai'r beirdd a enwais ymateb yn llawn a chyfoethog iddo. Diddorol yw sylwi na fu gwobrwyo pan osodwyd 'Y Ddinas' yn destun yr awdl ddwy flynedd yn ddiweddarach.

Mae hi'n werth cymharu awdl Gerallt Lloyd Owen i'r Gwanwyn ag eiddo Dic Jones, a hynny am fod tebygrwydd rhyngddynt mewn nifer o bethau pwysig. Ni ddewisodd y naill na'r llall drin ei destun yn ffigurol. Y gwanwyn naturiol yw pwnc y ddau ohonynt. Nid symbol mo wanwyn yr awdlau hyn, ond profiad real a byw. Un a fu'n gwylio ci defaid wrth ei waith laweroedd o weithiau sy'n llefaru mewn llinellau fel hyn:

> A Gwen yn ei helfen wâr
> Fel awel hefo'r ddaear:
> Sodlu'n glòs, annos a hel,
> Fferru'n iasoer; ffroen isel
> Yn barod, a gwib arall
> Ar hanner tro, gwyro'n gall

207

Heb un siw ar bawen swêd,
Gwyro yn gegagored,
A'i hanadlu tafodlaes
Yn codi mwg hyd y maes.

G.Ll.O.

I bwysleisio'r ffaith mai canu profiad y mae'r ddau, gwneir defnydd helaeth o'r person cyntaf yn y ddwy awdl. 'Ym môn y clais gwelais gyrff/Ŵyn barugog eu breugyrff', neu

Gwn y daw mewn deunawmis
Yr oen ym mhoen ei bum mis
I dirion goed yr hen gae
Ar ei encil i'r uncae

medd Dic Jones; ac wele Gerallt yntau:

Mi wn y caf ddymuniad fy hen hil
Caf yn nhor y ddafad
Hen ddyheu mewn newydd had
Ein holl ofal mewn llyfiad.

Gwybod y mae'r ddau fardd, sylwer, nid dychmygu na rhamantu. Etifeddion adnabyddiaeth drylwyr eu teuluoedd a'u bröydd amaethyddol o fyd natur ydynt. Ceir y gair 'hwsmonaeth' gan y ddau ohonynt, gair sy'n arwyddocáu natur eu perthynas â'r byd naturiol. A'r hyn y mae'r sawl sy'n dwyn perthynas fel hon â natur yn ei wybod i sicrwydd yw fod y gwanwyn yn rhwym o ddod. 'Bydd gwanwyn a bydd geni'n – dragywydd', fel y dywedodd Dic Jones. Hon yw thema bwysicaf awdlau Dic Jones, Gerallt Lloyd Owen, ac Alan Llwyd yntau, a chawn yn y tair ddisgrifio manwl ar galedi'r hirlwm a chreulondeb Mawrth, cyn troi at arwyddion y bywyd newydd. I'r tri, geni'r ŵyn yw'r arwydd pwysicaf o ddigon. Er yr holl sôn sydd ynddynt am galedi a chyni a gerwinder, awdlau gobeithiol yw'r tair yn y bôn.

Nid sicrwydd y bywyd newydd yw pen draw ymdriniaeth y beirdd â'r testun chwaith. Soniais am y gair 'hwsmonaeth'. Nid sôn am natur ar ei phen ei hun a geir yn yr awdlau hyn, ond sôn am natur yn ei chydberthynas â dyn. I Dic Jones, daw ymdeimlad o obaith a chynhaliaeth ysbrydol, ac ymwybod â phatrymau oesol byd natur yn sgîl ei adnabyddiaeth o dreigl y tymhorau:

Ym môn yr egin mae hen rywogaeth,
Yn nhwf y gweryd mae hen fagwraeth,
I'r oen a'r ebol mae hen fabolaeth

Ac yn eu hesgyrn mae hen gynhysgaeth
I minnau'n eu hwsmonaeth – mae'n y rhos
Ryw swyn yn aros sy'n hŷn na hiraeth.

Y mae Gerallt Lloyd Owen yn mynd â'r syniad gam ymhellach.
Awdl gymhleth ei gwead yw ei eiddo ef, yn enwedig yn yr ail hanner. Y
mae'n gweu i'r syniad o edwino ac adnewyddiad parhaus ym myd natur
ddisgrifiad o batrwm cyfochrog ym mywyd dynion. 'I'r oen a'r ebol
mae hen fabolaeth'; 'Ym mhranc oen ifanc y mae hynafiaeth' medd
Gerallt; ond y mae ef yn ymestyn y thema drwy ymglywed â'r un hynaf-
iaeth, a'r un bywyd newydd hefyd, ynddo ef ei hun:

Wyf wanwyn o wanwynau fy nhylwyth
Wyf yn ôl eu camau:
Rhoed eu cof ynof innau,
A rhoed eu bryd i barhau.

Mynegodd Donald Evans yr un syniad, gan gyfarch ei fab bychan, ac
mewn geiriau digon tebyg hefyd:

Mae gwanwyn y gwanwynau
Hen a fu yn ymfywhau
A'th einioes dithau, Onwy,
Yn einioes o'u heinioes hwy.

Y mae geiriau Alan Llwyd beth yn wahanol, ond yr un eto yw'r ergyd:

Y Geni o furgynod - y llynedd
yn llawn ac yn undod
ynghlwm wrth batrwm ein Bod.

Yr hyn sy'n cysylltu Gerallt Lloyd Owen, y bod dynol, â gwanwyn byd
natur yw'r tir ei hun, ei dir ef a thir ei dadau:

Mae im obaith ymwybod â'r tir hwn
Lle rhoed tro i arfod
Hen hafau cyn fy nyfod,
Cynhaeaf maith cyn fy mod,

A bydd ei dir tra byddwyf â'i afael
Ar fy nghof fel pruddglwyf;
O'r un waed â'r Waun ydwyf,
Un â phridd ei Henffridd wyf.

Y mae cysylltiad y beirdd hyn â'r pridd, a'u hymwybod â'r patrymau
oesol ym myd dynion a byd natur fel ei gilydd, yn ddolen gyswllt amlwg
rhyngddynt a'i gilydd. Ni welir cryfder y cyswllt yn gliriach yn unman
nag yn eu hawdlau i'r Gwanwyn. Y mae a wnelo'r pwnc ei hun lawer â'r

peth; y mae a wnelo cefndir y beirdd, a'r profiadau sy'n gyffredin iddynt, â'r peth hefyd. Ond tybed na ellir mynd gam ymhellach eto, ac awgrymu bod y tebygrwydd ymdriniaeth yn codi i beth graddau o afael y gynghanedd ei hun? Byddaf yn meddwl yn aml fod y mesurau caeth fel petaent yn moldio'r meddwl. Oherwydd ieithwedd urddasol, fesuredig, ofalus llawer iawn o'r canu caeth, mae hi'n bosibl canu'n uniongyrchol am hanfodion bywyd, a myfyrio ar y gwirioneddau mawr, heb i'r canu fynd yn ffuantus. Dyna un rheswm dros ddefnyddio'r gynghanedd ar hyd y canrifoedd i ganu'n ddiarhebol ac epigramatig, crefft y mae Gerallt Lloyd Owen yn feistr arni, fel y sylwodd R. Geraint Gruffydd yn Abertawe yn 1982 pan gyfeiriodd at ei allu i greu 'llinellau sydd fel pe baent yn bod erioed'. Y mae cwmpas awdl yn ehangach a chyfoethocach wrth reswm na chwmpas cwpled neu englyn neu ddarn o gywydd, sydd fel arfer yn llestri i gynnwys y math hwn o ganu, ond y mae'n bosibl gweld y modd y cynlluniwyd ac y dychmygwyd yr awdlau hyn, yn eu cyfanrwydd, fel helaethiad ar y traddodiad hwn.

Wrth awgrymu fod y gynghanedd yn gallu cyfeirio'r meddwl ac awgrymu cywair i ganu bardd, nid wyf yn awgrymu am funud mai gofynion ei fesurau sy'n llywodraethu meddwl Gerallt Lloyd Owen. Mewn ysgrif a gyhoeddodd yn *Ynglŷn â Chrefft Englyna*, llyfr a olygwyd gan T. Arfon Williams, daw ei flaenoriaethau i'r amlwg. Y syniad yw'r peth cychwynnol, a'r peth hanfodol, wrth lunio cerdd. Eilbeth yw'r gynghanedd iddo, er bod modd iddi fod yn hwb damweiniol i syniadaeth, drwy gyfosod geiriau mewn ffordd newydd:

> Cyn mynd ati i lunio englyn byddaf yn gwybod ymlaen llaw beth sydd arnaf eisiau ei ddweud... fe synnech cynifer o englynwyr sy'n mynd ati'n ddifyfyr, a chofier nad yw byrfyfyr yn gyfystyr â difyfyr. Cefais brofiad o hyn lawer tro mewn ymryson wrth geisio gweithio englyn ar y cyd, a chanfod nad oedd hwn-a-hwn yn myfyrio'n greadigol o gwbl ond yn disgwyl gwyrth, yn disgwyl llinell o'r gwagle, a chan na ddeuai honno ar amrantiad, âi wedyn i chwilio am air a gynganeddai â gair... Y peth pwysig, felly, yw bod y gynghanedd yn tyfu o'r syniad yn hytrach na bod y syniad yn tyfu o'r gynghanedd. Ond wedi dweud hynny, rhaid prysuro i ddweud na ddylid anwybyddu athrylith y Gynghanedd ei hun ychwaith, a rhaid cydnabod ar unwaith y gall y gynghanedd awgrymu'r syniad ac fe all hwnnw, o'i ehangu, fod yn syniad trawiadol.

(tt.83-4)

Nid yw rhoi'r flaenoriaeth i syniad yn golygu diystyru crefft, wrth reswm. Crefftwr manwl a gofalus yw Gerallt Lloyd Owen. Wrth ddyfarnu ei awdl 'Afon' yn orau yn Eisteddfod Bro Dwyfor, 1975, cyfeiriodd Tilsli ato fel 'artist o fardd'. Y mae artist yn gallu cuddio'r ffaith ei fod yn ymboeni â'r manylion, a bod yr arfau y mae'n eu defnyddio yn loyw lân. Nid yw Gerallt yn llwyddo bob amser, mae'n wir. Dywedodd Geraint Bowen, wrth feirniadu'r awdl 'Cilmeri' yn Abertawe, 1982, mai 'llafurus yw ambell linell oherwydd y gorymdrechu at newydd-deb'. Cytunodd yr awdur, mewn sgwrs deledu yn ddiweddarach, fod hynny'n wir. Ceir gorymdrech weithiau yn y delweddu hefyd. I'm chwaeth i, nid yw 'pawen swêd', yn y llinellau a ddyfynnais uchod, yn taro deuddeg. Ond y mae'n ddiamheuol fod corff ei waith yn arddangos meistrolaeth ymddangosiadol ddiymdrech ar y mesurau caeth a'r *vers libre* cynganeddol, meistrolaeth sy'n codi o ddau beth. Un ohonynt yw hir ymarfer. Clywais ef yn dweud ei fod yn gallu llunio englynion cywir yn ddeuddeg oed. O ddyddiau ysgol a choleg ymlaen, bu'n ymdroi'n gyson gyda'r cynganeddion. Y llall yw hir ymboeni: peidio â gadael cerdd o'i ddwylo nes ei fod wedi ei throi yn ei feddwl yn ofalus, wedi gwrthod yma, wedi newid neu ychwanegu acw. Cefais brawf anffurfiol o hyn mewn llythyr personol. Ysgrifennais ato cyn dechrau ar yr ysgrif hon i ofyn a gawn i gopi o'i awdl 'Gwanwyn' ganddo (cyn ei chyhoeddi yn *Cilmeri a Cherddi Eraill*). Dyma'r ateb a gefais, ynghyd â chopi argraffedig o'r gerdd:

> 'Rwy'n ymddiheuro am fod mor hir â hyn yn anfon copi o'r awdl atat. A dweud y gwir, dim ond un copi oedd gen i ac ni allwn yn fy myw ddod o hyd iddo. Trwy lwc, 'rwy'n cofio'r rhan fwyaf o'r awdl ac felly dyma fynd yn eithafol a'i chysodi yn y wasg!
>
> Os byth y cyhoeddir hi, bydd rhaid newid llawer arni. 'Rwy'n bwriadu gwneud hynny ers blynyddoedd ond heb fynd ati o ddifri. Croesewir awgrymiadau!

Ehangder a dyfnder thema yw'r dimensiynau sy'n cyfrif i Gerallt Lloyd Owen. Mae natur ei weledigaeth farddol yn peri ei fod o hyd yn chwilio am hanfodion pwnc, am y gwirionedd sydd ynglŷn ag ef. Os canu i fyd natur, canu i batrwm bywyd ac i'r ymdeimlad o undod a pharhad ym myd natur a byd dynion fel ei gilydd; os canu i Gilmeri, gweld yno anobaith cenedl gyfan; os canu marwnad, canu i angau ei hun. Bardd y difrifoldebau mawr ydyw. Dyna gywair ei feddwl; a thebyg yw cywair ei galon. Diau mai dwyster angerddol ei ganu yw ei arbenigrwydd pennaf. Gŵyr beth yw wylo gwaed. Fel R. Williams Parry, bardd y gaeaf ydyw, ac y mae'r gaeaf hwnnw yn un goddrychol yn ogystal ag yn un gwrthrychol. Weithiau, mae'n wir, y mae'n caniatáu iddo'i hun lygedyn o oleuni'r haf:

> Y dibryder aderyn
> A di-hid o'th wae dy hun
> Ar farugog oer frigyn

> Trist dy glywed mor ddedwydd:
> Pam na cheni di i'r dydd,
> I'r gaeaf sy'n dragywydd?

> Oni weli anialwch
> Y waun draw dan eira'n drwch
> A gwlad heb iddi glydwch?

> 'Gwelaf aeaf a newyn
> Ein daear wag, ond er hyn
> Y mae haf ond ei 'mofyn.'
>
> 'Y Bardd a'r Chwyldro'

Eithr o ystyried ei gerddi drwyddynt draw, yr holwr yn y gerdd fach uchod sy'n mynegi eu gwir ysbryd, nid yr atebwr. Yr hyn sy'n cyffroi ymateb Gerallt Lloyd Owen yw marwolaeth a difodiant unigolion, cymdeithas, a chenedl.

Yn y cerddi marwnadol i unigolion y mae'r bardd hwn yn ymglymu â rhan arbennig o'r traddodiad barddol. Mae gwythiennau bach yn ein canu marwnad sy'n wahanol i ganu'r wythïen fawr. Fel y sylwodd amryw o'n haneswyr llên erbyn hyn, canu i fywyd a wnâi beirdd yr Oesoedd Canol mewn gwirionedd wrth ganu marwnad, nid canu i farwolaeth. Canent yn bennaf i fawrygu'r hyn a wnaeth yr ymadawedig yn ystod ei fyw, nid i fyfyrio ar ei farwolaeth nac i fynegi hiraeth ar ei ôl. Ail bethau yw'r rheini. Ond ceir traddodiadau eraill: y farwnad Fethodistaidd grefyddol ei phwyslais; y farwnad bersonol, yn mynegi hiraeth calon am gâr a gollwyd; a'r farwnad sy'n troi'n fyfyrdod ar angau ei hun ac yn mynegi gweledigaeth arbennig yn ei gylch. Wrth gwrs, y mae elfennau o'r gwahanol draddodiadau hyn yn ymblethu i'w gilydd mewn cerddi unigol. Llunio cerdd unigryw y bydd bardd wrth gyfansoddi, nid cydymffurfio'n glòs â fformiwla lenyddol. Y mae'r olyniaeth y cyfansoddodd Gerallt Lloyd Owen ei gerddi marwnad ynddi serch hynny yn glir. Olyniaeth yw hi y gellir ei holrhain o waith Aneirin a Thaliesin drwy waith ambell un o'r cywyddwyr, a Wiliam Llŷn yn arbennig, at waith Ieuan Glan Geirionydd yn y ganrif ddiwethaf a T. Gwynn Jones ac R. Williams Parry yn ein canrif ni.[§] Olyniaeth baganaidd yw hi. Y delweddau pwysig yw düwch, llonyddwch y corff, llwch, a'r arch a'r bedd. Terfynoldeb angau yw byrdwn y canu, nid parhad bywyd na'r gobaith am atgyfodiad. Y mae englyn enwocaf Williams Parry, ond odid, yn enghreifftio'r traddodiad yn berffaith:

> Y bardd trwm dan bridd tramor, – y dwylaw
> Na ddidolir rhagor;
> Y llygaid dwys dan ddwys ddôr,
> Y llygaid na all agor.

Y mae englynion coffa Gerallt Lloyd Owen yn yr un cywair yn union â rhai R. Williams Parry. Yn wir, yn rhai o'r englynion cynnar y mae'r adleisiau yn amlwg iawn. Y mae'r gyfres 'Eurwen' drwyddi yn dwyn englynion Williams Parry i gof:

> Rhowch i gist dynerwch gwedd, – rhowch i bridd
> Yr arch bren lle gorwedd
> Y wennaf o rianedd,
> Addfwynaf un i ddwfn fedd.

> Ar ddiweddar ddyweddi – rhowch ddaear,
> Rhowch ddiwyg wen iddi;
> Du lain sy'n edliw inni
> Ei diwedd diddiwedd hi.

Ac wele'r cynsail:

> I'r addfwyn rhowch orweddfa – mewn oer Fawrth,
> Mewn rhyferthwy gaea;
> Rhowch wedd wen dan orchudd iâ,
> Rhowch dynerwch dan eira.

Eithr cam dybryd â Gerallt Lloyd Owen fyddai awgrymu nad yw ei englynion coffa yn ddim ond adlais o ganu Williams Parry. Yn y tair cyfres a ymddangosodd yn *Cerddi'r Cywilydd*, i goffáu Trefor Morgan, Sarah Edwards, a John William Griffiths, daeth o hyd i'w lais ei hun. Yr

---

[§] Trafodir agweddau ar y pwnc hwn yn fanylach yn y bennod 'Dilyn Natur'.

un yw'r dwyster wrth ganu i realiti corfforol yr angau, a'r un yw'r trist-
wch wrth sylweddoli na ellir adfer yr hyn a gollwyd:

> Cloi genau'r dadlau yn dynn – a'u cloi hwy
> Cyn clywed y terfyn,
> Cau y llygaid tanbaid hyn,
> A'u gadael ar gau wedyn.
>
> 'Trefor Morgan'

Ond y mae yn yr englynion hyn fwy: y mae ynddynt bortreadau llawn a
chyfoethog o bersonau. Adnabyddiaeth a gwerthfawrogiad Gerallt Lloyd
Owen o unigolion, ac iddynt eu nodweddion arbennig eu hunain, sy'n
cynnal y cyfresi hyn. Ceir ynddynt gyfuno gwefreiddiol ar y personol
manwl a'r cyffredinol berthnasol; a thrwyddynt, gellir ymglywed â'r
gwirionedd gwareiddiol hwnnw, fod marwolaeth unigolion yn ein tlodi
ni oll. Er pwysiced ynddynt yw realiti dychrynllyd angau, pwysicach yw'r
ymdeimlad o werth dyn yn ei gymdeithas:

> F'eiriolwr hyd farwolaeth, – hwn fu 'mrawd
> Yn fy mhryder helaeth;
> I dir ei wyliadwriaeth
> Rhoed Cristion o Gymro'n gaeth…
>
> I weld gweryd gwladgarwch – af heno
> I fynwent digrifwch,
> Lle bydd llawenydd yn llwch,
> Lle gorwedd cyfeillgarwch.
>
> 'John William Griffiths'

Y mae presenoldeb y bedd hefyd yn amlwg yn y ffordd y mae Gerallt
Lloyd Owen yn ymdrin â'i thema bwysicaf, sef cenedlaetholdeb. Yn
Cerddi'r Cywilydd, cenedlaetholdeb ydyw sy'n defnyddio delweddau'r
bedd, weithiau, megis yn 'Y Lladdedigion', yn symbolaidd:

> 'Sgyrion eu hanes yw'r esgyrn heno,

ond bryd arall yn llythrennol. Mae colli gwaed yn fyrdwn ganddo, a
merthyrdod ymladdwyr a milwyr yn ennyn ei edmygedd a'i fawrhad:

> Nid blodau ond bwledi – a wnaeth hon
> A'i thwf yw merthyri;
> Eu haberth yw ei pherthi,
> Gardd o waed, ond gwyrdd yw hi.
>
> 'Gardd Goffa Dulyn'

Thema ddeublyg yw marwolaeth yng nghanu cenedlaethol Gerallt
Lloyd Owen. Ceir cyfeirio cyson at farwolaeth hunanaberthol cenedl-

garwyr, ond gosodir marwolaeth unigolion ar gynfas y farwolaeth fwy, sef difodiant y genedl. Hon yw'r farwolaeth fawr. Dewisodd Williams Parry un tro roi llythrennau breision i'r geiriau 'y Farchnad Fawr' er mwyn cyfleu natur gataclysmig ei weledigaeth. Gwna Gerallt Lloyd Owen yr un peth yn un o'i gerddi yntau:

> Awn heb yr hoen i barhau
> I'r nos na ŵyr ein heisiau,
> Awn i gyd yn fodlon gaeth
> Efo'r hil i'r Farwolaeth.
>
> 'I'r Farwolaeth'

Marwolaeth foesol ac ysbrydol yw hi yn y pen draw, marwolaeth sy'n codi o lwfrdra a difrawder. Rhoddodd y bardd y gair 'cywilydd' yn nheitl ei gasgliad, gair nad oes iddo rym ond yng nghyd-destun moesoldeb. Pwnc moesol yw gwadu etifeddiaeth i Gerallt Lloyd Owen, a 'chywilydd' sy'n ei ddilyn:

> Troesom ein cenedl i genhedlu
> estroniaid heb ystyr i'w hanes,
> gwymon o ddynion heb ddal
> tro'r trai.
> A throesom iaith yr oesau
> yn iaith ein cywilydd ni.
>
> 'Etifeddiaeth'

Canu cenedlaethol gwleidyddol a geir yn *Cerddi'r Cywilydd*, canu y gellir ei alw'n ganu propaganda, o roi diffiniad go gyffredinol i'r gair hwnnw, a pheidio â'i gyfyngu i focs sebon. Gall bardd o Gymro ganu propaganda gwleidyddol gan wybod nad oes dim yn ddieithr yn hynny; mwy na hynny, gan wybod ei fod yn ymglymu â thraddodiad sy'n mynd yn ôl mor bell, unwaith eto, â Chanu Aneirin. Mae sawl elfen sy'n berthnasol i ganu Gerallt Lloyd Owen yn y canu gwleidyddol hwn. Un yw'r elfen o her, yr her sydd ymhlyg mewn moli dewrder a chystwyo llwfrdra, boed y priodoleddau hynny'n gorfforol neu'n foesol. Elfen arall bwysig iawn yw 'canu cof'. Byddai beirdd y traddodiad caeth yn atgoffa'r Cymry am eu gorffennol, er mwyn eu hannog i gofio'u cyfrifoldeb at y dyfodol. 'Canu cof' y mae Gerallt Lloyd Owen yntau, mewn nifer o gerddi:

> Fin nos, fan hyn
> Lladdwyd Llywelyn.
> Fyth nid anghofiaf hyn...

215

> Fan hyn yw ein cof ni
> Fan hyn sy'n anadl inni…
>
> 'Cilmeri'

Un o themâu pwysicaf y canu gwleidyddol oedd proffwydo dyfodiad y mab darogan, gwaredwr ei genedl. Yr oedd canu brud a phroffwyd-oliaeth y beirdd weithiau'n niwlog, yn cyfeirio mewn ffordd ddigon annelwig at ryw Owain neu Arthur neu Gadwaladr a godai, ddydd a ddelai; bryd arall, yng nghanu bardd craff, ymenyddol fel Iolo Goch, yr oedd y cyfeiriadau yn fwy penodol. Gwelodd ef fab darogan yn Owain Glyndŵr, Owain Lawgoch, Rhosier Mortimer. Ond beth bynnag oedd natur y broffwydoliaeth, nid oes amau'r lle canolog a oedd i'r beirdd mewn materion gwleidyddol. Fel y dywedodd Eurys Rolant, wrth sôn am y cyfnod a ddilynodd yr oruchafiaeth Edwardaidd, 'the bardic order remained more faithful to Welsh nationalistic ideals than any section of the community, and this is, and always has been, one of the best known facts of Welsh history'. ('Iolo Goch', yn *Celtic Studies*, gol. Carney a Greene, Llundain, 1968, 130). Roedd y beirdd yn trysori'r gobaith meseianaidd, myth y gwaredwr. Mewn cyfnod o gyfyngder yn hanes y genedl, yr oedd y myth yn un tra phwysig, am ei fod yn cynnal gobaith.

Try'r gobaith yn siom yn aml iawn. Mawr fu'r disgwyl am ddyfodiad Owain Lawgoch, ond

> Er edrych am ŵyr Rhodri
> Llyna och yn lle ni chawdd;
> Lleddid, a diawl a'i lladdawdd.

Tebyg yw'r ymateb i ladd Owain Tudur yn 1461:

> Gwae ni'n darogan Owain,
> Annoeth rwysg a wnaeth y rhain.

Ond y mae mwy na siom yng nghanu Gerallt Lloyd Owen; y mae yma chwerwedd, chwerwedd sy'n codi o eironi creulon yr hyn a ddigwydd-odd yn 1969. Coronwyd tywysog, a hwnnw'n Sais. Dyma negyddu gobaith y mab darogan, dyma weld yr arwr yn troi'n wrth-arwr. Un o hanfodion myth y mab darogan oedd mai'r unig rai oedd â hawl i oruchafiaeth oedd rhai o waedoliaeth Gymreig; dyna paham y gallai'r beirdd groesawu dyfodiad Harri Tudur i'r orsedd. Fel arall y bu hi yn 1969:

> Ein calon gan estron ŵr
> Ein coron gan goncwerwr.

Yr un yw'r ergyd yn y gerdd 'Nadolig yng Ngorffennaf'. Ynddi mynegir llawenydd yr angylion o weld dyfodiad Crist, mab darogan yr Iddewon. Mae eu geiriau yn adleisio pwyslais yr Ysgrythur ar y gwaredwr a godai o blith ei bobl ei hun:

'Ganed Tywysog inni
ac nid estron mohono
o dras yr hen dreiswyr
nac o linach gelynion,
eithr nyni a'i piau,
ein mab ohonom yw ef.'

Ac yna, yn llinellau olaf y gerdd, ceir y gwrthgyferbyniad chwerwgoeglyd â'r sefyllfa yng Nghymru:

Genedl, gwêl ogoniant
mab dy ddyhead maith.
Gwêl dy was, gwêl Dywysog
a'th gâr yn fwy na'th geraint!

Ac wrth gwrs, yn nigwyddiadau 1969 a chroeso brwd mwyafrif y Cymry i'w 'tywysog', y gwelodd Gerallt Lloyd Owen y ffurf eithaf ar 'gywilydd' y genedl.

* * *

Deng mlynedd wedi cyhoeddi *Cerddi'r Cywilydd* yn 1972, gyda choffáu saithcanmlwyddiant marw'r Llyw Olaf, wele Gerallt Lloyd Owen yn dychwelyd i Gilmeri. Ai'r un yw ei weledigaeth? Ie, yn ei hanfod:

Am a oedd, felly y mae; a galar
Digilio yn warchae;
Cur â chur yn cydchwarae;
Yr un o hyd yw'r hen wae.

Ond y mae gwahaniaeth mewn awyrgylch a phwyslais. Y mae'r dicter chwerw sy'n gyweirnod i gynifer o'r cerddi cynharach yn llai amlwg y tro hwn. Tristwch lleddf sy'n nodweddu'r awdl. Eithr erys y dwyster dirdynnol, y boen a gyfyd yn y pen draw nid o goroni Siarl na cholli Llywelyn, ond o ddifrawder ein pobl:

Nid oes oleuni, nid oes elynion
A all godi gwg i'n llygaid gweigion.
Diffoddwyd ein breuddwydion onid aeth
Gweledigaeth yn gawl i daeogion.

217

Rhagoriaeth awdl 'Cilmeri' yw ei dynoliaeth hi. Dywedwyd eisoes mai cryfder y cyfresi o englynion coffa a welir yn *Cerddi'r Cywilydd* yw eu bod yn canoli ar yr unigolyn, y bod gwerthfawr ac unigryw a gollwyd, a bod hynny, yn ei dro, yn dwysáu'r myfyrio ar angau ei hun. Digwydd peth tebyg yma. Diriaethir ing cenedl yn ing personol Llywelyn ei hun. Y mae Llywelyn y dyn yma, yn ogystal â Llywelyn yr arweinydd a'r tywysog; a dyma, i mi, guddiad cryfder yr awdl gyfoethog hon.

CYLCH O FEWN CYLCH: AWDL 'Y DAITH'

UN o nodweddion yr awdl ddiweddar, i'm tyb i, yw mai ag edau ungorn y'i gwewyd hi fel arfer. Ni ddylai cymhlethdod ffurf awdl ein rhwystro rhag sylweddoli mai unplyg yw ei dychmygiad trosiadol hi. Rwy'n defnyddio'r gair 'unplyg' yn hytrach na 'syml' rhag awgrymu bod a wnelo'r peth â diffyg dyfnder prydyddol. Nid felly o gwbl. Awdl unplyg ei dychmygiad yw un o awdlau gorau'r blynyddoedd diwethaf hyn, 'Cilmeri' Gerallt Lloyd Owen. Adrodd hanes, dweud stori a wneir; ceir wedyn, yn amrywiad ar linyn sylfaenol y canu, ddarnau myfyrdodus a darnau disgrifiadol a delweddol sy'n cyfoethogi rhediad y llinyn sylfaenol hwn. Gwelir ynddi y math o unplygrwydd dychmygiad sy'n nodweddu cerddi naratif yn aml iawn. Yn wir, fel llawer iawn o awdlau, y mae a wnelo dulliau canu naratif gryn dipyn â'i hadeiladwaith hi.

Ond gan mai cerdd gymharol hir yw awdl fel arfer, nid cerdd hir, fe all hi ogwyddo i'r cyfeiriad arall, nes ei bod, o ran ei dychmygiad, yn perthyn yn nes i fyd y cerddi byrion. Awdl felly yw 'Y Cwmwl' Gwynn ap Gwilym, sy'n gymhwysiad trosiadol o un ddelwedd sylfaenol drwyddi. Yn y bôn, estyniad ar y delyneg yw awdl fel hon o ran ei chyfansoddiad, ac unwaith eto, unplyg yw ei dychmygiad hi.

Ond beth, meddir, am awdlau sy'n gyfresi trosiadol? Onid oes cymhlethdod dychmygiad ynddynt hwy? Nac oes, yn yr ystyr sydd i'r geiriau 'unplyg' a 'chymhleth' yn yr ysgrif hon. Awdlau ydynt sy'n glymiad o gerddi unigol mewn gwirionedd, heb yr unoliaeth wirioneddol sy'n codi pan deimlir fod y trosiadau gwahanol a geir mewn cerdd yn dwyn perthynas angenrheidiol ac anorfod â'i gilydd. Eithriad yw awdl sydd, drwyddi ac yn ei chyfanrwydd, yn drosiadol gymhleth. Un o'r eithriadau hynny yw 'Y Daith'. Fe'i gwewyd hi ag edau dri neu bedwar corn, ac y mae'r edau gyfan yn annatod glwm.

Rwy'n rhagymadroddi fel hyn am fod awdl Idris Reynolds, o'r llinellau cyntaf un, yn hawlio dealltwriaeth o'i ddull o weithio fel bardd. O'r caniad cyntaf, mae'n rhaid deall fod y bardd yn canu ar nifer o lefelau, a bod y lefelau hynny yn anwahanadwy. Hynny yw, pan fo'n sôn am yr 'henfam' ddaear yn y caniad cyntaf, y mae hefyd yn sôn, yn llythrennol, am ei fam, a phan fo'n sôn am ei fam, y mae hefyd yn sôn am ffynhonnell diwylliant a chenedligrwydd. Wrth i'r gerdd fynd rhagddi, fe welir fod yr ymdoddi trosiadol hwn yn parhau ac yn datblygu wrth i'r trosiad weithio'i ffordd drwy'r llinellau. Dyna a olygaf wrth ddweud fod yr awdl hon yn drosiadol gymhleth.

Y mae i unplygrwydd trosiadol ac i gymhlethdod trosiadol, fel ei gilydd, beryglon. Hawdd yw i unplygrwydd dychymyg trosiadol droi'n adroddiant diweledigaeth sydd, yn ei hanfod, yn draethodol yn hytrach nag yn farddonol. Ymddengys i mi fod ambell un o'r awdlau arobryn diweddar yn syrthio i'r dosbarth hwn. Yn llaw bardd da, ar y llaw arall, gall unplygrwydd dychmygiad roi i gerdd ryw eglurder cadarn a sicrwydd cerddediad. Y mae peryglon hefyd i'r math o ymdoddi trosiadol cymhleth a geir yn 'Y Daith'. Gall dilyn rhediad meddwl y bardd fynd yn beth anodd iawn, ac yn sicr, mae rhai darnau tywyll yn yr awdl hon. Credaf, serch hynny, fod derbyn y disgrifiad a gynigiwyd o fethodoleg sylfaenol y gerdd yn symud llawer iawn o'r anawsterau a allai fod ynddi ar yr olwg gyntaf.

Y peth arall y mae'n rhaid ei dderbyn yw mai cerdd hunangofiannol yw hi, ac y mae adnabod y bardd yn gymorth i adnabod ei gerdd yn iawn. Efallai y dylid bod wedi dweud mai hanner y gerdd sy'n hunangofiannol. Bardd yn ei ddeugeiniau yw'r awdur, ac er iddo seilio rhannau o ddechrau a diwedd yr awdl ar brofiadau uniongyrchol a phersonol, y mae'r ymestyniad ar ddiwedd yr awdl i gynnwys hydref a diwedd bywyd wrth reswm yn ffrwyth dychmygiad. Eithr y mae'r dychmygiad, neu'r estyniad, anhunangofiannol yn dwyn perthynas cwbl naturiol a dichonadwy â'r rhan gyntaf. Yn yr elfen o gofio y ceir hefyd y bach sy'n cydio'r awdl wrth ei thestun, 'Y Daith': 'Drwy hen gof roedd beidr yn gwau'. Dilyn 'y feidir drwy 'mhrofiadau' a wneir.

Mae'r profiadau hynny'n cychwyn ar ddiwrnod ysgeler o oer, ddiwedd un gaeaf. Ceir, yng nghaniad cyntaf yr awdl, ddisgrifiad o ddarn o fynydd-dir wedi'i gloi yng ngafael rhewynt ac eira. Ai dweud y mae'r bardd yn y llinell gyntaf, 'Ar darenni'r dwyreinwynt', gyda'i chystrawen enidol, fod gwynt y dwyrain yn gymaint rhan o'r parthau hyn nes bod y mynyddoedd, y tir uchel, diffaith, a'r gwynt yn ymffurfio'n un grym aethus o aeafol yn ei feddwl? Bid a fo am union ystyr y llinell gyntaf hon, y mae'r ergyd cyffredinol ynddi hi, ac yn y llinellau sy'n dilyn, yn glir: egrwch a gerwinder gaeaf a ddarlunnir, a daw'n amlwg yn fuan nad gaeaf tir a daear yn syml sydd dan sylw, ond gaeaf dynion hefyd. Gaeaf un wraig, yn benodol. Nid haen o rew ac eira yw'r 'amdo' a ddisgrifir yn unig, ond amdo gwirioneddol, 'lliain tristwch' dros un a 'giliodd ar dyle galar'. Yr ydym yn ei dilyn hi ar ei thaith olaf; taith y ffarwelio terfynol â'i hanwyliaid yn eu hiraeth:

> Ar lôn wen ffarwelio wnaeth
> Â châr, dan luwch o hiraeth.

Taith angladdol sydd yma ar hyd 'lôn wen', ffordd sy'n wyn gan rew ac eira, ond sy'n fwy na hynny hefyd. Yma down at y cyntaf o'r cyfeiriadau llenyddol sy'n britho'r awdl hon. Teitl hunangofiant Kate Roberts ydyw, wrth gwrs, ac fe ddefnyddiodd hi'r geiriau, enw ar ffordd uwchben Rhosgadfan, yn drosiad am hanes ei bywyd. Diau bod atgof o'r defnydd a wnaeth Kate Roberts o'r geiriau ymhlyg yn nefnydd Idris Reynolds yntau ohonynt. Ym mis Mawrth 1986, ar ddiwrnod gaeafol a garw, y bu angladd ei fam, Elizabeth. Seriwyd y diwrnod hwnnw ar galon a dychymyg ei mab. Yn yr angladd honno y mae'n dewis cychwyn ei awdl ac y mae i'r atgof am ei fam, a thaith ei bywyd hi, le canolog wedyn yn natblygiad yr awdl.

Nid ei marwolaeth hi yn unig a goffeir. Yr oedd hi'n Gymraes wlatgar, ddiwylliedig a gyfoethogodd fywyd ei mab yn aruthrol, a cheir coffâd yn nes ymlaen yn yr awdl i lawnder ei byw hi, a'r etifeddiaeth a ddaeth i'w mab drwyddi hi. Ond yn y caniad cyntaf hwn, ar ddiwedd taith yr ydym. Trodd y daith lythrennol ar hyd llwybrau'r gaeafdir yn daith gwraig drwy ei chystudd olaf:

> Yn driw drwy gnoadau'r iâ,
> Yn ddewr drwy'r cystudd eira.

Newidir y ddelwedd, a'r mesur, i gloi'r caniad. Y 'goeden gysgodol' a gwympodd yn oerni Mawrth yw ei fam bellach, a 'deilen ei hawen wywodd'. Mae'r englyn clo hwn yn enghreifftio'r cymhlethdod trosiadol y buwyd yn ei drafod ar ddechrau'r erthygl. Uniaethir y fam â bywyd naturiol y goeden, yn ei hirder ac yn ei chrinder, ond y mae'r 'awen' yn dwyn trydedd haen ystyr i'r trosiad, haen ystyr a ddatblygir yn llawnach yn nes ymlaen yn y gerdd. Mae Idris Reynolds yn defnyddio'r gair 'awen' yma, fel y gwnaeth Waldo Williams, mewn ystyr eang iawn.

221

Grym daionus bywyd, 'yn codi o'r cudd, yn cydio'r cwbl' oedd 'awen' Waldo. Gair ymledol ei ystyr ydyw i Idris Reynolds hefyd. Drwyddo y mae'n cyfeirio at gyfanrwydd y bywyd ysbrydol a diwylliannol yng Nghymru. Prin bod angen ychwanegu i'r pren, a dail y pren, fod yn ddelwedd rymus drwy holl hanes barddoniaeth Gymraeg, o Lywarch Hen hyd at Gerallt Lloyd Owen.

Wedi'r colli – cael. Y mae i'r awdl hon ei llawenydd mawr, yn ogystal â'i thristwch. Mae'r ail ganiad yn dechrau â theyrnged hyfryd gan y bardd i'w gariad, Elsie, a fu'n ymgeledd iddo yn ei brofedigaeth. Nodwedd amlycaf y rhan hon o'r awdl yw uniongyrchedd ei mynegiant hi. Wedi cymhlethdod trosiadol y caniad cyntaf, a'r tywyllwch gaeafol poenus a ddisgrifir ynddi, ceir gwrthgyferbyniad, o ran dull a chynnwys, yn yr ail ganiad. Mae'r mynegi yn syml, yn yr ystyr ei fod yn uniongyrchol ac yn ddigymhlethdod, ond y math o symledd ydyw sy'n adlewyrchu rhyw hyder afieithus yn nheimladau'r bardd, bardd sy'n gynganeddwr digon croyw i beri i'r hyder a'r llawenydd sydd ynddo ganu eu ffordd drwy'r llinellau.

Try'r cynnal a'r cydymdeimlo a ddisgrifir yn y ddau hir-a-thoddaid cyntaf yn serch afieithus wedyn a gyfleir mewn modd telynegol – a thraddodiadol – iawn. Partneriaeth ddelweddol gonfensiynol, ac anorfod efallai, rhwng serch a'r gwanwyn a geir. Gwerth y bartneriaeth i'r awdl hon yw ei bod yn cynnal unoliaeth ei dychmygiad hi. Mae llinellau fel y rhain, serch eu bod yn ystrydebol braidd, yn wrthgyferbyniad ystyrlon i'r darluniau a gawn yn y caniad cyntaf:

> Ac i wledd ar lawr y glyn
> Deuai mil blodau melyn;
> O lwyn i lwyn yr holl wlad
> A eurwyd gyda'r cariad.

A phan ddeuai ofnau neu ofid, yr oedd y goeden gysgodol yno drachefn: 'I gadw oed dan y goeden' yr âi'r ddau pan fyddai 'cymylau'n hofnau'n esgyn dros gefnen/yn gwrlid oer', a'r 'cwrlid oer' yn clymu yn y cof â'r 'lliain tristwch' yn y caniad cyntaf.

Bu i'r bardd amddiffynfa arall hefyd rhag y niwl a'r oerfel, sef 'gwin yr atgofion':

> Ac o rin doeau y grawnwin duon
> Deuai'r llawenydd i'r gwydrau llawnion.

Ar yr olwg gyntaf ymddengys y cyfosodiad rhwng llawenydd serch a rhin atgofion yn beth annisgwyl. Fe fyny y darlun confensiynol mai ar y presennol y mae'r pwyslais, ar 'y funud hon', ar 'degwch y munud'. Ond wedi meddwl, onid yw'r gorffennol yn rhan hanfodol o berthynas dau mewn cariad? Mae cyfrannu a derbyn atgofion, darganfod gorffennol a threiddio i'r adnabyddiaeth drwy'r gorffennol hwnnw ymhlith pleserau pennaf, a phwysicaf, cariadon. Drwy ddrws y pleser hwnnw y daw'r bardd â ni at drydydd caniad yr awdl.

Pwnc y trydydd caniad hwn yw atgofion. Atgofion ydynt am yr hyn a fu'n ffurfiannol yng ngwneuthuriad y bardd, ac y mae'r gyfres englynion sy'n eu disgrifio ymhlith darnau praffaf yr awdl. Y mae'r 'feidr' sydd ynddynt yn ei arwain yn ôl i ddau le. Mae'n ei arwain yn ôl i'r caeau llafur adeg y cynaeafu. Yn y cydweithio yn y meysydd hyn y gwelodd Waldo ei 'awen' ef yn blodeuo; yno y gwelodd frawdoliaeth y cynorthwyo a'r cydymdrechu. Yno hefyd y gwêl Idris Reynolds ei 'awen' yntau, a thry cynaeafu ffrwythau'r ddaear yn gynaeafu ffrwyth canrifoedd o iaith a diwylliant. Mae'r trosiad wedi ei weithio'n rymus eithriadol ganddo:

> Bwrw i'r helm idiomau bras – llafurio'r
> Llefaru melyngras,
> Nithio'r dweud a throi'r das,
> Medi iaith hen gymdeithas.

Wedi gwaith y dydd, dychwelyd i'r cartref. Yn llygad y cof mae ei fam yno o hyd, yn 'dal i wau'. Ond nid gwau yn yr ystyr gyffredin y mae hi ond 'dal i wau/Cerdd dlos i'w thrysori',[1] a 'dal i wau 'nyfodol i'. Trosglwyddo'r etifeddiaeth y mae hi, megis gweithwyr y cynhaeaf, a'r etifeddiaeth honno nid yn iaith yn unig, ond yn iaith a ddyrchafwyd ac a gyfoethogwyd drwy fod yn llestr i'r 'gerdd'. Bu'r iaith honno a'r 'gerdd' a fynegwyd ynddi a thrwyddi yn gynhysgaeth a chynhaliaeth i ysbryd a meddwl y bardd. Yn y caniad nesaf hi yw'r ffordd a hi hefyd yw'r pren a dail y pren. Mae'r ymdoddi trosiadol ar waith yma eto gan greu caniad clòs a chyfoethog ei wead sydd ar yr un pryd yn dwyn perthynas drosiadol â'r awdl yn ei chyfanrwydd. Mewn ffordd wahanol,

---

[1] Cyhoeddwyd casgliad o gerddi Elizabeth Reynolds gan ei mab ar ôl ei marwolaeth, dan y teitl *Y Border Bach*.

mae'r awdl gyfan hefyd yn dyst i wirionedd yr hyn sy'n cael ei gyfleu yn y caniad. Awdl wedi ei moldio ym meddwl a dychymyg un y mae geiriau a syniadau'r traddodiad barddol Cymraeg wedi mynd yn rhan annatod o wneuthuriad ei feddwl a'i fynegiant yw hon. Nid canu am draddodiad yn unig y mae hi; mae hi'n byw'r traddodiad hwnnw. Byw-ioldeb organig y berthynas rhwng y bardd a'i etifeddiaeth farddol sy'n peri nad yw'r adleisio byth yn dirywio i fod yn ddim mwy nag addurn.

Mae cwpled olaf pennill cyntaf y caniad yn enghreifftio'r hyn sydd gennyf. Disgrifio hyfrydwch bro Llywarch Hen y mae'r bardd. Ym mherson Llywarch y mae'n 'dilyn lôn at gyrion gwig' ac yn 'oedi yn y goedwig'. Yna:

> Llecyn cu lle canai cog
> Ydoedd fy Mhowys Fadog.

Ceir cyfoeth o ystyr yma i'r darllenydd cyfarwydd, cyfoeth o ystyr sy'n gwbl berthnasol i'r awdl yn ei chyfanrwydd. 'Yn Abercuawg yd ganent cogau' yw'r llinell yng Nghanu Llywarch, ond nid y canu hwnnw yn unig a ddaw i gof. Defnyddiodd R. S. Thomas 'Abercuawg' yn deitl ar ddarlith nodedig yn 1977, darlith sy'n ceisio diffinio hanfod ein cenedl-igrwydd. Pan fo Idris Reynolds yn sôn am gân y gog y mae'n sôn am rywbeth mwy o lawer: cân, cerdd y genedl gyfan yw hi. Tanlinellir hyn yng nghwpled olaf y caniad:

> Ir o hyd ein hiaith a'n tras
> Tra dail yng nghoetir Dulas.

Cyfeirio'n ôl at Abercuawg y mae 'Dulas'; fe gredir mai ar aber yr afon honno y'i lleolid. Nid enw digyswllt ar unrhyw lecyn dymunol mo 'coetir Dulas' o gwbl, ond enghraifft o wead tynn yr awdl drwyddi. A 'Phowys Fadog' wedyn. Fe'i henwyd ar ôl Madog ap Gruffudd, tywys-og y canwyd ei glodydd gan ddau o feirdd enwocaf y drydedd ganrif ar ddeg, sef Prydydd y Moch a Llygad Gŵr. Barddoniaeth ystyriol yw eu barddoniaeth hwy: trafod y mae ddyletswyddau a pholisïau'r tywysog-ion mewn cyfnod tra chythryblus, a thyngedfennol, yn hanes y genedl. Y mae corff o draddodiad prydyddol a hanesyddol y tu ôl i'r enw. Arwyddocaol iawn hefyd yw un o linellau eraill y caniad hwn, sef 'A deilen y rhyd olaf'. Eto, yng Nghanu Llywarch yr ydym. Ar y rhyd ar Forlas y lladdwyd Gwên, yr olaf a'r dewraf o bedwar mab ar hugain Llywarch. Mae'r cyfeiriad yn ehangu ac yn dwysáu'r ystyr ac yn dal i ganu yn y cof pan ddown at gyfeiriad arall, mwy penodol y tro hwn, yn nes ymlaen yn yr awdl: 'A oes mab ym Morlas mwy?'

Daw'r cyfeiriad at 'ddeilen y rhyd olaf' ynghanol darn o gywydd lle y datblygir ac yr eglurir yn llawn rym trosiad canolog yr awdl, sef trosiad y pren a'r dail. Fe ddychwelir at y trosiad eto yn nes ymlaen yn yr awdl, ond yma y mae'r syniad yn dod i'w benllanw, mewn darn cyrhaeddgar ei rethreg. I mi, y llinellau hyn yw'r echel drosiadol y try'r awdl yn gyfan arni:

> Hon oedd deilen yr heniaith,
> Deilen hardd awdlau'n hiaith,
> Deilen o wŷdd hirddydd haf,
> A deilen y rhyd olaf,
> Dail o goed y genedl gaeth
> A deilen ein bodolaeth.

Dychwelwn wedyn at y trosiad pwysig arall, sef y feidr neu'r ffordd. Mae'r daith ar hyd-ddi yn arwain y bardd oddi wrth ei wreiddiau i'r ddinas, ac nid lôn fach goediog, wledig mohoni bellach ond traffordd:

> Ac unffordd yw'r draffordd drwy – undonedd
> Dinas a'i rhyferthwy;
> Pawb ar garlam yn tramwy
> A dim modd dychwelyd mwy.

Yn y gyfres englynion hon mae'r bardd yn gwneud dau beth. Y mae'n troi oddi wrth ei brofiad at hunangofiant dychmygol. Y mae bellach yn teithio 'drwy aeddfedrwydd fy Hydref'. Nid yw'r toriad rhwng yr hyn sy'n hunangofiant gwir a'r hyn sy'n ffrwyth dychymyg yn cael ei nodi yn y gerdd, wrth gwrs; mae hi'n cadw ei hunoliaeth artistig. Pont yw'r gyfres mewn gwirionedd, pont sy'n cydio'r darn hunangofiannol cyntaf wrth ail ran yr awdl, sy'n fyfyrdodus ei dull. Y mae'r bont honno yn ein harwain o fyd gŵr ifanc, y cafwyd ynddo gymysgedd o dristwch a llawenydd, at fyd yr henwr, sy'n fyd o dristwch anaele:

> Eithr yr un fu'r daith erioed; – i mi mwy
> O'm hôl mae pob Argoed;
> Lôn unig yw lôn henoed,
> Lôn fudan, ddi-gân, ddi-goed.

Unwaith eto, mae unoliaeth drosiadol y gerdd yn dod i'r amlwg. Ystyr henaint a marwolaeth yw bod y byd bellach yn 'ddi-gân', yn 'ddi-goed'. Byd ydyw sy'n amddifad o'r grymusterau bywydol y bu'r bardd yn canu iddynt, ac y mae Idris Reynolds yn dewis gosod y byd diffaith hwnnw yn y ddinas a'r faestref. Syniad confensiynol ydyw: a ddichon dim da ddyfod o ddinas? Ymdeimlad o anobaith a diffrwythder a geir yn ymdriniaeth y bardd hwn â'r syniad. Taith anorfod, a thaith ddiddychwel, yw'r daith i'r ddinas iddo ef. 'Unffordd' yw'r draffordd sy'n arwain yno, ac nid oes 'dim modd dychwelyd mwy'. Teimlir nad unigolyn yn unig sydd yma yn cael ei ddiwreiddio a'i dorri oddi wrth y ffynhonnau bywiol, ond cymdeithas gyfan, cenedl, yn rhuthro i ddifancoll fel moch Gadara gynt.

Atgyfnerthir y syniad o anorfodrwydd y distryw gan yr ail edefyn syniadol sy'n gweu drwy'r englynion hyn, sef bod angau ei hun yn cael y gorau arnom bob un, a'i fod yn gwbl ddiosgoi:

> O hirbell gwelwn gerbyd – yn dilyn
> Gyda'i olau gwanllyd,
> Ac yn ennill, ennill hyd
> Ddyddiau y goddiweddyd.

Fe glywir cerbyd angau, *'time's wingéd chariot, hurrying near'*, a defnyddio geiriau enwog Andrew Marvell, yn nesáu o'n hôl ar hyd y ffordd. Erbyn i ni gyrraedd englyn olaf y caniad, mae'r bardd unwaith eto yn un â Llywarch:

> Di-gwmni yw'r daith weithion – heb y gwŷr
> Heb geraint, heb feibion.

Ef ei hun sydd 'heb feibion', yn wynebu difodiant, heb obaith am y dyfodol. A Chymru ynddo ef yn ogystal. Oherwydd dyna yw dau ganiad olaf yr awdl: galargan Llywarch am ei feibion a'i diriogaeth, a galargan Idris Reynolds yntau am gyfanrwydd aelwyd a chenedl. Fe genir yr alargan honno'n odidog:

> Heno, ger Tren wyf henwr
> Wyf y dail ar lif y dŵr
> Wyf waed y dioddef hir
> Wyf un â chri'r gylfinir,
> Wyf iaith sy'n lledfyw o hyd,
> Wyf ochlais, wyf hen fachlud.

Mae'r llinellau'n blethwaith cyfoethog o ddarluniau ac adleisiau ac y maent yn canu eu neges gydag eglurder hyderus. Wrth ddefnyddio'r gair 'hyderus' sôn yr wyf am hyder bardd; hyder un sydd yn gallu creu o'r newydd o elfennau traddodiadol a chyfarwydd ac sy'n meddu'r feistrolaeth ar gyfrwng i gynnal y greadigaeth newydd honno. Hyder artistig ar y naill law, yn cyd-fynd ag anobaith a düwch gweledigaeth ar y llall. Mae'r cyfuniad, yn y ddau ganiad olaf hyn, yn iasol. Daw'r awdl i ben lle y dechreuodd hi, yng ngerwinder gaeaf, 'a'r hen eira yn aros'. Ac ni allaf i, na'r rhelyw o ddarllenwyr fe debygwn, beidio â chlywed oerfel y gaeaf yn gafael yn dynn am y galon. Ein mam ni oll sy'n teithio drwy'r eira hwnnw i'w chladdedigaeth.

*   *   *

Bron ddeng mlynedd ar hugain yn ôl bellach, wrth ddyfarnu, yn betrus, fod 'Awdl Foliant i Gymru' Emrys Edwards yn deilwng o Gadair Dyffryn Maelor, fe ddywedodd G. J. Williams beth fel hyn:

> Moli'r hen Gymru a wna ef, ac ni chlywir islais y pryder sy'n ysgwyd ein beirdd a'n llenorion heddiw, a'r iaith, eu cyfrwng hwy, mewn dygn berygl. 'Fy Mam yw hi' meddai'r bardd, ac eto, ym marn llawer o'r meddygon, y mae'r fam hon yn beryglus o wael, onid yw ar ei gwely angau. Diau y bydd llawer yn condemnio awdl a ganwyd yn y flwyddyn 1961 heb fod yr islais hwn i'w glywed yn glir.

Trodd yr 'islais' y chwiliai G. J. Williams amdano yn 1961 bellach yn waedd uchel, yn gri o waelod y galon. Dyma brif bwnc y canu caeth i'r genhedlaeth hon o feirdd ac ni welaf unrhyw gyfiawnhad dros brotestio yn erbyn hynny, fel y gwna rhai. Ofer gwingo yn erbyn yr hyn sydd, mae'n amlwg, yn rheidrwydd ar y beirdd. Gall y canu droi'n syrffed ar y darllenydd, mae'n wir. Ond onid yw pob cystudd hir, pob marwolaeth araf, a phob disgrifiad ohonynt, yn dwyn syrffed o ryw fath yn ei sgîl? Nid anwybyddu'r syrffed a'r dioddefaint a ddylid, ond eu harchwilio a'u meddiannu'n greadigol, gan gydnabod fod i'r cyfryw bethau le canolog a llywodraethol ym mywyd nifer o feirdd diwedd yr ugeinfed ganrif yng Nghymru. Mae'n rhaid cydnabod hefyd y bydd yn y canu lawer sydd yn hen; mae hynny yn natur canu sydd fel petai yn ffurfio traddodiad newydd o fewn i hen draddodiad. Cafodd beirdd ein cyfnod ni, mewn pedair canrif ar ddeg o ganu marwnadol, offeryn wrth law i fynegi eu gofid a'u galar cyfoes hwy. Mae'r cyfan yn gylch: mae cyfoeth y traddodiad marwnadol, ynddo ei hun, yn symbol i'r beirdd o'r hyn y maent yn ei farwnadu, ac y mae hefyd yn cynnig iddynt foddau addas i fynegi'r farwnad honno. Y cylch cymhleth hwn, sy'n cwmpasu'r traddodiadol, y personol cyfoes, a'r cenedlaethol, a roddodd fod i awdl 'Y Daith'. Y cwestiwn y dylid ei ofyn yw hwn: a yw'r bardd, oddi mewn i'r traddodiad y mae'n ei arddel, wedi rhoi inni gerdd sydd hefyd yn greadigaeth unigol, yn gerdd a grewyd o'r newydd ym mhair ei ddychymyg a'i fynegiant ef ei hun? Ymgais i ateb y cwestiwn hwnnw parthed awdl Idris Reynolds fu'r ysgrif hon.

RHESTR LYFRYDDOL
Ffynonellau'r Erthyglau

'Cymru, Cymraeg, a'r Dyneiddwyr': Darlith Goffa Henry Lewis, (Coleg y Brifysgol, Abertawe), 1992, tt.19.

'Llythyr Siôn Dafydd Rhys at y Beirdd': *Llên Cymru* XII, 45-56.

'Dilyn Natur: Sylwadau ar ganu Wiliam Llŷn ac R. Williams Parry': J. E. Caerwyn Williams (gol.), *Ysgrifau Beirniadol* IX, 147-62.

'*Dysgeidiaeth Cristnoges o Ferch* a'i Gefndir': J. E. Caerwyn Williams (gol.), *Ysgrifau Beirniadol* XIII, 219-26.

'Lewis Morris, y 'Philomath' Ymarferol': Geraint Jenkins (gol.), *Cof Cenedl* X, 61-90.

'Goronwy Owen, John Milton a 'Molawd Môn'': J. E. Caerwyn Williams (gol.), *Ysgrifau Beirniadol* XVII, 114-30.

'Mary Owen yr Emynyddes': *Y Traethodydd*, 1988, 45-53.

'Ceiriog a Chymru': *Trafodion Anrhydeddus Gymdeithas y Cymmrodorion*, 1987, 85-104.

'Elfed: Emynydd yn ei Oes': *Bwletin Cymdeithas Emynau Cymru* III, 3, 94-107.

''Garedig Ysbryd': Golwg ar ganu Elfed: *Llên Cymru* 18, 114-26.

'Saunders Lewis, Apostol Patriarchaeth': J. E. Caerwyn Williams (gol.), *Ysgrifau Beirniadol* VIII, 296-311.

'Llythyr gan Caesar von Hofacker': *Taliesin*, Awst 1980, 30-4.

'Saunders Lewis a Mabon': *Taliesin*, Tachwedd 1989, 46-50.

'Kate Roberts a Byd y Ferch': yn Saesneg yn *Trafodion Anrhydeddus Gymdeithas y Cymmrodorion*, 1991, 233-48.

'Gwenallt: 'Y Gristionogaeth'': Branwen Jarvis (gol.), *Trafod Cerddi* (Caerdydd 1985), 47-56.

'Golwg ar Ganu Gerallt Lloyd Owen': Alan Llwyd (gol.), *Trafod Cerdd Dafod y Dydd* (Abertawe 1984), 205-14.

'Cylch o fewn Cylch: Awdl 'Y Daith'': *Taliesin*, Mawrth 1990, 36-44.

MYNEGAI